高校学术文库
体育研究论著丛刊

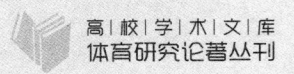

乒乓球技术的
运动生物力学研究

肖丹丹　张晓栋　著

中国书籍出版社
China Book Press

图书在版编目(CIP)数据

乒乓球技术的运动生物力学研究/肖丹丹,张晓栋著. —
北京:中国书籍出版社,2017.7
ISBN 978-7-5068-6394-0

Ⅰ.①乒… Ⅱ.①肖… ②张… Ⅲ.①乒乓球运动—
运动技术—运动生物力学—研究 Ⅳ.①G846.14

中国版本图书馆 CIP 数据核字(2017)第 200873 号

乒乓球技术的运动生物力学研究

肖丹丹 张晓栋 著

丛书策划	谭 鹏 武 斌
责任编辑	李国永
责任印制	孙马飞 马 芝
封面设计	马静静
出版发行	中国书籍出版社
地　　址	北京市丰台区三路居路 97 号(邮编:100073)
电　　话	(010)52257143(总编室)　(010)52257140(发行部)
电子邮箱	chinabp@vip.sina.com
经　　销	全国新华书店
印　　刷	三河市铭浩彩色印装有限公司
开　　本	710 毫米×1000 毫米　1/16
印　　张	17.75
字　　数	318 千字
版　　次	2019 年 6 月第 1 版　2019 年 6 月第 1 次印刷
书　　号	ISBN 978-7-5068-6394-0
定　　价	68.00 元

版权所有　翻印必究

目　录

第一章　乒乓球技术运动生物力学研究的进展 … 1
第一节　对碰撞过程的研究 … 1
第二节　乒乓球飞行的运动生物力学研究 … 3
第三节　乒乓球技术的运动生物力学研究 … 7
第四节　乒乓球生物力学领域研究的展望 … 14
第五节　总结 … 18

第二章　乒乓球正手快攻、弧圈球技术的运动生物力学研究 … 19
第一节　前言 … 19
第二节　研究对象与研究方法 … 20
第三节　结果与分析 … 26
第四节　结论 … 52

第三章　王皓、许昕反手拧的运动学研究 … 54
第一节　前言 … 54
第二节　研究对象与方法 … 55
第三节　结果与分析 … 59
第四节　结论与建议 … 86

第四章　马龙、樊振东反手拧的运动学研究 … 89
第一节　前言 … 89
第二节　研究对象与研究方法 … 90
第三节　结果与分析 … 98
第四节　结论与建议 … 134

第五章　乒乓球步法的运动学研究 … 137
第一节　乒乓球步法垫测试系统的研制 … 137
第二节　对步法垫测试系统的验证及测试结果分析 … 141

第六章　乒乓球运动员完成主要步法时膝关节负荷特征研究⋯⋯⋯ 155

第一节　前言⋯⋯⋯ 155
第二节　研究对象与研究方法⋯⋯⋯ 156
第三节　结果与分析⋯⋯⋯ 164
第四节　讨论⋯⋯⋯ 186
第五节　结论与建议⋯⋯⋯ 190

第七章　乒乓球正手台内进攻技术的创新——正手撇拉技术的可行性研究⋯⋯⋯ 192

第一节　前言⋯⋯⋯ 192
第二节　研究方法⋯⋯⋯ 193
第三节　主要研究结果⋯⋯⋯ 197
第四节　结论与建议⋯⋯⋯ 221

第八章　对中外优秀乒乓球运动员发球违规潜在风险的研究⋯⋯⋯ 223

第一节　前言⋯⋯⋯ 223
第二节　研究方法⋯⋯⋯ 224
第三节　研究结果与分析⋯⋯⋯ 226
第四节　结论与建议⋯⋯⋯ 244

第九章　国家乒乓球男队主力队员动作技术的分析与诊断⋯⋯⋯ 246

第一节　前言⋯⋯⋯ 246
第二节　乒乓球运动员技术分析与诊断方法学探讨⋯⋯⋯ 247
第三节　张煜东与马龙正手弧圈球技术的对比分析与诊断⋯⋯⋯ 250
第四节　马龙与张继科反手撕技术的对比分析与诊断⋯⋯⋯ 255
第五节　马龙与樊振东反手拉下旋斜线技术对比分析与诊断⋯⋯⋯ 259
第六节　马龙与樊振东、梁靖昆反手拉上旋技术对比分析与诊断⋯⋯⋯ 262
第七节　闫安与樊振东、张继科反手拧技术对比分析与诊断⋯⋯⋯ 265

参考文献⋯⋯⋯ 270

第一章 乒乓球技术运动生物力学研究的进展

从运动生物力学角度来说,乒乓球运动是通过乒乓球和球拍位置的变化(平动和转动)与运动员机体的活动相结合的一项运动。运动员的击球动作使球拍和球碰撞后,击出的球以一定的动量、动量矩落到对方台面,与台面发生碰撞,反弹后再与对方的球拍相碰撞。归纳起来,对乒乓球运动项目的生物力学分析是从以下三个方面进行的:对乒乓球与球台或球拍碰撞的认识、对乒乓球飞行的运动特征的认识、对运动员的动作技术原理的认识和技术诊断。运用生物力学的原理和方法对乒乓球运动所作的研究分为理论分析和实验研究两类。

第一节 对碰撞过程的研究

乒乓球运动中的碰撞问题,包括两方面:乒乓球与乒乓球拍的碰撞,乒乓球与球台的碰撞。对于球台而言,在碰撞前,球台是静止的,是被动地与乒乓球相碰撞;而对于球拍而言,与乒乓球的碰撞就更为复杂,碰撞前球拍有一定的速度主动去碰撞具有某种速度和旋转的球,并且乒乓球拍的性质比球台也要复杂。由于涉及很多参数,如摩擦系数,恢复系数,球的线速度、角速度、碰撞时间等。因此乒乓球与球拍或球台的碰撞是一个复杂的动力学问题。

一、理论方面的研究

陈小华[1](1995)和张妙玲[2](2002)结合理论力学和碰撞原理对碰台时和碰台后速度变化和飞行弧线加以理论推导。陈小华得出球体压缩性形变所产生的弹性形变能以及球因受"突加约束"作用而获得水平速度是上旋球落台后获得速度增量的重要原因。

过东升,李建设等[3](1996),应用冲量定律、冲量矩定理及有关的力学原理建立了一个乒乓球与球桌碰撞的力学模型,得出了乒乓球与球台碰撞的一般运动规律。

庞杰[4](2003)认为采用计算机仿真研究法和理论力学分析法,对两种类型的弧圈球打法的球与台面碰撞后球的状态变化规律进行研究和比较,发现两种研究方法得出相同结论,即前冲弧圈球速度有所减慢,但旋转增强,加转弧圈球速度加快,但旋转减弱。但笔者认为该文的意义并不在于像庞杰自己所认为的计算机仿真研究法与理论力学分析法的结论相同那样,因为动力学分析仿真软件就是运用理论力学原理建立乒乓球与球台的碰撞模型(本来就是相同的),而在于可以采用 ADAMS 的动力学分析仿真软件进行仿真,在已知一些参数的前提下,对乒乓球碰撞后的速度和旋转进行推算,比如,该文将他人研究的参数,球与球台碰撞的恢复系数、球与球台的滚动摩擦系数、滑动摩擦系数(引自张惠钦),乒乓球碰撞前的速度、旋转输入软件得出,乒乓球碰撞后的速度旋转的大小,可以减少计算工作量。

对乒乓球拍与球的碰撞过程分析,除张惠钦[5][6](1986)对如何击球,即手上功夫进行过较细致的分析以外,其他学者多对如何发出各种不同旋转的球进行分析[7][8],乒乓球教材[11]在对各种乒乓球技术的叙述中也略有论及。但对具体的乒乓球与球拍的碰撞过程没有详细的论述。

二、实验研究

日本蝴蝶器材公司研究部山岗树村[9](1984)用高速摄影机(频率为7000 格/s)拍摄了 25 m/s 速度的球与静止的球拍相撞,无论球拍是光板拍还是正胶海绵拍,碰撞时间均为千分之一秒,即使改变击球的速度,发现碰撞时间仍相同。

严波涛,周西元[11](1993)运用自制的弦开关—频率计测试系统(弦开关为一种压力开关电路)对乒乓球与球拍的碰撞过程的力学特征进行研究。实验设计分为两部分:一为球拍水平固定,使弦开关点对准落球孔,然后让乒乓球从落球孔以不同高度自由下落,同时启动示波器。二为运动员手持弦拍,测定反手推挡、搓球、正手攻、弧圈球和发球五项的触球时间。对乒乓球拍的恢复系数、碰撞时间进行了测试,同时对测试数据进行了修正,对碰撞力进行了推算,得出了以下结论:球拍与球碰撞时的弹性恢复系数近似为一常数(0.72 左右);自由落体实验表明碰撞时间随高度增加(即球速增加)而缩短,极限碰撞时间为 753μs;不同击球方式触球时间不同,搓球触球时间最长为 1005μs,反手推挡触球时间最短为 714μs;球与球拍的碰撞力约为 100 牛顿量级。

张晓蓬、吴焕群[9]对乒乓球球拍的胶皮的静摩擦系数进行了测定。他们将胶皮固定在玻璃表面,把乒乓球连成串,放在贴有胶皮的玻璃上,慢慢抬起贴有胶皮的玻璃后沿,使角度由0°开始慢慢增大,当球在胶皮上开始下滑的一瞬间,即不再向上抬起,同时测量倾斜角,根据平衡原理,得出摩擦系数值。实验结论为不同品牌反胶和正胶的摩擦系数分别为3.16±0.56和1.05±0.19,两者差异显著。该研究实验仪器设计简单而又巧妙,扩大了生物力学实验研究在乒乓球运动中的领域。

三、小结

(1)对乒乓球碰撞问题的理论分析,侧重于对乒乓球与球台碰撞的力学分析,所采用的分析方法主要是应用冲量定律、冲量矩定理分析或建模。

(2)对于碰撞问题的实验研究很少。在已有的实验研究中,侧重于乒乓球与球拍碰撞的实验研究,对于球与球台碰撞的实验研究结果未见诸于报道。严波涛对乒乓球和球拍的碰撞进行了较为全面的认识,日本的研究是对碰撞时间进行了研究,张晓蓬等的研究是对球拍的摩擦系数的测试。

(3)对碰撞问题的实验研究很少。其原因是:若要对碰撞问题有清晰的认识,得到量化的指标,必须设计适合乒乓球运动特点的专门仪器,而目前没有现成的仪器可以使用。

第二节 乒乓球飞行的运动生物力学研究

乒乓球飞行过程包含五个因素:乒乓球在与球台或球拍碰撞之后,会产生有一定的速度、一定的力量、一定的旋转、一条弧线和一个落点。这五个物理要素决定着每一板球的时空特征和运动性状,决定着每一板球的质量和制胜的分量[9]。五个因素也是相互影响,相互制约的。研究时要对这五个竞技要素单独研究和综合研究。

一、理论研究

1. 对速度的认识

速度是指运动物体在单位时间内的位移,是描述物体运动快慢的物理量。在乒乓球比赛或练习中,球飞行速度的快慢,是为自己争取时间,取得主动的先决条件。球速是由挥拍速度、击球力量决定的。若单纯地从物理意义研究球的速度是不够的，还要涉及反应、步法移动速度等方面的问题，特别是在这种对抗性竞赛项目中。因此下面所说的"速度"就不仅是原来物理意义上的速度，而是指从对方来球落到我方台面始（来球第二弧线时间），到弹起被我方球拍回击后又落到对方台面止（击球第一弧线时间），这一过程所用的时间，又称击球速度[12][13][14]。提高击球速度，从理论上讲，即缩短来球第二弧线时间与第一弧线时间。

2. 对旋转的认识

乒乓球围绕自身轴的自转，就是乒乓球的旋转。张惠钦[5]在乒乓球旋转的原因和加强旋转的方法、旋转球的种类、表面分区、性质及如何打好旋转和对付旋转球等方面，对旋转问题做了较为全面、深入的研究，从理论上阐明了乒乓球旋转的某些规律，对进一步研究、探讨乒乓球旋转及与旋转相关的问题有很高的参考价值。

韩同康[15]（1994）提出乒乓球旋转和速度的相对原理，用乒乓球表面上某点的相对速度与球心速度之比作为特征数，将点的运动轨迹分为三类，即"螺旋线""波纹线""旋轮线"。转速在 90~160 转/s 的范围内，特征准数皆大于 1，是旋转球，表现为螺旋线。有时转速较低，但由于球速慢，特征准数也大于 1，同时也会表现出旋转。而对于特征准数 $T \cong 1$，转速为 160 转/s 的高转来说，它既有速度又有旋转是具有威力的综合型球，表现为旋轮线。在转速较慢，而速度较快时，表现为速度，点的运动轨迹呈现为波纹线。这些研究结果为我们理解复杂的乒乓球的旋转，具有实际意义和理论价值。

球拍底板弹性、海绵厚度、硬度、胶皮的性质，击球时的作用力、作用时间等都直接影响着球的旋转程度[9]。此外乒乓球本身的质量、直径、转动惯量、球面的光滑程度也是影响球旋转的因素。

3. 对弧线的认识

在二维空间内（垂直面），仅考虑乒乓球的平动时，乒乓球的运动轨迹就是典型的斜抛运动中的一段弧线。在两维空间中，当考虑到球的旋转时，将其看作是乒乓球受到空气马格努斯使得有所偏转的弧线上的一段。对于在三维空间中，徐庆和[16]（2003）应用现代数学理论（微分不变量）和电脑程序来研究乒乓球的旋转，提出了乒乓球螺旋球、挠旋球的新概念，阐明了乒乓球运动在三维空间的数学和力学原理及运动的基本规律。

4. 对力量的认识

力量有两种理解：一是一物体对另一物体的作用，二是运动物体所具有的动量。在乒乓球运动中,存在着不同理解,有的文献认为球的力量是球的动量和动量距,即指球被击出后在空中飞行时球的动量(mv),又称击球力量[12][14]。有的认为,击球力量可以根据 F=ma,用挥拍加速度来表示,也可用触球的瞬时速度表示,已不再是球的力量,而是击球时的力[9][12][13][14]。董树英[8]指出人体通过球拍作用于球体的力,它是通过球飞行速度表现出来的。所谓飞行速度,指从击球点到落到对方球台点之间这段时间内球的飞行速度。

5. 对落点的认识

落点是指将球击到对方台面的着台点。落点准确又富有变化,可以使对方的移动范围扩大,从而使自己获得较多的准备时间为进攻创造更多的机会,可以增大对方让位的难度,例如,攻追身球,或者回击对方的薄弱点。变化和控制好回球落点对提高技术质量,加强战术效果具有重要意义。

二、实验研究

1. 速度和旋转

由于测量这种距离近、速度快的非金属物体运动目标,有一定的特殊性和困难性,所以在国内外文献资料中这方面的实验研究较少。

日本乒乓球运动员击出球的转速为 100~150 转/s,原联邦德国运动员击出球的转速为 50 转/s[17][18]。

在国内,对于乒乓球飞行中的速度及旋转的实验研究主要是中国乒协科学委员会、国家体育总局科研所乒乓球组运用录像和 PD-1 型乒乓球动态测转仪进行的实验研究。

吴焕群、张晓蓬等[9]运用 PD-1 型乒乓球动态测转仪,对国家队和青年队不同训练水平,不同打法,使用不同球拍的运动员的发球、搓球、弧圈球、削球等主要技术的旋转常量做了报道,在国内外乒坛首次公布了定量结果。平均:拉弧圈最高转速为 145.3 转/s,冲弧圈最高转速为 151.3 转/s,打下旋弧圈最高转速为 85.8 转/s,加转搓最高转速为 73.4 转/s,正手发下旋最高转速为 69 转/s。正胶:拉弧圈最高转速为 129.6 转/s,冲弧圈最高转速为 136.8 转/s,加转搓最高转速为 65.9 转/s,正手发下旋最高转速为 51.7 转/s;反胶:拉弧圈最高转速为 148.6 转/s,冲弧圈最高转速为 155.0 转/s,加转搓最高转速为 75.0 转/s,正手发下旋最高转速为 74.3 转/s。此结果既对国内不同水平的运动员进行了对比,同时也间接地与欧洲运动员进行了对比,为运动员技术水平提高提供了基础和量度。

张晓蓬、吴焕群等[9]做了同牌号不同厚度的海绵胶皮拍对弧圈球技术旋转影响的实验。实验表明,正胶:海绵、胶皮总厚度为 3.92 mm,弧圈球技术平均转速为 107.4 转/s,海绵、胶皮总厚度为 3.05 mm,弧圈球技术平均转速为 99.2 转/s,两者存在显著性差异(P＜0.01);反胶:海绵、胶皮总厚度为 3.32 mm,弧圈球技术平均转速为 99.1 转/s,海绵、胶皮总厚度为 2.8 mm,弧圈球技术平均转速为 86.2 转/s,两者存在显著性差异(P＜0.01)。不同厚度海绵胶皮拍对弧圈球技术旋转有明显影响,厚度越高,弧圈球技术旋转越强。正胶和反胶球拍都遵循这一规律。

吴焕群等[9]还运用录像分析系统对不同直径和重量的乒乓球运行的速度、旋转和弹力进行了定量测定。实验表明直径大的乒乓球旋转和速度小于直径小的球,当直径相同时,重量和弹力大的球的旋转和速度大于重量和弹力小的球。

乒乓球运动是一项小场地的对抗性运动,在多数情况下,比赛双方相距不过 3 m 左右,因球体积小而轻,球速最快可达 42.22 m/s[17],一般情况下在 10～25 m/s[9]。

2. 力量

关于击球力量的直接测量目前做过的只有两个。一是严波涛,周西元[10](1993)运用自制的弦开关－频率计测试系统,在研究碰撞过程中对乒乓球击球力量的推算,得出球与球拍的碰撞力约为 100 牛顿量级。二是董树英[19](1988)运用帖于球拍后的加速度传感器,通过加速度推算球和球拍的力,得出高抛发球式球拍所受的力是 85.9 牛顿,低抛时是 67.4 牛顿。

除此之外,还未见有人设计出其他仪器或方法来测量。其他的研究是用间接的方法测量球被击出后的飞行距离。这种方法很不准确,虽然球的飞行距离是和球速相关,但击球后的出手角度也是一个重要的方面,单纯地从飞行远度来判断,误差是很大的。王家正[20]用扣远测量,比较加速挥拍(加速距离分别为 1.3 m、1 m、0.3 m 三种不同距离)情况下的扣远成绩及比较在加速距离相同为1m,击球与身体保持合适位置的情况下,不同的发力方法(匀速、加速、无随势挥拍)对影响击球力量进行定量测量。结果发现,加速距离为 1.3 m,击球力量最大为 5.8 m;1 m 时次之,为 5.1 m;0.3 m 时最差为 4.3 m。加速挥拍时为 4.9 m,无随势挥拍为 4 m,匀速挥拍最差为 3.64 m。并对影响扣远成绩的四项素质(挥臂、哑铃弯举、屈膝仰卧起坐、沿球台变向跑)与扣远成绩的相关系数进行显著性检验,发现男子挥臂速度和手臂的快速收缩力量是影响击球力量的主要因素,其次为腰腹肌群的快速收缩力量,而移动速度与扣远成绩相关性不大。

三、小结

(1)由于乒乓球的运动千变万化,对于乒乓球空中飞行过程的生物力学的理论分析,主要是抓住解决问题的主要方面对乒乓球运动的形式进行简化。在研究乒乓球平动,即乒乓球的速度和位移时,将其简化为质点;而在分析乒乓球转动时,又要将其简化为刚体。

(2)在实验研究方面,对于乒乓球的旋转和速度的认识方面主要是应用PD-1型乒乓球动态测转仪进行测量的。西安体院的严波涛和董树英分别在球拍上放置弦开关－频率计测试系统和加速度传感器系统对击球的力量进行推算。

第三节　乒乓球技术的运动生物力学研究

乒乓球运动的技术问题,一是手法,二是步法。乒乓球比赛中各种技术的运用都是建立在这两者基础之上的,在乒乓球运动的理论和实践中人们认为两者对乒乓球运动员都非常重要。

对于乒乓球技术的分析,乒乓球教材上都给出了定性的描述,并且充分肯定了乒乓球技术要符合力学原理[12][13][14]。如任何一板有效的击球,从动作的形式和内容来看,大体上都要包括准确的判断及站位、适宜的击球点、正确的启动姿势、挥拍方向和路线、恰到好处的拍面角度及触球部位等环节。如果其中某一个或几个环节不符合力学原理,则不仅费力,而且效果也不好。因此要想以最小的体力获得最大的效果,必须使动作具有合理性,即符合人体运动生物力学、解剖学和生理学的要求。另外,各个动作之间、各个动作要素之间以及动作与人体机能之间,在时间、空间上的协调配合,对提高技术质量具有重要的作用。

一、乒乓球动作技术的生物力学研究

对于乒乓球运动员动作技术的分析,要以击出的乒乓球的性质作为衡量的标准,那么运动员将以怎样的动作使击打出的球产生最好的效果呢?最好的效果是指对对方最有威胁的球。乒乓球的技术可以大致分为进攻技术和控制技术,而对于得分而言,两种技术都有得分的可能。进攻技术以追求运动员发挥最大的、最合理的力,使击出的球速度最大、旋转最强,控制性技术多为小技术,以控制速度、旋转、落点的变化为主。这就使得对乒乓球技术的分析变得复杂多变。

1. 理论分析

一些学者对不同技术间的运动进行了对比,如郭铮[21](1991)从动作幅度、人体运动的潜能、稳定性三个方面运用运动生物力学的原理对弧圈球技术和小弧圈技术进行对比。于勇,林秀岩[22](1997)探讨了旋转和速度之间的控制与反控制,提出了如何通过改变动作技术来实现以速度对抗旋转的方法。

对于直拍横打技术的理论论证上,许多学者也做了研究。吴焕群[23](1989)从正反胶快攻的球速、旋转进行比较,提出直拍反胶快攻的可行性。为直拍技术的发展起了很大的作用。藤守刚[24](1991)从解剖学、生物力学角度试图探讨直拍反手正面拉弧圈球技术的可行性。尹霄(1992)[25]在直拍反面进攻单个技术的动作要领与运用中指出反面快拨:拍形角度略前倾约 45°~50°,向后引拍 20~30 cm,大臂夹角 45°、反面弹打技术、反面攻技术作了概括性的论述。程存德[26](1997)认为传统的直拍反手进攻,需前臂作较大的外旋,当前臂在身前呈近水平状时,其外旋幅度受诸多肌群尤其是多关节肌的限制,引拍易产生多关节肌被动不足,击球时易产生多关节肌主动不足。另外肘腕关节的解剖结构的限制等都是影响直拍反手进攻的不可解决的问题,同时提出直拍横打的合理性。在理论上强调直拍横打势在必行。

2. 实验研究

运动生物力学在乒乓球动作技术的手法研究主要分为运动学和动力学两个领域。

(1)运动学方面

随着实验仪器的改进,实验仪器由照相机到摄影机再到摄像机,认识的视野从二维空间到三维空间,对于乒乓球动作技术的运动学方面的认识也逐渐深入。

吴焕群[27](1981)采用比较连续照片的方法,较详细地对郭跃华的弧圈技术进行了全面的剖析,虽然运动学的特征量未给出,但这个研究应该是开创了运动生物力学的方法在乒乓球运动中应用的先河。

许绍发等[28](1987)用两台 EPL 高速摄影机以 100 格/s 同频同步对运动员的直拍反面、正面击球的技术动作(关节运动幅度、球拍倾角及最大球

第一章 乒乓球技术运动生物力学研究的进展

速)进行了拍摄,用 CP—2000 型解析仪对影片进行数字化,P—3000 型计算机对原始数据进行平滑处理和三维计算比较分析。研究发现,直拍反面击球,可使腕关节有足够的动作幅度,可以使上肢对球的鞭打动作充分,可以使球拍倾角较小而盖住球体避免"吃转",可以使台内击球动作准确,从而得出直拍反面击球技术的可行性。为直拍反手进攻提供了思路。

董树英等[19]采用自制实验仪器(加速度传感器)的方法,从生物力学角度进行定量分析,找出高、低抛发球的挥拍加速度的差异,以及高抛发球特征规律及存在的问题。为进一步发展创新发球技术提供了理论依据。

北京体育大学张辉[29](1995)采用三维高速录像分析法,对 4 名优秀直拍快攻运动员的创新技术"直拍反面拉弧圈球"进行了运动学分析,结论是:第一,四名优秀直拍运动员(刘国梁、冯哲、黄大伟、王飞)反面拉技术时间均数为 1.125 s,其中引拍时间最长;球拍挥动路程均数为 2.763 s,各阶段的球拍挥动路程较接近。第二,反面拉的引拍以向下为主,同时向身体左侧(右手握拍运动员)和靠近身体方向挥动;挥拍击球时以向上、向前为主,略有向右;击球后球拍继续向上和向右,略前。第三,反面拉挥拍击球时,膝、髋、躯干由屈至伸运动产生加速度,以获得一定的动量带动握拍手臂挥拍;躯干、肩、肘和腕的速度依次递增,最终使球拍在最大速度或接近最大速度时击球。第四,四名运动员各环节达最大速度值的时间顺序不同。

柳天扬[30](1995 年)对刘国梁、孔令辉等正手近台攻打前冲弧圈球技术的运动学特征进行了分析与研究。第一次较完整地阐述了优秀乒乓球选手正手近台攻打前冲弧圈球技术的生物力学特点与规律。其中探究了刘国梁和孔令辉的前冲弧圈球动作时的运动学参数:引拍方向与幅度;挥拍击球过程的方向与幅度;引拍阶段肩、肘的角度变化;挥拍击球过程的角度变化;引拍阶段的速度特征与时间顺序;挥拍击球过程的速度特征与时间顺序;击球点高度与拍面角度;击球瞬间的速度特征。刘国梁和孔令辉挥拍速度最大达 8.547 m/s、8.337 m/s,回球速度为 17.43 m/s 和 13.335 m/s。结果发现正手近台反冲前冲弧圈球技术相对于纯粹的前冲弧圈球技术本身(从下旋到前冲)具有绝对的速度优势;引拍的方向以向右、后、下方为主,并且肩、肘关节角度不宜太大;发力方向以左、前、上方为主;发力形式以肘、腕、拍的瞬间同时发力为主;击球点是上升后期,拍面前倾,击球中上部。

陈洁等(2001)[31]对直拍四面攻技术的击球速度、旋转、力量作了实验研究,并对其主要技术在比赛中的运用情况进行了统计和分析,以了解直拍四面攻技术的可行性及其特点。测试了球的击出速度、球的旋转和球击出后飞行的最远距离。研究表明:直拍四面攻可以用正手正、反面和反手正、反面的四个面击球进攻,各个面都具有各自不同的功能和作用,击球速度、旋转、力量以及主要技术在比赛综合运用上没有技术死角；在击球速度上正手反面快攻不如正手正面快攻，正手正面更适合于扣杀；在弧圈球技术的旋转上正手正面不如正手反面，并且正手反面弧圈球技术带有明显的侧旋；正手正面快攻与反面快攻在力量上没有显著性差异；在发球技术上占有明显的优势，但是要加强发抢意识，提高发抢命中率；在相持能力上必须解决好正、反面的拉打转换，充分发挥反手能用两个面拉打的威力。

上海体育学院的黄诚等[32]（2000）对直拍横打和横拍反手位攻弧圈球的动作特征进行了对比分析，实验通过 Motion Analysis System 对两种击球动作上肢各环节的运动时相进行了描述，并通过自制的可调球拍角度击球仪对回击弧圈球的拍面角度和拍形角度范围进行了测量。

北京体育大学杨斌[33]（2004）对优秀女子青少年乒乓球运动员弧圈技术进行了运动学分析，对直拍横打、传统直拍、横拍运动员在挥触和随挥两个阶段中左右的肩、肘、髋、膝关节以及身体重心的速度和角度的变化特征进行了描述和对比。

北京体育大学孟杰[34]（2004）对乒乓球比赛中王皓与唐鹏的正反手弧圈球技术动作技术进行了对比研究。运用三维录像分析方法，第一次分析讨论了比赛中正反手拉弧圈球的动作技术。将王皓的直拍横打技术与运动生物力学原理的部分要素相结合，经过整合并结合理论分析，并与优秀的横拍打法选手唐鹏的动作技术作了比较，提出了王皓直拍横打技术动作和唐鹏横拍动作技术的特点，从而验证王皓直拍横打技术的合理性和优秀的竞技效果。

崔先友[35]（2010）通过三维立体摄像解析分析获取正手削高吊弧圈球与正手削前冲弧圈球技术中的各项参数对其进行了研究，从中找出各环节之间存在的差异及联系。

吴瑜[36]（2010）在对我国优秀乒乓球直拍选手马琳、王皓正手拉下旋球动作进行运动生物力学对比分析，发现异同点为二人的技术提高提供借鉴，也为直拍爱好者提供参考。

徐括[37]（2010）王皓、马琳直拍横打（反手拉下旋球）动作技术动作进行生物力学对比分析，揭示反手拉下旋的动作特点，为进一步改进直拍横打技术以及其他希望模仿学习其动作的人提供依据。[21]

吕耀杰[38]（2011）通过使用美国 APAS 三维立体影像解析系统获取运动员横板正手拉高吊和前冲两项弧圈技术动作及作用球运行轨迹的运动学参数，拟从基本动作动力定型的对一、二级优秀运动员横板弧圈两项基本技术动作入手，对拉高吊与前冲弧圈技术进行系统直观的论述。运用运动生物力学、运动解剖学、运动生理学的知识，找出正手拉高吊与前冲弧圈球技

第一章　乒乓球技术运动生物力学研究的进展

术动作及其每个环节运动的特征和差异,来阐述对两项技术动作对作用球产生的不同运动学效应。

徐大鹏,魏利婕[39](2012)在运用三维立体摄影解析法获取辽宁省乒乓球直拍运动员反手横打侧拧技术上肢动作的运动学参数,对直拍横打侧挑技术进行运动学分析,研究表明:直拍横打侧挑技术符合人体关节活动顺序性原理,符合人体边打动作的要求。腕关节的各项指标与球拍最大速度的相关性都比较显著,运动幅度虽然不大,却是影响手和球拍速度的关键因素。

杨蕊菡等[40](2012)在对乒乓球正手弧圈球技术的解剖学分析中表明:乒乓球弧圈球技术是一项全身协调的复合运动,绝不是仅发展执拍臂的能力就可以提高击球质量的,必须要求运动员在身体保持一定的平衡中快速蹬地转腰挥臂击球。在了解运动员正手拉弧圈球的内部肌肉工作机制之后,训练中更应该注重训练全身各主要肌肉的协同能力,并有针对性地着重训练身体重心的快速转换、腰腹等核心部位的协同发力及手臂的快速屈曲能力。

王飞飞[41](2013)运用三维影像测量法、图像解析法等研究方法对正手攻球技术和正手弧圈球技术进行解析研究,并提出:正手攻球引拍和还原的速度明显比正手弧圈球的速度快,两者在挥拍阶段所用的时间相差不大,而在随挥阶段正手攻球所用的时间比率要大于弧圈球所用的时间比率。

赵国成[42](2013)对正手反拉高吊弧圈和前冲弧圈技术差异性进行运动学分析,研究表明:(1)正手反拉高吊与前冲弧圈球技术符合人体关节活动顺序性原理,动力传递一次从下经过脚、踝、膝、髋与躯干扭转至肩、肘、腕达至手、球拍最后作用于乒乓球。速度依次递增,然而在上肢各个关节中最大速度时序并不是依次出现,而是肩—腕—手—肘;(2)在正手发拉高吊与前冲弧圈球技术动作当中,下肢左侧各个关节角度总体明显增大,下肢右侧踝关节在整个运动过程中有明显的屈曲外旋,从右膝关节开始屈曲角度一次向上递减,在击球后右侧膝髋关节开始出现伸张。

黄涛,付健[43](2013)通过运动图像三维解析和肌电测试实验对12名一级乒乓球运动员的台内正手挑打技术进行分析,并揭示了乒乓球台内球正手挑打技术上肢运动的一般规律。

姜嘉楠[44](2014)运用Ariel视频解析系统、三维解析技术对辽宁省一线队员的直拍横打和横拍反手两种弧圈球的动作进行研究分析,并提出:在整个动作过程中,直拍横打比弧圈球技术动作需要的时间多,路程大,击球时发力较大,具有较大的动作速度,横拍反手弧圈球技术则反之。

随着科技不断发展,乒乓球项目的科研条件不断完善提高,对乒乓球项目的科研从以乒乓球技战术研究为主,增加了乒乓球项目的生物力学的研究,通过生物力学的研究更加清楚地认识乒乓球项目的规律,更有效地提高乒乓球运动员技术动作水平。

(2)动力学方面

孙卫星[45](1992)利用 Biodex 等速测力系统,对乒乓球运动员的腕、肘、肩各关节屈伸肌力进行等速测试,首次为乒乓球运动员的上肢肌力提供了参考值。

刘亚军[46](1995)运用肌电图方法对乒乓球直拍快攻打法的正手快攻和正手弧圈球技术动作进行肌肉工作机制的研究。结果发现:正手快攻预备姿势时运动员右膝关节屈105°,右肩前屈20°,肘关节屈107°,冈上肌、腓肠肌开始放电。击球时右足用力蹬地、转腰,上臂带动前臂由后向前挥动。三角肌中束、三角肌前束相继放电。触球前,前臂加速用力向左前挥击,手腕边伸边展,加速前臂内旋。肱二头肌、旋前圆肌、胸大肌相继放电。肘关节成90°时开始触球,肱二头肌、旋前圆肌、腓肠肌放电幅度增强。击球结束时,肘关节成80°角,前臂骨旋内120°,桡腕关节外展10°,右膝关节屈120°。结果说明击球时肌肉工作的特点是大关节带动小关节,各关节肌肉依次发力;各关节肌同时结束用力;腰、腿部肌肉力量对正手快攻技术的发挥有着重要意义,上臂借助于下肢蹬伸获得的地面支撑反作用力带动身体的移动和转动,继而带动上臂运动,动量从腿、腰部向上肢传递是加速手臂击球速度的重要因素。正手拉弧圈时参与工作的关节和肌肉与正手快攻一样,只是由于运动幅度的加大,关节角度发生较大的变化。预备姿势时肘关节屈156°,膝关节屈100°左右;击球时肘关节屈90°,膝关节屈125°左右。参与工作的肌肉顺序是上肢的三角肌中束、冈上肌、三角肌前束、胸大肌、肱二头肌、旋前圆肌。下肢是腓肠肌外侧头、股二头肌。正手快攻与拉弧圈球的肌肉最大用力时发力顺序基本相同。差异是拉弧圈预备姿势肘关节角度大49°,膝关节小5°;拉弧圈肱二头肌、胸大肌放电量大于正手快攻时的放电量,且放电时间长。

二、乒乓球步法移动的生物力学研究

乒乓球步法在乒乓球技术中的重要性是毋庸置疑的。对乒乓球步法移动规律作出科学解释的重要方法依据就是生物力学的理论和研究方法。对于乒乓球步法的认识,随着科学的发展也在不断深入。

第一章　乒乓球技术运动生物力学研究的进展

1. 理论研究

国内对步法研究的开始阶段是对乒乓球步法的经验总结和翻译日本的一些研究成果。随后研究者逐渐开始用生物力学的角度对步法移动进行理论分析并试图对步法移动规律做出科学的解释。研究者运用力学、解剖学的概念,分析了"预动"在乒乓球步法移动中的积极作用和应用方法,以及如何运用力学概念,结合步法移动现象对"预动"作用进行再认识。有研究者运用人体运动的重心概念和人体重心移动规律,来认识乒乓球步法移动规律[47]。岑淮光[48](2001)根据长期实践经验,把步法移动的用力技巧概括为:(1)起动是步法移动的关键,起动的动力主要来自小腿和脚迅速用力蹬地来完成;(2)重心交换是步法移动的核心,重心交换主要依靠大腿的力量;(3)膝关节弯曲的储存能量是步法移动中击球时的主要能源;(4)腿脚要用力配合。

2. 实验研究

在步法移动问题的研究上,吴修文[49](1986)通过 SMC—70 GP 计算机形象制作系统对我国部分优秀运动员交叉步移动技术运用中的起动、腿交叉拍触球和落地制动 3 个部分进行分析,提供了李富荣在 3 个阶段中,左膝关节的角度变化值为 155°、145°和 115°。从李富荣膝关节角度变化的情况,可以知道他身体重心的变化,起动时的重心高度大于落地时的重心高度。身体重心的变化和步法移动的基本原理是一致的。

在乒乓球步法移动范围的研究方面,王家正等人[50](1984)采用现场跟踪统计的方法,对我国优秀运动员左推右攻技术打法、两面攻技术打法、弧圈球技术打法和攻削结合技术打法 4 种打法类型在比赛中的步法移动范围进行研究。结果表明步法移动范围削球打法＞弧圈球打法＞左推右攻打法＞两面攻打法。

Nobuo Yuza 等人[49](1992)通过在比赛现场的拍摄,对四名日本优秀运动员中三种不同技术打法:日本式进攻打法(一名右手握拍、一名左手握拍)、中国式进攻打法和削球打法在比赛中步法移动的范围进行了研究,分别为 3.0 m²、2.1 m²、2.3 m²和 6.6 m²。

詹晓希等[49][50]设计了字母标记法,先以金泽洙的经典战例,对其步法组合类型及落点和手法的对应关系等进行了系统记录。后又以改进了的字母标记法,从步序的角度对各类步法中两脚落地的先后顺序实行标记,并对金泽洙、马林、王皓、蒋澎龙的步法组合类型的运用进行了系统比较研究,提出了 4 人前 3 板步法组合建构基本模型及共性、个性组合类型,系统地阐述了步法与落点之间、步法与手法之间的对应关系,展现了世界优秀乒乓球运动员快速灵活简洁有序的步法特点。此研究虽然不属于乒乓球步法生物力学研究的范畴,但字母标记法对乒乓球定量分析提供了新思路,对乒乓球步法的生物力学分析具有借鉴作用。

三、小结

综上所述,对于动作技术的研究国内外已经做出了一些有益的探索和贡献。但还存在以下主要问题:

(1)动作技术分析的研究多,而对于动作技术诊断的研究非常少。

(2)动作技术的分析研究主要是对部分优秀运动员技术动作的生物力学的特征描述。

(3)对于我国许多顶尖运动员优秀的动作技术尚未研究。

(4)能运用于运动实践的,乒乓球技术动作分析与诊断的指标体系尚未完善。

(5)对于步法的研究较少,对步法的定量研究更是少见,对步法移动现象的讨论还处于描述阶段,更多的步法问题在理论和实验研究上并未有较大的发展。

(6)乒乓球动作技术的运动学诊断与检测体系尚未建立,生物力学的研究方法尚未在国家队动作技术训练中被广泛、系统地使用。

第四节 乒乓球生物力学领域研究的展望

按研究方法划分,运动生物力学应用在体育中的研究大体可分为两类:一是力学理论研究方法,二是实验研究方法。两者应当紧密结合,才能使运动生物力学更好地在运动实践中应用。

力学理论研究方法的基础是经典力学理论,并运用它解释分析生物体运动及探索其运动规律。力学理论研究方法的优点是能使研究工作更加严谨和深入但由于模拟研究目标和对运动数学化描述的困难,这类研究难度很大,且研究结果与运动实践尚有一定的距离。所以力学理论研究方法必须辅之实验和经验,才能使它在实际应用方面的作用得以发挥,力学理论方法与实验测试方法两者应当紧密结合。前者提供了运动普遍规律,对运动技术的分析有理论指导意义,后者是理论研究与实际应用的桥梁,能使研究更好地为运动实践服务。

第一章　乒乓球技术运动生物力学研究的进展

实验研究方法,它通过各种实验手段,测试记录体育运动过程,并以此作为依据,结合经验,对运动技术进行分析对比,从而提出改进技术的意见和建议。这种研究方式是以具体运动员的具体动作作为研究对象。实验通常用高速摄影、录像、测力台测得运动学和外力参数,用肌电测试仪测人体内力参数,然后通过数据处理和分析,来诊断运动技术的优劣及动作的合理性。这种方法以实验手段为主,与运动实践联系紧密,能对运动员的技术训练直接施加影响。但由于该方法研究和实验的对象是具有个体特征的人,不可避免地造成对共性的运动规律研究的困难,从而使研究结论难以达到理论升华。因此实验方法必须和力学理论研究共同发展、相辅相成,才能使运动生物力学学科渐趋深入完善。

一、乒乓球力学理论研究方法的展望

该研究方法因为是通过模拟手段对人体运动仿真,一般包括五个步骤:一、确定运动特征,建立目标函数;二、选择模型确定刚体的自由度;三、建立动力学模型(拉氏方法、Kane 方法、雅各宾法等);四、实测已知数据并求解;五、根据求解结果解释运动规律,这一步骤是将求得的数学规律化为体育运动语言对运动技术进行合理的指导。

从对运动生物学在乒乓球运动项目中应用的现状,可以看到,以往用的最多的是运用力学原理对一些现象进行解释。而利用力学理论研究的方法却很少。根据此研究方法,可以对乒乓球中许多问题进行研究。

如对上肢各关节的关节力和力矩问题。建立上肢模型,整个上肢可分为上臂、前臂和手(包括器械)3 个部分,根据上肢实际的生理结构和以往生物力学建模的经验,拟将人体上肢简化为 3 刚体 7 自由度的物理模型。运用多刚体系统动力学理论中的 Kane 方法或者扎齐奥尔斯基的雅各宾法,建立系统运动学和动力学方程,代入运动学参数,计算推导出球拍的力学参数以及郑秀媛公布的人体环节参数,求出腕、肘、肩关节的关节力和力矩。

二、乒乓球生物力学实验研究方法的展望

运动生物力学的实验研究方法在乒乓球运动项目中的应用现状是,动力学研究仅有 1 篇,运动学测试也不多,所运用到的生物力学仪器很少。所以实验研究方法在乒乓球运动项目中有极大的发展空间。

1. 常用的生物力学仪器在乒乓球项目中的应用

许多已经在其他专项中运用较为广泛的生物力学仪器在乒乓球运动项目中尚未广泛使用。比如,三维测力台、肌电仪、足底压力鞋垫等。

三维测力台可以反映地面对人体的反作用力的大小和方向随时间的变化。运动员击球的力最终是通过人体蹬地面,同时地面给人体的反作用力而实现的。而对乒乓球运动员地面反作用力的动力学特征的描述至今尚无。

通过在运动员的鞋子里放上压力鞋垫,可以得出在移动过程中,脚底压力的分布图,可以为乒乓球运动员鞋子的设计提供参数。

通过肌电仪可对完成某动作所参与的肌肉活动的强度和时间进行描述,确定主要的参与肌群。用在乒乓球运动员身上,就可以很清楚地知道完成某动作的肌肉用力顺序是什么,主动肌是那些,可为力量训练提供参考。

2. 乒乓球专项化、反馈快速化的运动技术测试仪器的开发

这是运动生物力学测试仪器的发展趋势,迄今为止,在乒乓球界中尚无此类测试仪器的研发成功。近年来一些运动项目专用的测试仪器不断出现。例如,体操项目单杠、双杠、高低杠、跳马、吊环的测力系统、赛艇多参数遥测分析系统、起跑蹬力测试系统、蹬冰力测试系统、游泳出发测力系统等。

其他专项的研究可为乒乓球专项化的测试仪器提供借鉴,比如考虑是否可以在乒乓球拍上安装加速度传感仪。随着科学技术的迅速发展,加速度传感器体积和质量都可以做到非常小,精度可以达到很高,此仪器可以实时监控球拍三个方向上的速度、加速度和角速度,并可据此推算球拍的受力情况,以及击打乒乓球后,球体获得的初速度。

考虑是否可以在乒乓球桌面下安装 4 个压力传感器,即将整个桌面作为测力台,可以对乒乓球与球台的碰撞过程进行清晰的认识,进而对乒乓球碰撞前后的速度、旋转进行推算,对于碰撞的力量以及乒乓球的落点都会有即时准确的反映。

如果这些设想可以实现的话,将丰富乒乓球理论知识,对乒乓球运动的实践会有快捷的帮助。

3. 多机同步测试的研究

多机同步测试研究是运动生物力学研究的发展趋势。人体运动十分复杂,因此,多机同步测试方法对各项运动技术研究十分重要。由于多机同步测试研究需要的仪器多、经费多、时间长、技术人员多,而且多数动力学指标和生物学指标的测试在正式大赛中很难进行,所以,多机同步研究的报道较

少。随着科学技术的进步和对运动技术研究的深入,多机同步测试研究将会得到较快发展。

对于乒乓球这项精密的运动,以往的研究多是从一维的视角来进行的,对乒乓球运动的生物力学的研究应朝着多维的研究视角发展。比如,将摄像系统和测力台系统同步的测试方法,运用综合运动学和动力学的数据对乒乓球运动进行更加深入、全面的认识的方法。

4. 生物反馈技术在乒乓球运动技术训练中的应用

运动生物力学测试中提供给运动员、教练员的技术动作的速度、幅度、方向、力量等指标数据,运动员在训练中很难掌握,如果将测试的数据转换成声、光信号直接提示给运动员,表示其当前的动作是否达到了要求或某个范围,运动员接收到声、光信号后,便马上做出反应,调整动作的幅度、强度、速度等就容易得多。这方面研究在其他专项中已经取得了一定进展,例如,北京体育大学金季春教授指导其博士生闫松华所研制的用于短跑训练的"测试鞋",对每一步的着地时间和腾空时间进行实时监控,正朝着生物反馈的方向发展。

生物反馈技术在乒乓球运动技术训练中的应用也是乒乓球运动项目生物力学发展的趋势。

三、研究领域的展望

根据乒乓球运动专项运动生物力学研究的现状、运动生物力学学科发展趋势,我国要继续保持乒乓球长盛不衰的势头以及我国向市场经济转轨的实际出发,运动生物力学在乒乓球运动项目中的研究领域中,可以预计运动技术研究仍将会占较大比例,同时,在全民健身、运动医学、康复医学、运动器材、服装、仪器设备及工具等方面也会开展研制。具体可以从以下几个方面研究:

(1)乒乓球手法的研究。

(2)乒乓球步法的研究。

(3)乒乓球与球拍碰撞、与球台碰撞的研究。

(4)对乒乓球拍运动的研究。

(5)乒乓球拍、乒乓球运动鞋的研制与优化。

(6)乒乓球运动员肌肉、骨骼力学特性的研究。

(7)乒乓球专项测试仪器的开发。

(8)乒乓球运动员损伤机理和预防的研究。

第五节 总结

国内外学者对于乒乓球运动项目的生物力学应用研究,已经做出了一些有益的探索和贡献。但有关乒乓球生物力学的研究还不多,并且已有的研究还不够系统和深入,所用的运动生物力学研究方法比较单一,乒乓球专项化的运动生物力学仪器很少,对于乒乓球与乒乓球台、乒乓球拍碰撞的原理、乒乓球飞行的运动状态、乒乓球动作技术原理(尤其是步法技术和技术的力学特征)等方面尚未揭示,或揭示得还不够全面。随着科技的进步和人类对自身认识的提高,集中多学科的力量,对乒乓球项目进行全面、综合地研究必将是一项十分有意义的工作。

根据乒乓球运动专项运动生物力学研究的现状、运动生物力学学科发展趋势以及乒乓球运动发展的实际需求,运用多种运动生物力学的理论力学和实验研究相结合的方法,对乒乓球运动中的多个领域进行分析和研究,是运动生物力学在乒乓球运动项目中的研究发展趋势。随着科技的进步和人类对自身认识的提高,集中多学科的力量,对乒乓球项目进行全面、综合的研究必将是一项十分有意义的工作。

第二章 乒乓球正手快攻、弧圈球技术的运动生物力学研究

第一节 前言

近年来,国际乒联对乒乓球竞赛规则的三大改革,以及现代世界乒乓球技术的迅猛发展,都要求我们要借助于科技的力量和手段更加全面地、深刻地认识乒乓球技术的规律,观念上不断地更新,技术上不断创新进步,训练方法上要更加科学合理。只有这样,才能继续保持我国乒乓球运动的长盛不衰。

在乒乓球比赛中,运动员竞技能力(技术、战术、运动素质、心理和智力水平等)最终是通过运动员击出的每一板球表现出来的。而每一板球质量的高低主要是由乒乓球运动员的动作技术所决定的。乒乓球的动作技术包括手法和步法,二者密切相连缺一不可。

随着现代科技水平的不断发展,运动生物力学研究手段与方法也不断地更新,研究内容和层次不断深入;运动生物力学的研究方法在许多运动项目中有了广泛的应用。这对于认识运动项目技术的规律和提高运动技术水平,起到了重要的作用。

对于乒乓球技术动作的运动生物力学的研究,国内外还不多,并且已有的研究不够系统和深入,所用的运动生物力学研究方法比较单一,乒乓球专项化的运动生物力学仪器很少,对于许多动作技术原理尚未揭示,或揭示得还不够全面。

比如,运动员完成进攻击球技术过程的引拍和还原阶段中,上肢主要肌肉的用力顺序问题,乒乓球界对其的认识存在争议。乒乓球教科书和以往的研究认为是上臂带动前臂、手腕依次发力,而在运动实践中往往又有相反的感觉。以往对此问题的认识多停留在主观认识、定性分析和为数不多的定量分析上。对于此问题还需要深入地定量认识。

又如,我国乒乓球运动员的步法比较薄弱是公认的事实,而对于乒乓球步法移动的研究,现在还比较落后,少有定量方面的分析,在研究数量上亦落后对手法的研究。究其原因,是缺少合适的实验仪器。对乒乓球步法新

仪器的研发及用于实际测试,会有助于乒乓球步法的教学与训练,为乒乓球体能训练提供理论参考。

本论文根据乒乓球生物力学研究的现状以及乒乓球生物力学发展的趋势,结合乒乓球运动需要,依据现有实验仪器、个人能力以及实验经费、时间的限制,从以下几个方面对乒乓球生物力学的问题进行研究。

(1)对乒乓球正手快攻和弧圈球技术的生物力学分析。每种技术分为中等力量和最大力量两种用力方式击球,共 4 组技术动作,运用 QUALISYS 运动学测试系统与 KISTLER 测力台测试系统同时测试的实验方法,从运动学和动力学两方面进行研究。

(2)研制开发一套乒乓球步法垫测试系统。利用中科院智能所的先进技术——柔性薄膜阵列传感器,结合乒乓球运动的专项特点,研发一套专门用于乒乓球专项的步法测试系统。对于乒乓球专项仪器的研发做一尝试。

(3)运用乒乓球步法垫测试系统对乒乓球步法的生物力学特征进行揭示。对运动员在一场比赛中的步法移动的运动学特征进行研究。

本研究不仅将丰富乒乓球的理论,而且对于乒乓球手法和步法技术水平的提高,乒乓球专项仪器的开发等将提供可靠有力的科技支撑,这对于进一步维持我国乒乓球运动长盛不衰,维持我国乒乓球技术训练先进性,实施"备战 2008 奥运科研攻关计划"也具有很大的现实意义。同时对于运动生物力学如何更好地结合乒乓球专项特点为乒乓球运动实践服务,和对于运动生物力学在其他专项中的应用,将起到借鉴的作用。

第二节　研究对象与研究方法

运用三维摄像、三维测力两个测试系统同时测量的运动学和动力学的实验研究方法,对乒乓球正手快攻、弧圈球技术进行生物力学测试。

一、测试对象

测试者情况为北京体育大学运动系 10 名优秀乒乓球运动员,均为横握拍弧圈结合快攻打法,胶皮为反胶(表 2-2-1)。

二、实验仪器

(1)QUALISYS-MCU500 红外光点测试系统(6 个摄像头、红外光点、

第二章 乒乓球正手快攻、弧圈球技术的运动生物力学研究

数据采集系统、电脑等)。

表 2-2-1　受试者基本情况

人数	年龄(岁)	性别	训练年限(年)	握法	执拍手	打法类型	身高(m)	体重(kg)	运动等级
10	20±2	男	11±3	横握	右手(8人)左手(2人)	弧快	1.77±0.06	67±12	一级(8人)二级(2人)

(2)KISTLER 三维测力系统(包括 2 块三维测力台:型号 9281AA 和 9281AA、信号放大器、数据测试及分析软件及电脑等)。

(3)1 台 Panasonic M9500 摄像机。

(4)乒乓球台、乒乓球拍和乒乓球。

三、实验方法

具有 6 个摄像头的 QUALISYS 运动学采集系统与 KISTLER 测力台(两块三维测力台)系统,外加 1 台 Panasonic M9500 摄像机,同时对乒乓球正手快攻、弧圈球技术进行生物力学测试。实验测试系统安置及测试现场见图 2-2-1,图 2-2-2,在北京体育大学生物力学实验室进行实验。

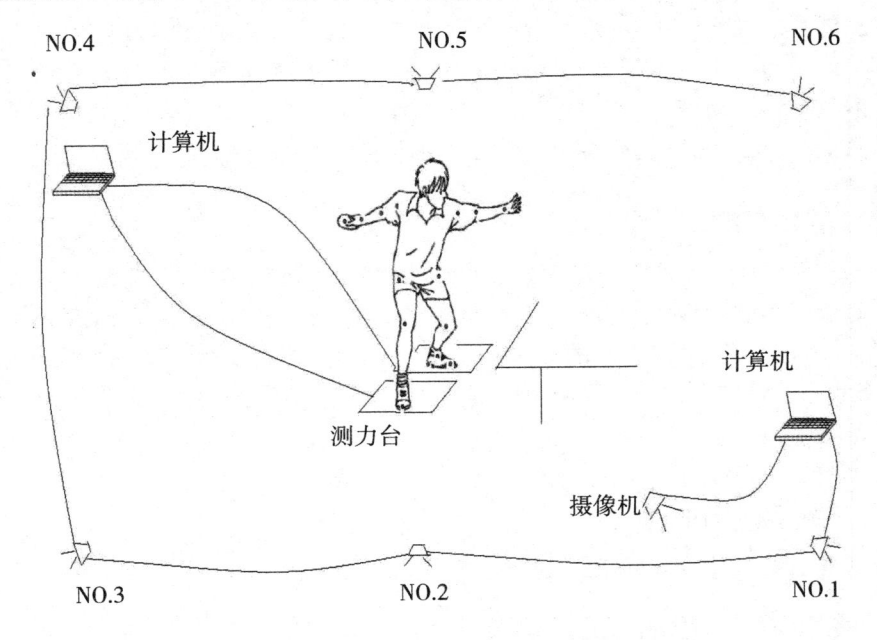

图 2-2-1　实验测试系统安置及测试现场示意图

图 2-2-2　实验现场图

1. 运动学测试

应用瑞典产 QUALISYS-MCU500 红外远射测试系统（6 个镜头）对乒乓球运动员正手快攻、弧圈球技术进行测试。拍摄频率为 100 幅/s，每次采集时间为 5 s。与传统的高速摄影（录像）与解析方法相比，红外光点测试系统省却了人工进行逐帧、逐点解析的繁重工作，不但可以对测试结果进行快速反馈，而且避免了人工判读测量点所产生的人为误差。

运用 1 台 Panasonic M9500 录像机配合 QUALISYS-MCU500 红外远射测试系统同步拍摄。QUALISYS 系统虽然能够方便、快捷、准确地获得复杂运动的三维运动信息，但缺点是只能对红外光点进行拍摄，无法对真实人体及实物运动信息进行采集（比如无法采集到乒乓球的运动）。故用一台录像机配合使用，以获得更多的动作技术信息。拍摄频率为 50 幅/s。

2. 动力学测试

运用两块瑞士产 KISTLER 三维测力台对运动员击球过程中地面对人体的地面支撑反作用力进行测试。每块测力台长 0.6 m，宽 0.4 m，面积为 0.24 m²，两块测力台中心的距离约为 50 cm，测力台采集频率为 1 000 Hz，每次采集时间为 5 s。两块测力台通过测力测试系统中的数据采集系统实现内同步。

四、实验过程

1. 实验仪器调试

对 QUALISYS 6 个镜头的高度、俯仰角度和焦距进行调整，使坐标框

第二章 乒乓球正手快攻、弧圈球技术的运动生物力学研究

架在每个镜头中的位置处于中下部,且光点的大小合适。

然后对测试空间进行标定。标定时,实验人员在运动员技术动作可能会达到的空间内不断晃动手中标定杆,以对测试空间进行标定。标定时间为 10 s,共 1 000 个画面。系统自动计算 6 个镜头的标定参数,并对是否通过标定进行判定。

一台摄像机置于运动方向的右前方,距实验对象运动区域中心的距离约为 3 m,主光轴距地面的高度 0.8 m,拍摄频率为 50 幅/s,在拍摄之前调整摄像机焦距并使之达到最清晰,然后锁定。

调整两块测力台的量程及精度,对三个方向上的力进行校正。设置采集频率和每次采集时间。

2. 贴标志点

表 2-2-2　标志点名称及固定位置

名　称	位　置
左、右肩	肱骨大结节最向外突出的部位
左、右肘	肱骨外上髁
左、右腕	桡骨茎突外下缘
左、右髋	大转子最高点
左、右膝	胫骨外侧髁
左、右踝	外踝最高处
左、右足跟	足跟最远处
左、右足尖	脚大拇趾最前端
球拍	球拍背面中心位置

测试运动员穿紧身衣,充分地准备活动后在其身体关节部位及球拍上贴置反射标志点,共 17 个标志点。为减少误差,所有运动员标志点的设置均由一人完成。固定位置如图 2-2-1 及表 2-2-2 所示。

受试运动员中有两人为左手执拍,为了研究方便,在计算时将这些左手执拍运动员的左侧关节作为右侧关节处理,右侧关节作为左侧关节处理。由于选用的人体模型是对称的,这样的处理对结果无影响的。

3. 动作技术测试

测试运动员站在测力台上,使两只脚分别站在每块测力台的中央,要求保证两脚始终分别在面积为 0.24 m² 的测力台区域里运动的前提下,自然

地完成技术动作。运动员依次完成两种技术四组动作的测试。两种技术为正手近台快攻和正手弧圈球技术。每种技术用两种发力方式击球,一为用最大力量,二为中等力量,要求运动员控制好击球力量。每组动作的测试方法为运动员一直进行多球练习,由实验员判断当技术动作比较稳定时,开始采集,各个测试系统同时采集 5 s 后停止,然后保存文件,准备下一组动作的测试。测试应得到至少 3 次动作技术质量较高,且两个测试系统数据都完整的动作。

(1)正手快攻技术测试:陪练发多球,进行正手位斜线近台快攻练习。

(2)正手弧圈球技术测试:陪练发多球,进行正手位斜线弧圈球练习。

五、数据处理

QUALISYS 采集系统对 10 个人的两种技术的 4 组动作进行了采集,每次采集 5 s,每个画面有 17 个标志点,采集频率是 100 幅/s,共获取标志点坐标原始数据 340 000 个,再对这些点坐标处理计算获得分析所需的速度、角度、角速度等数据。

从录像上共获取 10 个人的 4 组动作,共 40 个动作技术录像,找出了每个动作技术的击球时刻。

从测力台上获得 40 组技术动作在运动员完成击球动作过程中地面对人体在左右、前后、上下 3 个方向上的支撑反作用力,采集频率是 1 000 次/s,采集时间为 5 s,即获取原始数据 600 000 个。

3 个测试系统的数据是同步获取的,将 3 个测试系统的数据进行了综合分析与处理。

1. 运动学参量的计算与处理

应用 QUALISYS 运动分析系统中的 QTrc 软件获得各标志点的空间三维坐标。

应用 Excel、Origin 等软件对原始三维坐标数据进行平滑与计算,得到用于分析的运动学数据。数据平滑采用低通滤波方法,截断频率为 8 Hz。

(1)击球时刻的判断

击球时刻是研究乒乓球击球动作的重要标志点,但由于 QUALISYS 测试系统的限制,不能在球上设置反光标志物,因此通过红外光点测试不能判断球拍击球瞬间。这一问题可以通过我们对测试全过程拍摄的摄像机来解决。由于摄像机和 QUALISYS 是同步测试的,所以可以从录像上确定的击球时刻来推算出由 QUALISYS 采集动作技术中的击球时刻。运用视

第二章　乒乓球正手快攻、弧圈球技术的运动生物力学研究

讯运动解析系统对所拍摄的技术动作进行截取与逐场分析。由于红外光点测试频率为 100 场/s，拍摄频率为 50 场/s（一帧分两场），因此确定出手瞬间画面的误差应小于 0.02 s。

(2)关节角度的定义

由于人体在运动中，肩关节、肘关节、髋关节和膝关节等大关节都在做三维空间复合运动。本实验参考国内外的有关文献资料，根据乒乓球运动中各关节的运动特点和运动生物力学及运动解剖学的有关内容以及本文研究的成果，本文选用空间角度来描述各个关节在空间的运动和位置，对本实验研究中所涉及的相关的角度概念进行了如下定义（见定义及图 2-2-3）。

肩关节角：同侧肩关节标志点与同侧肘关节标志点连线，和同侧肩关节标志点与同侧髋关节标志点连线之间的夹角。

肘关节角：同侧肘关节标志点与同侧肩关节标志点连线，和同侧肘关节标志点与同侧腕关节标志点连线之间的夹角。

髋关节角：同侧髋关节标志点与同侧膝关节标志点的连线，和同侧髋关节标志点与同侧肩关节标志点连线的夹角。

膝关节角：同侧髋关节标志点与同侧膝关节标志点的连线，和同侧膝关节标志点同侧踝关节标志点连线的夹角。

转角：两侧肩关节标志点的连线与两侧髋关节标志点连线的夹角。

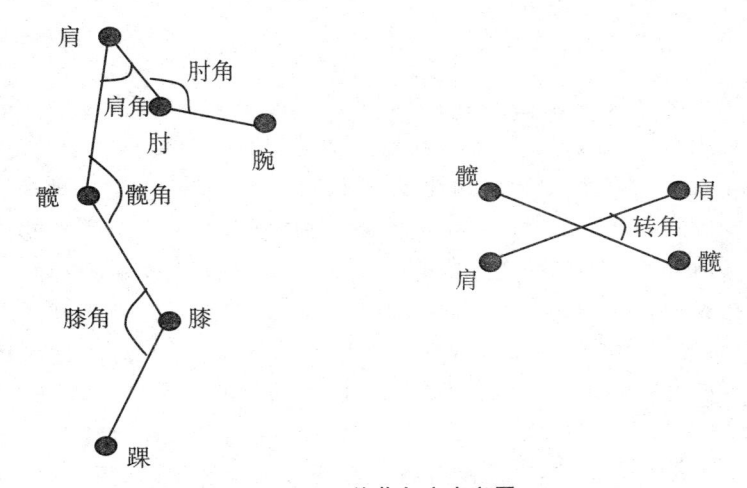

图 2-2-3　关节角度定义图

2. 动力学参量的计算与处理

运用 KISTLER 数据分析软件对原始数据进行处理，后用 Microsoft Excel 软件进行分析和处理。

3. 动作阶段的选取

在每组技术动作 5 s 的采集数据中,结合运动学数据和测力台数据,选取运动学数据间断最少的一个动作周期进行分析。运动学数据间断部分由 QTrc 软件应用插值方法进行自动补充。

测力台的采集频率是 1 000 次/s,QUALISYS 测试系统采集频率为 100 场/s,所以在选取动作阶段时,两个测试系统的误差小于 0.01 s。

4. 统计方法

对数据的统计分析以及表格、曲线图的处理是运用 Microsoft Excel 和 Origin 软件进行处理的。采用的统计学方法主要是独立样本 T 检验。

第三节 结果与分析

一、动作阶段划分及研究范围的确定

1. 动作阶段划分

当发多球进行原地定点乒乓球基本击球技术练习时,连续击球动作可以看作是周期性的运动。一个乒乓球击球动作是一个较为复杂的过程,为了便于分析,根据动作的任务和性质,可以将一次复杂完整的击球动作的整个过程划分为不同的阶段。相互区分不同的阶段,有利于对完整的动作进行分析和研究。在不同动作阶段的临界点,为击球技术的特征画面。

本实验中,在 5 s 的采集时间内,对优秀运动员原地定点击球技术进行测试,由于优秀运动员的击球动作已形成动力定型,每次击球过程基本相同,所以,所有的参数均显示出明显的和稳定的周期性变化。如图 1-2-1 所示,球拍的速度变化和地面对人体的支撑反作用力显示出规律性变化。由于本次实验是原地击球,因此没有考虑步法移动与选位对动作阶段划分的影响。一个原地击球技术动作周期结构,包括 5 个特征画面和 4 个动作阶段。An、Bn、Cn、Dn、An+1…均为特征画面。An—An+1、Bn—Bn+1、Cn—Cn+1、Dn—Dn+1 均为从不同特征画面开始再到下一个该特征画面结束的一个动作周期。

本文结合录像观察、球拍的运动学变化和地面对人体的支撑反作用力

第二章 乒乓球正手快攻、弧圈球技术的运动生物力学研究

的变化对击球技术动作进行阶段划分的。通过录像分析,可以精确地找到击球时刻,但是由于连续击球,球拍和身体处于运动状态下,没有一个明显的停顿时刻,所以还原时刻、引拍结束时刻和随挥结束时刻的最远端只能主观去判断。之所以选择球拍的速度变化图来分析,是因为击球过程中全身运动最终体现球拍的运动变化上来,球拍在引拍结束和随挥结束时刻,合速度最小,在击球时刻,球拍的速度为最大速度左右,所以用球拍的速度变化可以精确地区分引拍结束时刻和随挥结束时刻,而还原时刻无法判断。当用测力台数据,即地面对人体支撑反作用力的变化情况来分析时,可以精确地区分还原时刻。当在还原时刻时,左右脚在左右和前后方向上的蹬地力应接近于0,本文以右脚的力(如图2-3-1所示)来判断还原时刻。本实验中的测力台数据和QUALYSIS的数据以及录像采集系统是同时测试的,三者的数据可以通过特征画面对应起来。所以可以通过上述3种方法的互相补充,来确定一个动作周期中的特征画面和区分动作阶段。

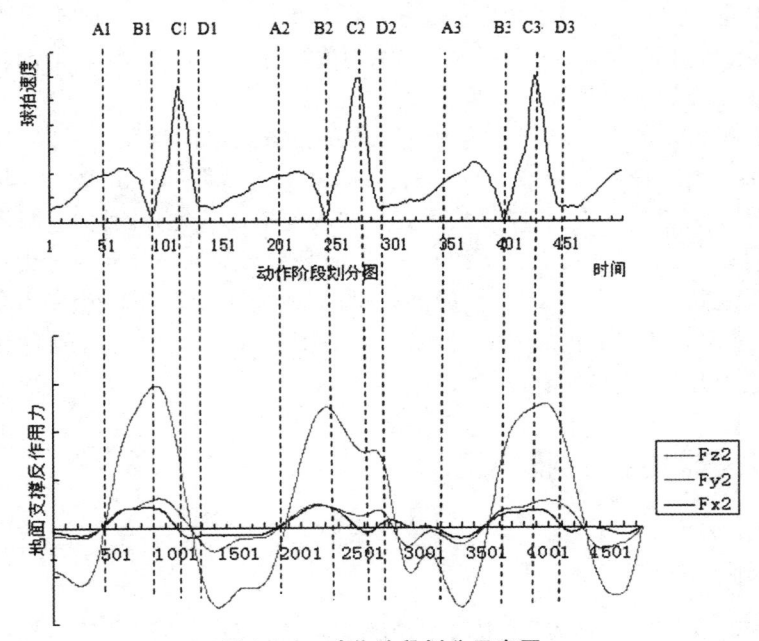

图 2-3-1 动作阶段划分示意图

注:(1)特征画面和判断依据。An(n=1,2,3)点为还原时刻,判断依据为此时右脚在左右、前后方向上的地面支撑反作用力接近为0;Bn点为引拍结束时刻,判断依据为此时球拍的速度在极小值;Cn点为击球时刻,判断依据为此时在录像上显示球拍与球接触;Dn点为随挥结束时刻,判断依据为此时球拍速度在极小值;An+1点为再次还原时刻,判断依据为此时右脚在左右、前后方向上的地面支撑反作用力再次接近为0。

(2)动作阶段。An~Bn段为引拍阶段;Bn~Cn段为挥击阶段;Cn~Dn段为随挥阶段;Dn~An+1段为还原阶段。

2. 研究范围的确定

本文根据乒乓球技术的特点，从技术动作结构着手及本研究的方便，选取从 An～An+1，即从第一次身体还原时刻开始到第二次还原时刻结束为一个击球动作周期进行分析。5 个特征画面依次为第一次还原时刻（An）、引拍结束时刻（Bn）、击球时刻（Cn）、随挥结束时刻（Dn）和第二次还原时刻（An+1）。由 5 个特征画面组成 4 个动作阶段，分别为引拍阶段（An～Bn）、击球阶段（Bn～Cn）、随挥阶段（Cn～Dn）和还原阶段（Dn～An+1）。

为了更好地找出乒乓球动作技术各参数的规律性变化，本章中所有的图均是截取了 Dn-1～Bn+1 段，比实际一个动作周期多了上一个周期的还原段和下一个周期的引拍段。本章所有图是选用了具有代表性的一名运动员的运动学和动力学曲线。图中横坐标为时间，上一个周期随挥结束时刻设为 0 s。运动学部分时间单位为毫秒（ms），角度的单位是度（°），位移的单位是毫米（mm），速度的单位是毫米/秒（mm/s）。力学部分时间单位为毫秒（μs），力的单位为牛顿（N）。文中均值和标准差是对 10 名运动员所有有关生物力学参数计算的结果。

为了对比最大力量和中等力量两种用力方式之间动作的差异，以及找出正手快攻和正手弧圈球的技术的不同，对所有参数进行了独立样本 T 检验。分别做了 3 组检验，一为两种力量快攻的对比，二为两种力量弧圈球技术的对比，三为两种技术之间的对比，用的是最大力量快攻和最大力量弧圈球技术之间的比较。为了行文的方便，将两种技术四个动作（中等力量正手快攻、最大力量正手快攻、中等力量正手弧圈球和最大力量正手弧圈球）分别简述为轻打、重打、轻拉和重拉。

二、球拍和上肢的运动

1. 球拍的运动

作为环节链的末端，球拍的运动轨迹是全身各关节配合的体现。全身所有的运动最终都要体现在球拍的运动上，运动员通过球拍的运动达到对来球的控制，所以，本文对球拍的运动学特征进行详细的分析与描述。

(1) 球拍速度

① 主要正手进攻技术球拍速度的特征描述

图 2-3-2 中所示的球拍速度为球拍在 3 个方向速度的合速度。在一个正手进攻技术周期（A～a）中，球拍的速度经历两个波峰和一个波谷。在引

第二章 乒乓球正手快攻、弧圈球技术的运动生物力学研究

拍阶段(A~B),球拍向右后下加速引拍,到引拍最远端形成一个波谷,速度为最小,然后球拍向左前上加速迎球挥拍,在速度最大值附近击球,后又减速随势挥拍到达随挥最远端 D 点,后又反向加速还原到 a 点。

引拍的第一个波峰值小于第二个击球前后的波峰值。在引拍最远端和随挥最远端时刻速度为两个波谷,但合速度不为 0。并说明球拍在这两个时刻并未完全停止下来。这里的速度是指左右、前后、上下方向上速度的合成,应该说在引拍结束和随挥结束前后三个方向上的速度不是同时为 0,而是依次为 0,从而达到既使球拍的方向发生了改变,又保证了球拍速度的连贯性。

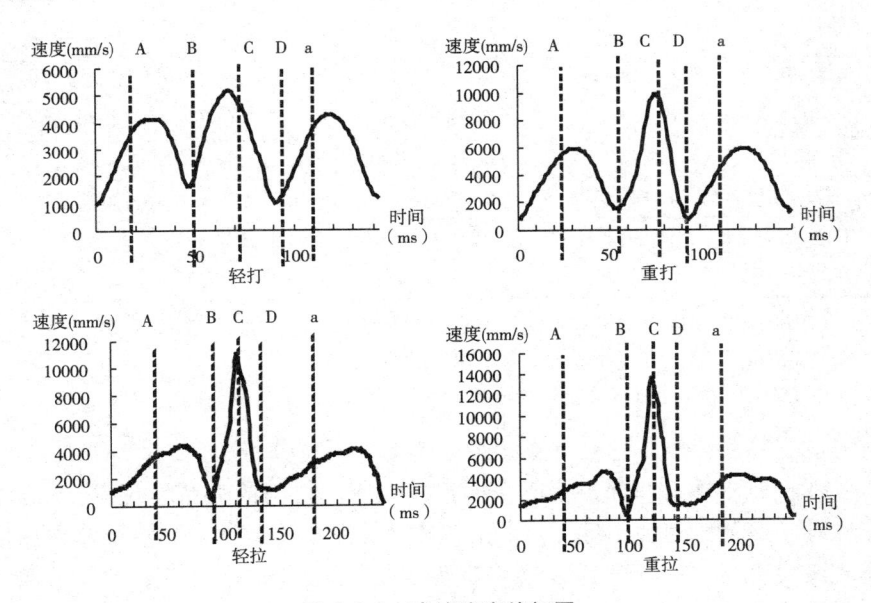

图 2-3-2 球拍速度特征图

②两种技术之间、每种技术两种用力方式之间球拍速度的对比

表 2-3-1 反映了轻打、重打、轻拉和重拉在各个特征时刻的速度值。在引拍结束时刻,打和拉技术,以及不同用力方式之间的打和拉之间的速度存在差异。重打和重拉的引拍结束时刻的速度分别为 1.58 ± 0.26 m/s、0.88 ± 0.58 m/s,分别大于轻打的 0.96 ± 0.42 m/s 和轻拉的 0.81 ± 0.49 m/s,差异显著。说明以提高引拍的速度来增大击球的力量和速度,引拍为随后的击球积蓄了能量。打和拉在引拍结束时刻的速度也差异显著,这一时刻拉的速度小于打的速度。

4 组动作击球速度分别为 5.14 ± 0.25 m/s、9.00 ± 1.73 m/s、10.91 ± 1.13 m/s 和 13.28 ± 0.51 m/s,经过 T 检验对比,得出轻打的速度小于重

打,轻拉的速度小于重拉,重打的速度小于重拉,差异显著。同一种技术不同力量击球的球拍速度的差异,说明我们设计的实验是成功的,达到了区分最大用力和中等用力的目的,用力的不同最终体现球拍速度的不同。

在随挥结束时刻,球拍速度达到一个较小的值,然后手臂加速还原,从表 2-3-1 和图 2-3-2 中可以看到一个动作周期中的两个还原时刻的速度值基本一样,说明优秀运动员在连续击球中动作的稳定性。

表 2-3-1　特征时刻球拍速度表（$n=10$）　　　　单位:m/s

	轻打 (M±SD)	重打 (M±SD)	轻拉 (M±SD)	重拉 (M±SD)
还原结束 A	2.91±0.61	3.60±1.15	2.25±0.82	2.16±0.64
引拍最大值	3.98±0.72	4.60±1.09	3.78±0.57	3.96±0.83
引拍结束 B	0.96±0.42#	1.58±0.26*	0.81±0.49&	0.88±0.58
最大速度	5.24±0.25#	9.33±1.32*	11.21±1.06&	13.54±0.79
击球速度	5.14±0.33#	9.00±1.73*	10.91±1.13&	13.28±0.51
随挥结束 D	0.80±0.32	0.84±0.20	0.92±0.39	1.19±0.40
再次还原 a	2.98±0.44	3.09±1.00	1.91±0.79	2.13±1.01

\# 代表正手轻打和正手重打之间比较,差异显著;

& 代表正手轻拉和正手重拉之间比较,差异显著;

* 代表正手重打和正手重拉之间比较,差异显著。(后同)

③击球瞬间球拍速度和挥拍最大速度的对比分析

在比较击球瞬间球拍速度和挥拍最大速度之间的关系发现,运动员并未在球拍的最大速度击球。有的是在球拍出现最大速度之前,有的是在球拍出现最大速度之后,但都是在最大速度附近时刻击球,分析了 10 个运动员 4 组动作球拍最大速度和击球速度之差和出现时间,具体结果见表 2-3-2。

表 2-3-2　球拍击球速度和挥拍最大速度及出现时间对比分析表（$n=10$）

	轻打	重打	轻拉	重拉
速度之差(m/s) (M±SD)	0.10±0.14	0.14±0.10	0.05±0.05	0.26±0.28
两速度之比(%) (M±SD)	98.04±2.73	98.44±1.15	99.54±1.48	98.16±1.89
后击球比例(%)	30.00	80.00	90.00	100.00
平均相差时间(ms)	−2.50	−2.25	−2.00	−3.60
前击球比例(%)	70.00	20.00	10.00	0
平均相差时间(ms)	2.25	3.50	3.00	

第二章 乒乓球正手快攻、弧圈球技术的运动生物力学研究

用两种用力方式分别完成正手快攻、弧圈技术时,球拍击球瞬间的速度都基本上小于挥拍最大速度,占最大速度的比例为98%左右。在击球时间上,四组动作有差异,其中轻打中,只有3个运动员是在最大速度之后2.50ms左右击球,占30.00%,而在重打、轻拉中,最大速度后击球的运动员占了很高的比例,为80.00%和90.00%,分别在最大速度出现后2.25ms和2.00ms左右击球,当最大力量弧圈球技术时,所有运动员均在出现最大速度3.60ms之后击球。

对于这一现象的理解,张辉[29]用球拍速度利用率来解释,球拍速度利用率是指击球瞬间球拍速度占挥拍最大速度的百分比。认为水平越高的运动员,球拍速度利用率越高,应像乒乓球教科书上描述的那样,在100%最大挥拍速度击球时,拉或打的球质量就越高。

本文对这一观点持不同看法。对于初学者可以用球拍速度利用率来解释击球的质量,由于初学者尚未掌握击球的适当时机,其击球瞬间球拍速度占最大挥拍速度的比例是比较低的,随着球拍速度利用率的提高,其技术水平必将提高;但对于高水平运动员,不能用球拍速度利用率来衡量击球质量的高低,运动员都会在接近最大挥拍速度击球的,但并非是最大挥拍速度时击球。本文认为这就是乒乓球击球技术的特点,并认为当追求较高的速度和旋转击球时,应该是在球拍出现最大速度之后的较大速度瞬间击球。

球拍触球瞬间的速度并非是挥拍最大速度时刻,这一现象表明运动员的击球动作并不是在挥拍至最大速度时球拍与球的碰撞。球拍是上肢环节链的末端环节,球拍速度的获得依赖上位各环节的运动速度及配合。这可能与运动员在球拍触球瞬间试图以降低速度来增加球的稳度有关。击球的任务不仅是使球具有较大的线速度和角速度,而且要对击出的球进行一定的控制,使球具有一定的弧线、落点、稳度等,以加强运动员的战术意识。为了达到对球很好的控制,就要以球拍的部分速度的减慢作为代价追求球的最大速度和对球更好的控制,这是矛盾统一的两个方面,优秀运动员在这两个方面上达到了统一。

刘卉[71]对网球大力发球技术击球时刻证明是在最大速度出现后0.009s时击球,澳大利亚学者ELliott[45]对网球的研究表明击球时刻也出现在最大挥拍速度之后,时间为0.005s。在刘卉[42]对其他击打类项目(对棒球击球技术、排球扣球技术、标枪投掷)的研究中也再次证明了这一点。由于这些项目所研究的技术是以追求末端环节最大速度为目的的技术,上肢的技术可以类似地看作是鞭打动作。各个项目技术均要求手在球出手(击球)瞬间处于最佳的姿位。标枪和铅球投掷要求获得最佳的出手角度;棒球运动员要将球投入好球区;排球和羽毛球运动员不但要将球扣过网,还要根据技

战术的需要控制球的飞行路线和落点。所以这些项目运动员手击球(球出手)出现在最大速度之后。

(2)球拍的时间特征

表 2-3-3　不同动作技术球拍的时间参数表($n=10$)

		正手快攻		正手拉弧圈球	
		轻打 (M±SD)	重打 (M±SD)	轻拉 (M±SD)	重拉 (M±SD)
总时间(s)		0.93±0.07	0.97±0.18**	1.45±0.13	1.49±0.23
引拍	时间(s)	0.33±0.07	0.35±0.09**	0.51±0.11	0.55±0.10
	百分比(%)	35.20±5.70	36.35±4.91	35.24±7.27	37.54±5.52
挥击	时间(s)	0.17±0.05	0.16±0.05	0.22±0.09	0.20±0.07
	百分比(%)	17.93±5.81	17.21±5.40	14.74±5.20	13.62±4.34
随挥	时间(s)	0.24±0.06	0.23±0.05	0.25±0.03	0.25±0.03
	百分比(%)	25.33±5.70	24.03±5.91**	17.40±1.78	16.78±1.73
还原	时间(s)	0.20±0.06	0.21±0.06**	0.47±0.06	0.48±0.09
	百比分(%)	21.54±7.08	22.42±5.64**	32.63±2.30	32.06±3.36
引拍+还原	时间(s)	0.53±0.07	0.56±0.12**	0.56±0.24	0.98±0.24
	百分比(%)	56.74±4.25	58.77±5.61*	38.89±16.86	66.22±12.70
挥击+随挥	时间(s)	0.40±0.04	0.39±0.04	0.89±0.26	0.49±0.18
	百分比(%)	43.26±4.25	41.24±5.61	61.11±16.86	33.78±12.70

注：** $p<0.01$，代表经 t 检验，两组差异非常显著(下同)。

实验结果表明(表 2-3-3)，用最大力量和一般力量完成同一动作技术时，在时间参数上两者无差异。当比较正手快攻与正手拉弧圈球时，可发现两个动作技术在时间参数上存在显著差异。

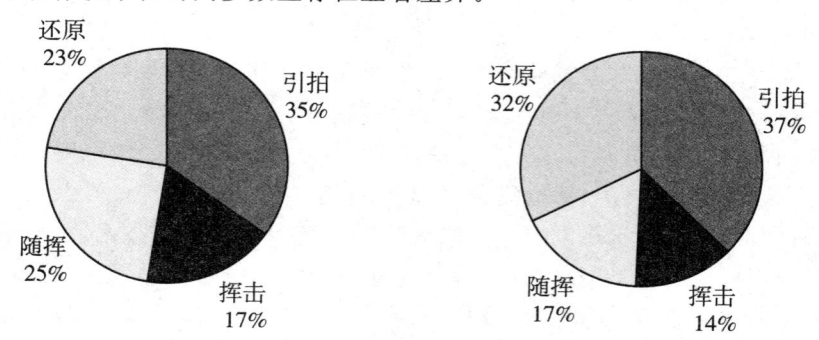

图 2-3-3　正手快攻和正手弧圈球技术时间特征图

第二章 乒乓球正手快攻、弧圈球技术的运动生物力学研究

优秀运动员完成一次正手快攻技术动作时,总时间平均为 0.95±0.13s,引拍阶段、挥拍击球阶段、随挥阶段和还原阶段平均用时分别为 0.35s、0.16s、0.23s、0.21s,四个阶段分别占总时间的 35%、17%、25%和 23%。

优秀运动员完成一次正手拉弧圈球技术动作时,总时间平均为 1.47±0.18s,引拍阶段、挥拍击球阶段、随挥阶段和还原阶段平均用时分别为 0.55s、0.20s、0.25s、0.48s,四个阶段分别占总时间的 37%、14%、17%和 32%。

经 T 检验,正手快攻技术和正手弧圈球技术在时间参数上的特征表现为,正手弧圈球技术的总时间长于正手快攻技术,在引拍和还原两个阶段所用时间百分比明显长于正手快攻,而随挥阶段所用的时间百分比短于正手快攻。挥拍击球时间及百分比,两种技术基本上相似。

(3)球拍的空间特征

乒乓球运动中,运动员根据不同的战术目的,对不同的来球采用不同击球技术进行还击,同时对运动员的各个阶段的动作幅度也有不同的要求。

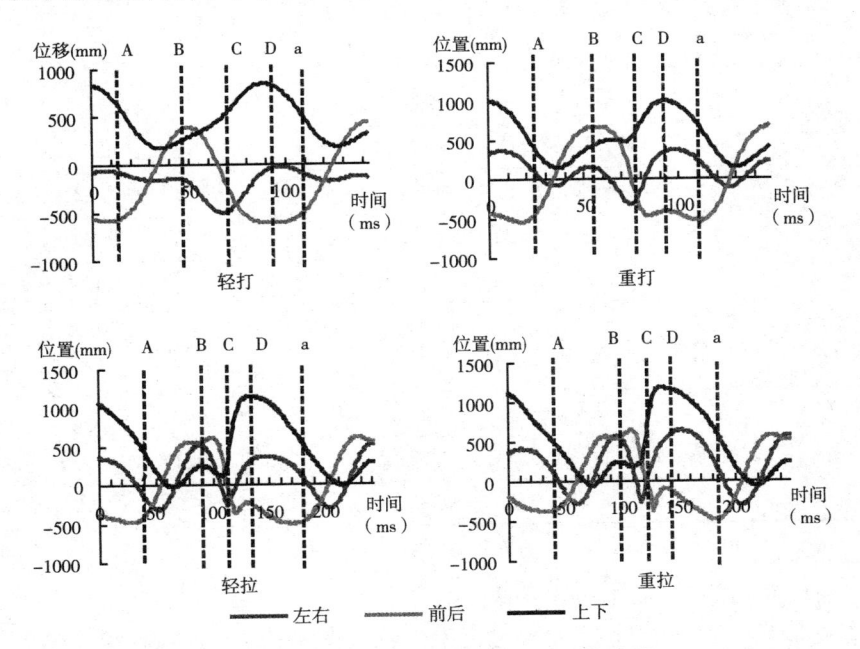

图 2-3-4　球拍在三个方向上移动的轨迹图

注:左为正,右为负;后为正,前为负;上为正,下为负。

从图 2-3-4 中可以看出,正手快攻和正手拉弧圈球的运动轨迹不一样。同一技术不同力量的击球的运动轨迹基本相同。在一个动作周期中,球拍在左右方向上的变化经历两次波峰和波谷,显示出双波峰的特点,引拍过程

中出现一个小波谷,第一个波峰出现在引拍最远端时刻,波谷出现在击球时刻附近,在随挥最远端达到另外一个峰值;在前后上下方向上打和拉的曲线不尽相同,拉比打多出一个小峰值,基本上都是向后引拍在引拍结束时达到向后的最远距离,进而向前挥拍,到随挥最远端达到向前达到最大值;在上下方向上都是先下降,在引拍结束左右达到最小值,后向上挥拍击球,然后随挥至最高点再向下还原成一个周期。

表 2-3-4　不同动作技术球拍的空间参数表($n=10$)　　单位:m

		正手快攻		正手拉弧圈球	
		轻打 (M±SD)	重打 (M±SD)	轻拉 (M±SD)	重拉 (M±SD)
引拍	左右	−0.18±0.11	−0.23±0.13*	0.37±0.35&	0.52±0.21
	前后	0.62±0.51	0.67±0.12*	0.91±0.10	0.95±0.06
	上下	−0.09±0.41	−0.19±0.10*	−0.45±0.16	−0.46±0.21
挥击	左右	−0.09±0.15#	−0.28±0.10*	−0.45±0.19	−0.44±0.23
	前后	−0.28±0.28	−0.31±0.26*	−0.46±0.16	−0.43±0.07
	上下	0.04±0.30	0.09±0.08*	0.33±0.17	0.39±0.13
随挥	左右	0.40±0.07#	0.65±0.10*	0.73±0.19	0.81±0.12
	前后	−0.27±0.40	−0.45±0.20	−0.34±0.14	−0.43±0.04
	上下	0.22±0.31	0.49±0.06	0.89±0.15	0.77±0.37
还原	左右	−0.13±0.18	−0.12±0.08*	−0.32±0.21	−0.39±0.19
	前后	−0.02±0.08	−0.04±0.07	−0.10±0.11	−0.19±0.13
	上下	−0.19±0.22	−0.38±0.11*	−0.58±0.06	−0.58±0.11
总路程	左右	0.86±0.17#	1.28±0.24*	1.76±0.34	1.82±0.38
	前后	1.58±0.44	1.75±0.21*	1.83±0.19	1.90±0.12
	上下	1.17±0.26	1.20±0.19*	2.07±0.30	2.00±0.57

注:左为正,右为负;后为正,前为负;上为正,下为负。

①引拍阶段球拍的方向和幅度

虽然运动员完成正手快攻和正手弧圈球技术时球拍的运动轨迹不太一样,但引拍过程中球拍是向下和向后运动的。如表 2-3-4 所示,经 T 检验,在用两种用力方式完成正手快攻技术之间,引拍的幅度没有差异;正手弧圈球技术和正手快攻技术之间差异显著,重拉幅度大于重打的幅度;当比较用两种用力方式完成正手弧圈球技术之间发现,在左右方向上有差异。

向下的幅度,最大力量弧圈球技术为 0.46±0.21 m,快攻为 0.19±0.10 m;

第二章　乒乓球正手快攻、弧圈球技术的运动生物力学研究

向后的幅度,正手弧圈球技术为 0.95±0.06 m,正手快攻是 0.67±0.12 m;向右的幅度最大力量弧圈球技术为 0.52±0.21 m,正手快攻为 0.23±0.13 m,差异显著。说明引拍阶段正手拉球在上下、前后、左右方向上球拍的运动幅度均大于正手快攻。

当比较轻拉和重拉在引拍幅度时,发现重拉比轻拉向右的幅度要大,而在前后、上下方向上没有差异。

当观察 QUALISIY 的三维动画时可以发现,引拍过程的轨迹不是沿从还原时刻到引拍结束时刻连线的直线运动,而是个曲线,弧圈球技术曲线的弧度更大。

②挥击阶段球拍的方向和幅度

由于经过正手弧圈球技术大幅度的引拍后,在这一阶段上,正手弧圈球技术在 3 个方向上运动幅度大于正手快攻的运动幅度,差异显著。

由动量定理可知,物体运动过程中,在某段时间内动量的改变等于所受合外力在这段时间内的冲量,即

$$\vec{F} \cdot \Delta t = m\vec{V_t} - m\vec{V_0}$$

在本研究中,为了增加末端环节的运动速度,即增加球拍的动量,应增加在最后用力阶段对球拍的冲量。这就要求在发挥最大力量的同时,延长力的作用时间。根据人体肌肉用力特点,如果有意识地放慢动作的速度来延长作用时间,会降低肌肉收缩力量,不利于肌肉的爆发收缩,也就不能达到增加冲量的目的。正确的做法是,在保证发挥肌肉最大用力的同时,通过延长力的作用距离来延长作用时间。

③随挥阶段球拍的方向和幅度

随势挥拍是整个发力过程中的一个组成部分,是在保证击球动作最后阶段准确性前提下的一个制动过程,向左上前方继续随势挥拍,球拍速度从最大降到最小。球拍在左右方向上移动的距离,重拉 0.81±0.12 m,大于重打的 0.65±0.10 m;在上下方向上,重拉向上移动了 0.77±0.37 m,大于重打向上移动的 0.49±0.06 m;前后方向上移动的距离相似,在 0.44 m 左右。

④还原阶段球拍的方向和幅度

迅速还原指的是击球动作完成后,球拍、身体重心和基本站位的还原,以便为下一次击球做好准备。由表 2-3-4 及图 2-3-3 可以看到,还原阶段的运动方向是以向下为主的,略有前移,左右方向上还原的距离两者有差异,正手最大力量快攻向右移动了 0.12±0.08 m,而正手最大力量弧圈球技术快攻的幅度,大于正手快攻,为 0.39±0.19 m。

在还原阶段,可以看到无论是正手快攻还是正手拉弧圈球,球拍走的是弧线,路线是从远离身体的位置,到靠近身体的还原位置。这种方式一是为了便于预判,二是为了便于引拍。虽然本文连续击球的实验研究,但优秀运动员的动作结构合理,打完一板球后,使身体快速回复到还原状态,并使球拍靠近自己的身体。因为在每次击球完,运动员对下一次击球的方向和落点,是处于未知的高度警惕状态,于是体现在还原技术上,就是使球拍靠近自己的身体。这样便于下一个击球技术时无论向正手和反手的快速引拍,而且当以球拍靠近身体小半径引拍时,会减小身体的转动惯量,从而增到了引拍时的转动速度,更利于快速引拍。

⑤挥拍总路程特征

在左右方向上,重拉时球拍的距离最远,为 1.82 ± 0.38 m,其次是轻拉,距离为 1.74 ± 0.34 m,弧圈球技术距离大于打球,差异显著。正手重、轻力量快攻在左右方向的距离分别是 1.28 ± 0.24 m、0.86 ± 0.17 m,轻打和重打两者在左右方向上的距离差异显著。

在前后方向上,弧圈球技术时球拍的距离也大于正手打球的距离,重拉为 1.90 ± 0.12 m,重打为 1.75 ± 0.21 m。

在上下方向上,比较重拉和重打的路程,发现弧圈球技术和打球之间也存在着显著性差异,弧圈球技术的距离大于了打球的距离,分别为 2.00 ± 0.57 m 和 1.20 ± 0.19 m。

每一次完整的击球技术,在 3 个方向上,球拍的运行距离约为 2 m。从前面的分析可知,球拍在整个击球中运行的轨迹是弧线。而本文中所计算出的各个方向的距离,只是用两点间距离对球拍运行路程的粗略计算,实际路程要大于简单的用两点间距离,因为弧线要大于两点间的直线距离。由此可见,乒乓球运动员击球的运动幅度是很大的,可以将挥拍的距离作为运动员比赛和练习时评价运动量的一个指标。

2. 上肢的运动

(1)上肢关节角度、角速度的变化

图 2-3-5 显示了在 4 种击球动作下执拍侧和非执拍侧的肩、肘关节角度的变化。两种不同力量的正手快攻技术,曲线基本相似。两种力量的弧圈球技术之间的角度变化基本相似。非执拍侧的肩、肘关节角度在正手快攻中的变化不明显,而在弧圈球技术中有小幅度的变化。在整个动作过程中,肘关节的角度基本上大于肩关节的角度。右肩角度是先增大到引拍结束时刻左右达到最大值,而后减小,至随挥结束左右时刻达到最小值,后再增大,呈现波峰-波谷的变化特征,而右肘关节角度变化则相反,先是减小,

第二章 乒乓球正手快攻、弧圈球技术的运动生物力学研究

然后增大,再减小,再增大,出现两次波谷和两次波峰。

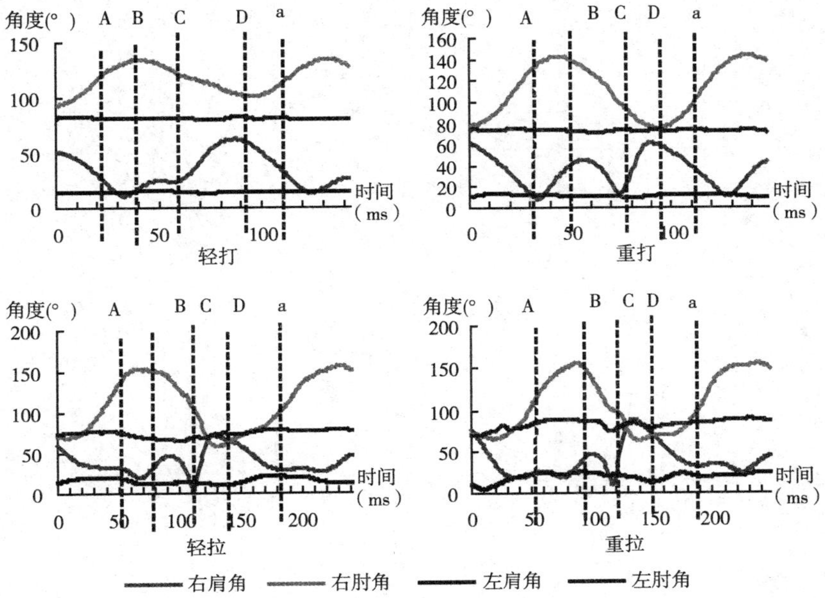

图 2-3-5 左右肩肘角度的变化

(2)右肩关节角度和角速度的变化

在引拍阶段,除了正手快攻引拍结束时刻右肩关节角度小于还原时刻以外,其余在引拍结束时刻右肩的角度都大于还原时的角度。在这一过程中,4 组动作肩关节运动形式基本一致,只是在动作幅度和运动时机上有所不同。经检验,引拍结束时的右肩关节角度,重打(37°)大于轻打(22°),重拉(38°)大于轻拉(34°),弧圈球技术的引拍角度大于正手快攻(表 2-3-5)。

表 2-3-5 右肩关节角度($n=10$) 单位:°

	轻打(M±SD)	重打(M±SD)	轻拉(M±SD)	重拉(M±SD)
还原时刻 A	26.25±6.08	25.23±5.89	24.42±5.24	25.41±6.38
引拍结束 B	21.58±7.84#	36.77±5.10*	33.85±9.79&	38.29±6.23
击球时刻 C	20.60±9.66	25.64±8.52	19.75±8.75	24.63±17.13
随挥结束 D	50.54±8.74#	63.99±6.48*	76.31±8.18	73.23±10.23
再次还原 a	24.16±6.28	30.39±8.35	21.45±5.91&	30.50±13.23

在引拍阶段,上臂不同程度的外展,臂的外展可以使三角肌前部和胸大肌受到拉伸,这种牵拉作用使肌肉中储存了弹性势能并刺激了牵张反射,使

这些肌肉随后的收缩更加快速有力。

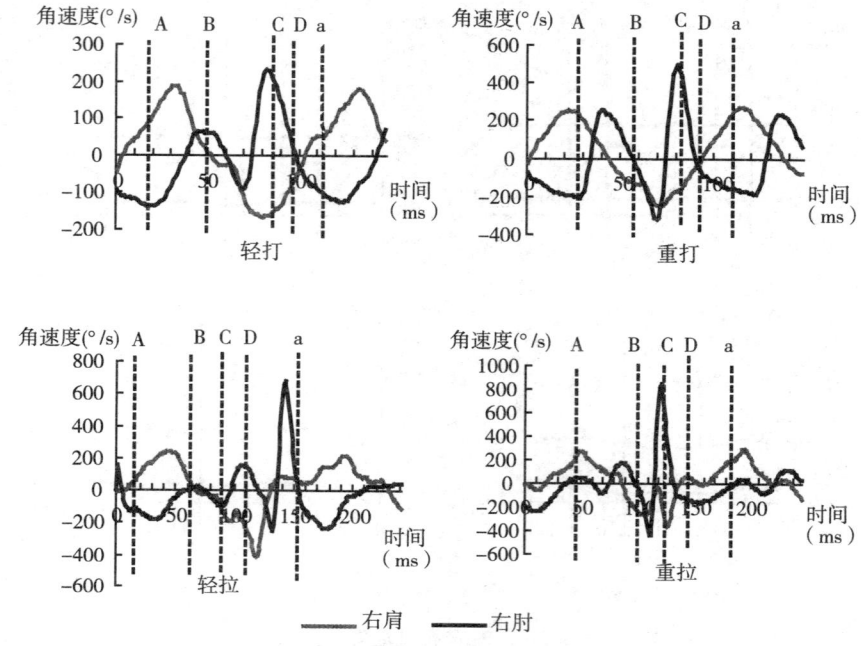

图 2-3-6 右肩、右肘角速度的变化

在挥拍击球阶段,上臂快速屈,肩关节角度迅速减小,见图 2-3-6,轻打、重打、轻拉、重拉分别在 20°、25°、19°、24°左右击球,击球时刻肩关节的角速度接近于最大。

在随势挥拍阶段,上臂继续向前缓慢内收,角速度又开始增加,到随挥最远端附近,肩关节角度达到最大,轻打、重打、轻拉、重拉分别达到 50°、64°、76°和 73°。

在还原阶段,肩关节角度下降的趋势非常明显,肩关节迅速还原到起始位置的 30°左右。

(3)右肘关节的角度、角速度变化

表 2-3-6　右肘关节角度($n=10$)　　　　　　单位:°

	轻打(M±SD)	重打(M±SD)	轻拉(M±SD)	重拉(M±SD)
还原时刻 A	89.09±10.77	92.11±13.06	69.14±8.95	77.45±9.91
引拍结束 B	110.42±6.77	111.40±9.68*	122.68±10.40&	130.36±9.07
击球时刻 C	99.69±4.95	95.37±3.87*	108.40±9.72	101.73±2.48
随挥结束 D	81.04±16.00	76.50±13.77	67.74±7.89	70.23±8.18
再次还原 a	91.92±9.48	89.73±10.38	75.53±8.99	91.06±22.12

第二章 乒乓球正手快攻、弧圈球技术的运动生物力学研究

肘关节在整个动作过程中由伸展状态到快速屈曲（见图 2-3-6）。在引拍阶段，为肘关节的伸展阶段，在引拍最远时肘关节角度达到最大，可见肘关节并未完全伸直。引拍结束时刻，最大力量弧圈球技术的角度大于最大正手快攻的角度，分别为 130°和 111°，差异显著。重拉比轻拉后引的肘关节角度也要大，轻拉时是 123°（见图 2-3-5、表 2-3-6）。

在挥拍击球阶段，肘关节快速屈曲。弧圈球技术击球时刻的肘关节角度大于打球时的肘关节角度。重拉时是 102°，重打时是 95°。且重打、重拉在击球时刻的肘关节角度均小于对应的轻打、轻拉，这是由于重打、重拉击球的速度快的缘故。

在随势挥拍阶段，肘关节继续屈曲，这时肘关节的速度开始降低，在随挥最远端达到屈曲最小值，也几乎整个动作过程中的肘关节最小值，轻打、重打、轻拉、重拉时的角度分别为 81°、76°、68°和 70°。

还原阶段，肘关节角度开始缓慢增大，到达起始状态。

（4）非执拍侧上肢的关节角度变化

从表 2-3-7、表 2-3-8 和图 2-3-5 可以看到，非执拍侧上肢的肩角和肘角，在整个过程中变化不大。尤其是在正手快攻中，变化很小，在正手弧圈球技术中，有小范围的角度变化。

表 2-3-7　左肩关节角度（$n=10$）　　　　　　　单位：°

	轻打（M±SD）	重打（M±SD）	轻拉（M±SD）	重拉（M±SD）
还原时刻 A	17.06±5.22	17.43±7.94*	25.29±10.66	22.70±4.97
引拍结束 B	17.85±4.81	21.53±8.18*	31.09±15.61	35.27±15.12
击球时刻 C	17.40±5.10	19.79±6.44*	28.60±11.98	31.82±14.32
随挥结束 D	17.19±3.91	16.42±4.05*	21.25±7.96	23.91±9.79
再次还原 a	16.74±4.55	17.87±9.15*	22.90±6.86	24.11±3.05

在快攻中，左肩角为 17°左右，左肘角为 87°左右，在弧圈球技术中，左肩的角度为 22°～31°变化，左肘的角度在 75°～83°变化。非持拍侧手臂的摆动不仅是为了维持身体平衡，而且还起到协调发力的作用。

表 2-3-8　左肘关节角度（$n=10$）　　　　　　　单位：°

	轻打（M±SD）	重打（M±SD）	轻拉（M±SD）	重拉（M±SD）
还原时刻 A	87.42±5.02	80.03±10.24	79.77±8.89	79.22±8.56
引拍结束 B	87.13±6.04	81.53±7.66	78.33±9.15	83.86±2.37
击球时刻 C	86.93±5.85	80.56±6.96	75.84±8.11	77.80±5.27
随挥结束 D	87.22±5.27	79.06±10.94	76.93±9.41	80.16±9.59
再次还原 a	86.88±5.64	79.96±11.46	81.18±7.08	78.33±7.31

(5) 上肢各关节的速度变化

图 2-3-7 显示,执拍侧,肩速最小,肘速次之,腕速第三,手速第四,动量依次传递,逐步积累,最终使末端的球拍获得最大的速度,并在到达速度峰值瞬间前后击球。

经仔细分析10人的所有技术动作,发现上肢各关节最大速度在引拍阶段和挥拍击球阶段出现的顺序没有定式,动作与动作之间,个体与个体之间差异较大。

这一观点和以往前人关于此问题的分析结果不一样。柳天洋[30]、张辉[29]、孟杰[34]等的先后研究均认为在引拍和挥拍击球过程中,上肢各关节的发力顺序遵循肩、肘、腕、拍的顺序,大关节带动小关节依次发力。乒乓球教科书上也持有相同的观点。

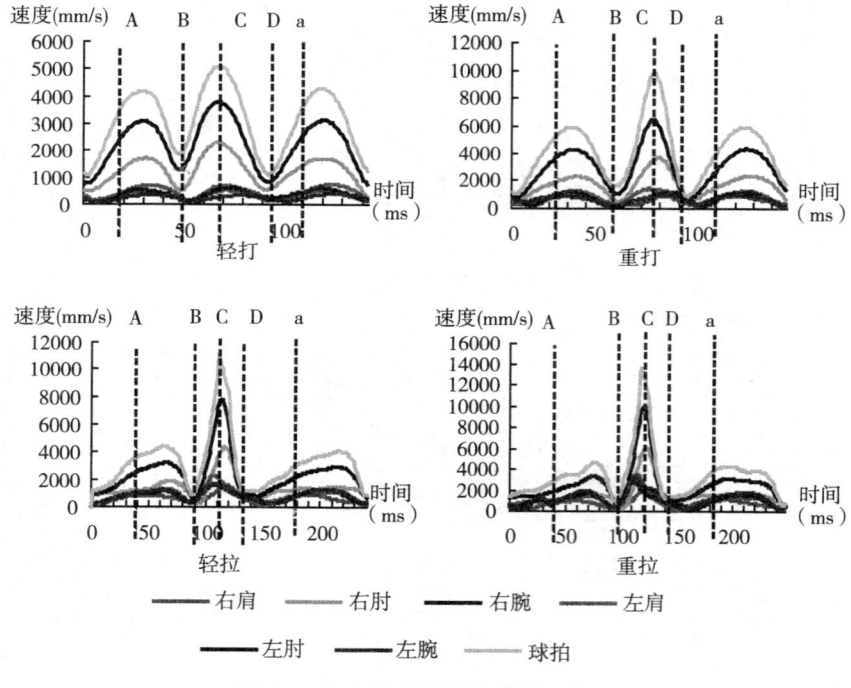

图 2-3-7 上肢各关节及球拍速度图

运动生物力学原理告诉我们,在一些并不需要克服大阻力产生极大运动速度动作中,可依据运动项目的特点,关节活动的顺序可以有多种配合方式,小环节的运动对关节活动中也起到重要作用。乒乓球击球技术不是典型的上肢鞭打动作,因为并不是所有技术都是追求球拍达到最大击球速度为目的的。提示我们,小关节的力量也很重要,在发展乒乓球专项力量时不

第二章 乒乓球正手快攻、弧圈球技术的运动生物力学研究

要忽略一些小关节部位,力量发展要均衡。

在柳天洋、张辉的研究中,实验对象为 5 人,孟杰的样本量为 2 人,而本文是对 10 名运动员的 40 个技术动作分析后得到的结论。对此问题的进一步研究,需扩大样本量,分不同运动等级、不同动作技术进行研究。

三、躯干和下肢的运动

1. 躯干的运动

躯干扭转角描述了整个运动技术过程中躯干绕纵轴扭转的运动幅度。躯干扭转角越大,说明躯干肌肉的拉伸程度越大,从而储存的弹性势能越大。躯干连接着上肢和下肢,下肢蹬伸产生的动量通过躯干"传送带"传向上肢。躯干动作的好坏决定着下肢动量的利用率。同时,躯干也是身体"弹簧"的一部分,自身的转动也产生角动量向上传给上肢、再传给球拍,使球拍获得更大的动量[34]。

从图 2-3-8 中可以看到,在整个击球过程中,身体有两次扭转。第一次扭转是在引拍结束时刻最大,在击球附近达到最小;随后一次扭转是在随挥最远端达到另外一个峰值。从表 1-2-9 中可以看出,重拉时,躯干扭转程度最大,轻打时的躯干扭转程度最小。统计结果表明,打和拉之间躯干扭转程

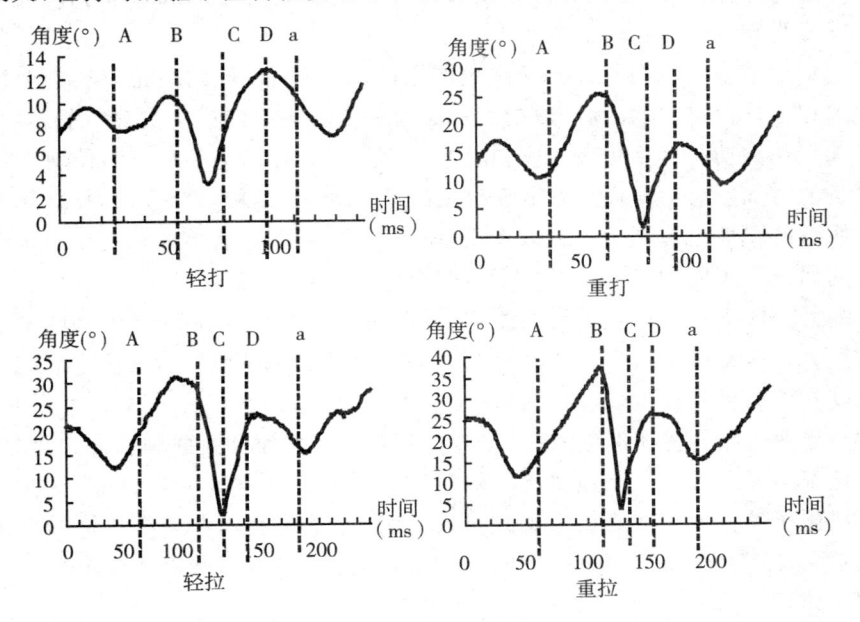

图 2-3-8 躯干转动角度

度差别明显,正手弧圈球技术大于正手快攻球;轻打(12°)和重打(22°)之间,轻拉(25°)和重拉(27°)之间,差别也显著,分别为最大力量打或拉的躯干扭转角度大于中等力量的打或拉。

表 2-3-9　躯干扭转角度($n=10$)　　　　单位:°

	轻打(M±SD)	重打(M±SD)	轻拉(M±SD)	重拉(M±SD)
还原时刻 A	8.17±3.21	11.55±5.91	12.54±4.13	14.04±5.80
引拍结束 B	11.77±7.25#	21.74±8.37 *	24.68±9.91&	28.83±6.67
击球时刻 C	8.46±8.96	13.78±6.33	19.35±9.71	22.47±10.67
随挥结束 D	10.86±1.93	14.79±9.82	13.39±6.82	14.96±5.03
再次还原 a	8.35±4.27	12.22±5.58	12.41±4.86	14.81±4.75

两次扭转的机制是不同的。第一次扭转,是身体主动向右扭转;第二次是被动的扭转。在引拍阶段,左侧腹外斜肌和右侧腹内斜肌的收缩使运动员处于躯干扭转姿势,这个姿势拉长了运动员对侧腹内、外斜肌。当躯干达到最大相对扭转后,在右侧腹外斜肌和左侧腹内斜肌拉长后的弹性回缩和主动收缩两种力量的作用下,躯干绕身体纵轴快速向左转动,并使右肩获得一定的向前运动速度。第二次扭转是随势挥拍过程中身体随着向左扭转的惯性随挥向左扭转,右侧腹外斜肌和左侧腹内斜肌的收缩和对侧肌肉的拉长就成为制动躯干扭转的力量。

从文献中对肌肉拉长——缩短周期的研究可知,与无预先拉长的肌肉收缩相比较,肌肉拉长离心收缩后紧接着的向心收缩能产生更大的肌张力,肌肉工作的功与功率更大,这一现象可归因于肌肉先拉长后收缩使肌肉有更长的时间发展力量以及牵张反射增加了肌肉的激活水平[42]。同时,肌肉与肌腱的弹性也起到了一定的作用,肌肉拉长后,向心收缩的速度由于弹性元的回弹作用而增加,由于肌肉与肌腱的弹性作用,在一定的收缩速度下,收缩元的收缩可以产生更大的张力;或者在一定的张力下,收缩元的收缩速度增大。因此各项目躯干扭转对肌肉的拉长将有利于增加后继躯干向前转动动作的力量和速度。

当肌肉维持紧张时,一部分弹性能将保留在肌腱和并联弹性元中,但也会逐渐消耗。因此只有在肌肉积极拉伸后迅速地转换为向心收缩,被拉长的肌肉所储存的弹性能仍未衰减时,弹性能的重新利用才有实质性的作用与意义。从这个角度也可以说明引拍阶段的重要作用,所以不仅在于给击拍手让开空间击球,而且为挥拍击球积蓄力量。

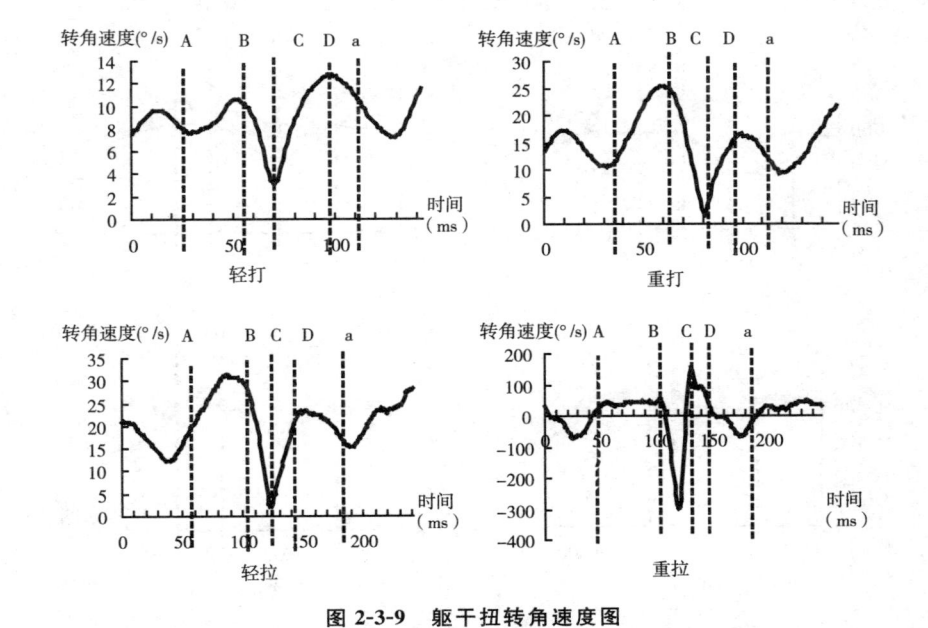

第二章 乒乓球正手快攻、弧圈球技术的运动生物力学研究

图 2-3-9 躯干扭转角速度图

躯干扭转速度可以衡量躯干扭转的效率。在肌肉的拉长——缩短周期中,拉长幅度越大、缩短时间越短,肌肉输出功率越大。在整个运动过程中,作为基础环节的躯干起带动作用,躯干的运动效果、运动速度和方向直接影响后继上肢动作的质量与效果。

在击球时刻,转动的角速度都不大(图 2-3-9)。根据动量的定义,更大的躯干转动角速度会产生更大的角动量。在产生时间上,这些需要传递给上肢的角动量,只有在击球时刻前产生并传递给上肢才能有效利用于上肢挥拍。这说明在击球时刻前的挥拍过程,他们已经充分转动了躯干并将角动量上传给了上肢。

2. 下肢的运动

(1)下肢各关节的角度变化

如图 2-3-10 所示,同一个技术的两种力量打法的曲线图的变化是相同的。而打和拉之间是有所不同的。在轻打和重打中,右膝关节角度在引拍阶段是增加到最大值,而后在挥拍击球和随势挥拍阶段降低,在随挥最远端,右膝关节角度最小。而在轻拉和重拉方面则相反,是在引拍阶段先减小到最小值,然后随势还原阶段再增加到最大值。其余角度的变化,两种技术相似,只是峰值谷值大小的差异。

43

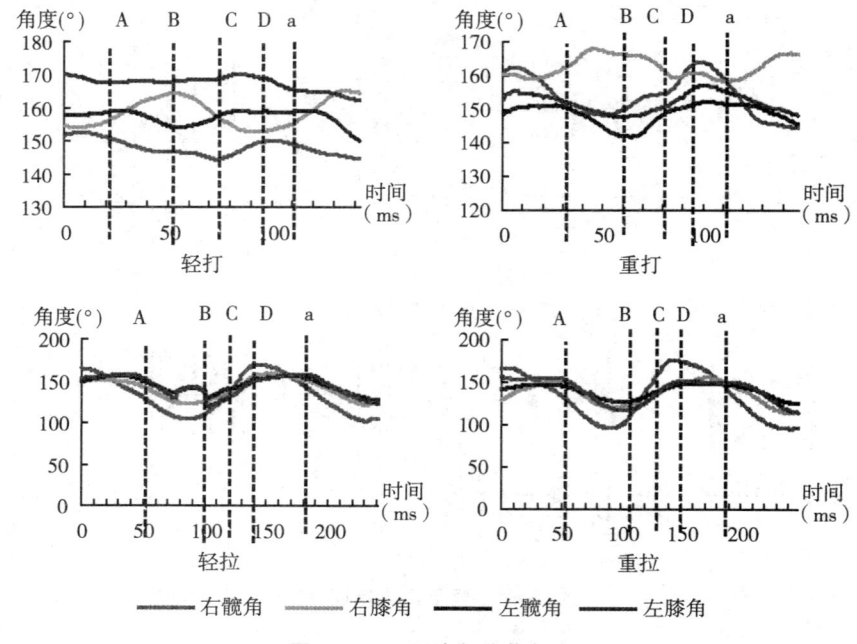

图 2-3-10　下肢各关节角度

表 2-3-10　右髋关节角度(n=10)　　　　　　　　　单位:°

	轻打(M±SD)	重打(M±SD)	轻拉(M±SD)	重拉(M±SD)
还原时刻 A	146.79±6.75	149.76±8.70	151.48±11.81	148.37±6.97
引拍结束 B	143.89±4.94	140.69±9.19*	128.34±10.95&	105.88±7.38
击球时刻 C	146.03±7.42	145.91±11.92*	140.07±9.88&	129.06±3.42
随挥结束 D	150.36±5.55	155.48±6.53	164.80±9.84	161.39±13.67
再次还原 a	146.97±5.75	150.87±8.95	152.58±12.15	139.55±10.97

表 2-3-11　右膝关节角度(n=10)　　　　　　　　　单位:°

	轻打(M±SD)	重打(M±SD)	轻拉(M±SD)	重拉(M±SD)
还原时刻 A	153.89±6.51	151.44±7.63	151.73±3.40	151.75±3.56
引拍结束 B	157.33±6.61	152.33±12.51*	137.48±6.77&	129.01±4.39
击球时刻 C	158.71±5.29	153.25±9.86*	140.07±4.88&	132.96±9.22
随挥结束 D	155.64±5.29	149.52±10.49	146.50±14.48	146.08±1.19
再次还原 a	154.82±4.86	148.85±8.81	151.74±3.84	145.01±19.17

第二章 乒乓球正手快攻、弧圈球技术的运动生物力学研究

表 2-3-12 左髋关节角度($n=10$)　　　　　　　　单位：°

	轻打（M±SD）	重打（M±SD）	轻拉（M±SD）	重拉（M±SD）
还原时刻 A	159.93±10.00	154.99±13.50	156.03±11.47	147.57±15.56
引拍结束 B	154.49±10.82	145.56±10.18*	138.41±5.17&	130.27±4.36
击球时刻 C	157.74±7.36	148.58±7.65	142.90±8.35	139.58±9.04
随挥结束 D	160.34±7.83	155.74±11.81	150.36±11.88	145.71±6.33
再次还原 a	159.22±9.58	155.37±12.89	154.58±11.29	149.09±17.23

表 2-3-13 左膝关节角度($n=10$)　　　　　　　　单位：°

	轻打（M±SD）	重打（M±SD）	轻拉（M±SD）	重拉（M±SD）
还原时刻 A	159.76±10.23	148.14±11.49	151.66±7.79	150.08±10.87
引拍结束 B	153.53±14.10	141.94±10.55*	137.38±4.77&	120.04±7.27
击球时刻 C	155.99±12.61	144.45±9.04*	123.83±8.85	123.53±9.01
随挥结束 D	160.20±11.02	152.17±7.88	144.17±1.37	143.41±12.47
再次还原 a	157.87±11.53	150.60±9.53	154.31±6.48	150.58±11.14

①引拍阶段

引拍阶段，下肢主要是作屈曲下蹲动作，这是动作技术的重要组成部分，为挥拍击球时的蹬伸作时间、空间、发力条件上的准备。引拍结束时刻下肢各关节状态特征见表 2-3-10 至表 2-3-13。

从表 2-3-10 至表 2-3-13 和图 2-3-10 中可以看到，正手攻打技术在两种发力时，右膝关节角度不是减小而是增大，轻打时从 153°增大到 157°，重打时从 151°增加到 152°。同时，在这一阶段右髋关节角度在轻打和重打中分别下降了 3°和 9°，左髋关节的角度分别下降了 5°和 9°。而左侧的膝关节在轻打中下降了 6°，在重打中减小了 9°。说明正手快攻动作的屈曲下蹲是通过两侧髋关节和对侧膝关节的屈曲完成的。

在弧圈球技术中，运动员下肢显示出明显的屈曲下蹲动作，两侧髋、膝关节角度明显减小。引拍结束时刻重拉的四个关节角度均小于正手快攻的角度，而且重拉的四个关节角度均小于轻拉的四个关节角度值。最大力量弧圈球技术的球拍速度比其他三种击球大，说明屈曲的程度大小与最后球拍的速度有关。运用最大力量弧圈球技术时，右髋关节角度由 148°减小至 106°，降低了 42°；右膝关节由 151°降低到 129°，降低了 22°；左髋关节角度由 147°降低到 130°，降低了 17°；左膝关节由 150°降低到 120°，降低了 30°。可以看到重拉时，持拍同侧的膝角和髋角下蹲的幅度更大。

身体屈膝下蹲,向后引拍时,膝关节屈曲太大和太小都不能产生有效的蹬地力量。膝关节屈曲过大,会给伸膝肌过大负荷,影响伸膝速度及与身体其他环节的配合。而屈膝过小,又不能充分拉长伸膝肌,不能使伸膝肌获得较大的弹性势能,从而影响伸膝力量,因而也影响身体的向前向上的速度。由于运动员身体素质不同,不同运动员可能有自己最适合的膝关节屈曲角度和身体下蹲深度。在弧圈球技术时,在运动员腿部力量允许的情况下,可以适当增加膝关节的下蹲深度。

②挥击阶段

在这一阶段里,膝关节做快速的蹬伸动作,这是整个人体环节链系统动量传递的开始。持拍侧(右)下肢的蹬伸产生的动量向上传递到上肢,再传给球拍,使球拍能够具有更大的动量与球发生碰撞。

要使下肢产生更多的动量向上传递,需要在蹬伸中获得更大的动能和速度。根据做功的原理推导,蹬伸幅度和蹬伸时间是衡量蹬伸质量的指标。较大的蹬伸幅度和较短的蹬伸时间能够产生更大动量。下肢蹬伸动作及其能力,是确保技术动作质量的重要指标之一。

在整个蹬伸击球动作中,4个关节角度,除了正手快攻时膝关节角度是下降之外,其余情况下均是增加的趋势。其中在弧圈球技术中,右髋关节的角度增加的幅度更为明显,但整个过程增加的速度还是比较平稳的,从而保证整个身体的重心的平稳移动和处于挥拍动作的最佳状态。

③随挥阶段和还原阶段

在随挥阶段,下肢继续蹬伸,髋关节和膝关节角度继续增加,到随挥结束时刻达到各自的最大值,然后迅速在左腿的蹬转下,身体还原到起始位置,各个关节角度开始减小,为下一次击球做准备。

(2)下肢各关节的速度变化

从图 2-3-11 中可以看出,在一个动作周期中,下肢各关节速度的变化曲线与上肢的曲线变化相一致,均出现两个波峰和两个波谷。第一个波峰是引拍加速的过程,在第二个波峰附近击球,第一次波谷时刻是引拍结束附近时刻第二次波谷是随挥结束左右时刻。

正手快攻时下肢速度变化的规律性更加明显一些,当正手弧圈球技术时曲线略显杂乱。两侧踝关节的速度变化在两种技术中变化都较小。

在轻打时,下肢各关节的最大速度的值由大到小依次为右髋、右膝、左髋、左膝、左踝、右踝,并且在引拍阶段出现的峰值和挥拍击球阶段的峰值基本相同。

在重打时,下肢各关节的最大速度的值由大到小与轻打时的不同是左膝关节的速度超过了右膝关节的速度。引拍阶段出现的峰值和挥拍击球阶段的峰值也基本相同。

第二章 乒乓球正手快攻、弧圈球技术的运动生物力学研究

图 2-3-11 下肢关节的速度

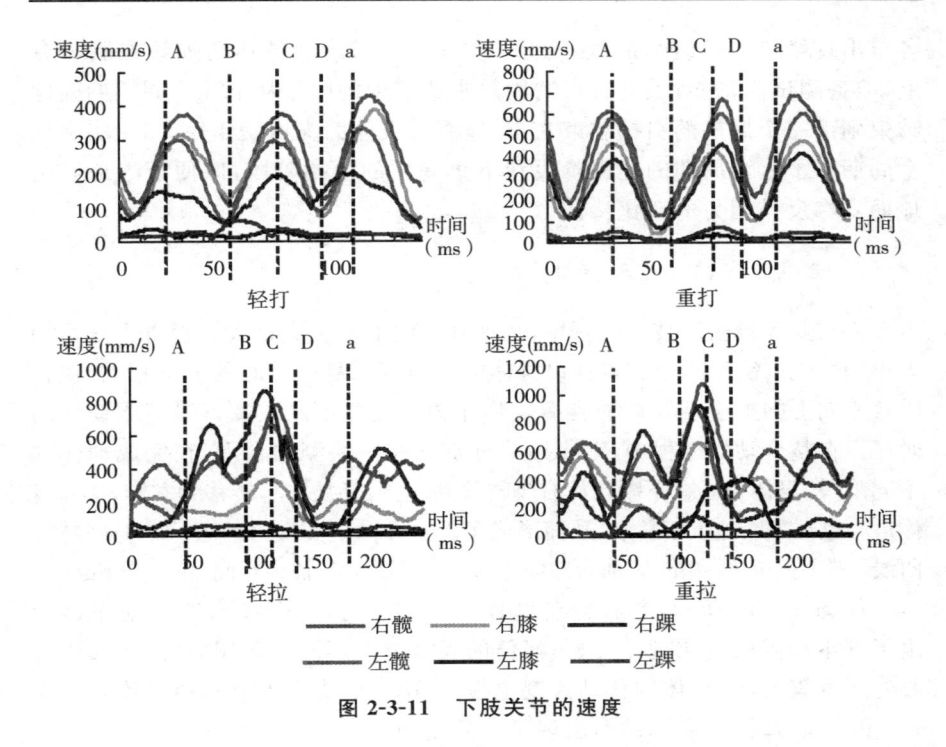

在正手轻拉弧圈球中,左膝的速度明显增大,超过了其他关节的速度,处于第一位。

在正手轻拉弧圈球时,右踝的速度也有较大的变化,下肢各关节的最大速度的值由大到小依次为右髋、左膝、左髋、右膝、右踝和左踝。

从下肢的情况来看,挥拍臂对侧支撑腿的各关节参加动作的时间均早于同侧支撑腿,并且相应的数值也略微大一些,这表明对侧支撑腿在整个动作中的地位和所起的作用要比同侧支撑腿的作用明显。

四、击球技术动作的力学特征

对运动员在完成动作技术时地面对人体的地面支撑反作用力(即运动员蹬地力)特征的研究,有助于认识运动员下肢发力的特点,是动作技术分析和诊断的一项重要内容,至今尚未见有对乒乓球运动员蹬地力的报道。本文用两块 KISTLER 三维测力台按垂直、前后和左右方向记录了运动员分别完成两种技术 4 个动作时的地面支撑反作用力(简称支反力)。本文分析的是从第一次还原时刻到下一次还原时刻的一个周期中(包括四个阶段五个特征时刻)运动员蹬地力的变化,对三个方向蹬地力曲线变化的特点及

各自出现峰值与谷值力的大小进行了分析。当运动员均衡地站在测力台上,准备测试前,先对系统进行清零。本章节中的图是从上一个周期的随挥结束到下一个周期的引拍结束为止,地面对人体的支撑反作用力,比实际一个周期多了上个周期的还原阶段和下个周期的引拍阶段,以便清晰地看出地面支撑反作用力的变化特征。

1. 垂直方向的支撑反作用力

完成乒乓球击球技术过程中,在垂直方向上的分力最大。垂直支反力的大小和变化取决于三个因素:(1)身体的重力,(2)身体重心的上下移动,使在垂直方向上的加速度和地面支撑反作用力也随之不断改变,(3)完成动作的时序。在整个动作过程中,双脚始终分别站在一块测力台上,在完成动作的不同阶段,身体重心在不断地从右脚转移到左脚,又从左脚转移到右脚,从而身体重心也在不断地上下移动,从而形成了垂直方向上支反力的力——时间特征曲线。曲线中曲线图的Y轴为地面垂直反作用力,X轴为时间,单位为ms。

如图2-3-12所示,左右脚在垂直方向上的力,两个技术四组动作显示出了基本相同的变化规律,只是峰值的大小有所不同。在还原时刻,人体重心处于两脚之间,身体的移动速度也很慢,两块测力台上显示的应该基本为0。正手轻打时,左右脚的力出现了小的波动。

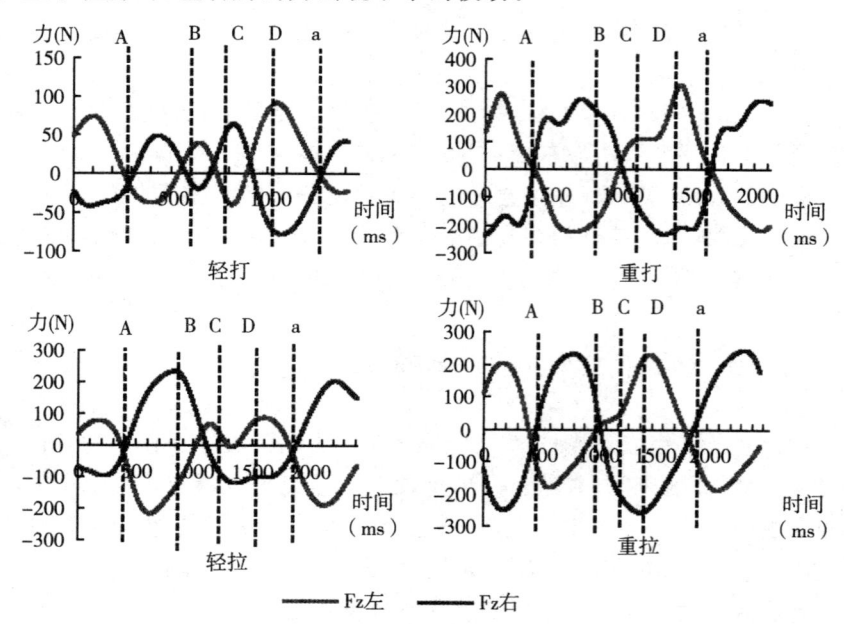

图 2-3-12 垂直方向上双脚的支反力

注:Fz左是指左脚所受到的支反力,Fz右指右脚所受到的支反力。

第二章 乒乓球正手快攻、弧圈球技术的运动生物力学研究

先分析右脚力的变化。右脚是动作的主要发力环节。后引拍时,身体重心逐渐向右脚移,右脚的支反力开始大于零,曲线向上走,右脚支反力逐渐增大到引拍结束 B 点附近达到最大值,然后右脚向右后方蹬地,右脚的支反力开始减小,身体重心开始向左脚转移,经过身体平行站位时刻,右脚支反力开始变为低于体重线。这时球拍继续向前在 C 点,挥拍击球,后随着随挥动作,身体重心继续往左脚移动,右脚的力变为最小,超过 D 点之后,身体又向右转体,重心又开始向右脚转移,右脚的支反力开始增大,到 A 点再次还原时,右脚的支反力重新接近于为零,形成一个动作周期。

左脚作为动作技术过程中的支撑腿,在垂直方向上的支反力的变化方向与右脚相反。从图 2-3-12 中可以看到,左右脚与水平轴围成的面积,分别位于水平轴的上方和下方,两者面积基本相同,正负相抵消。两脚对时间的冲量之和应为零,因为人体两只脚始终站在测力台上,身体并未腾空。

对比两个技术 4 种动作在出现峰值时的大小,可以看出不同技术中支反力的特点,位于曲线下方的谷值的数值和峰值在大小上基本上相同,只是方向相反。

表 2-3-14 不同技术在垂直方向上支反力出现峰值对比($n=10$)

单位:N

	轻打(M±SD)	重打(M±SD)	轻拉(M±SD)	重拉(M±SD)
右脚峰值	51.10±10.45#	272.44±21.15	201.57±12.78	226.67±19.55
左脚峰值	101.21±22.31#	303.35±33.30*	103.39±18.30&	207.97±27.20

经检验,重打的峰值均大于轻打的峰值,重打时左右脚最大支反力为 303N 和 272N,分别大于轻打时左右脚的最大地面支撑反作用力。说明重打时在引拍结束和随挥结束时刻,重心向对侧脚移动得更充分。

轻拉和重拉的区别在于,重拉的左脚最大支反力分别大于轻拉。在引拍结束时,两者的峰值没有差别。说明重拉和轻拉在引拍过程中,重心从左脚移动到右脚的幅度是差不多的,随挥结束,借着高速挥拍时的惯性,身体重心从右脚向左脚移动得更多。

当比较和弧圈球技术的区别时,可以看到正手快攻在随挥时蹬地力大于拉弧圈球。提示我们重心在打球中的重要作用。

2. 水平方向的支撑反作用力

在水平面上的支反力较小(见图 2-3-13),同一技术不同力量击球显示出相同的曲线变化趋势。两种技术左右脚支反力的变化基本相似。双脚的

发力方向基本一样,以保证身体向左右的扭转。在向右的支反力上,右脚大于左脚;在向左的支反力上,左脚大于右脚。

在还原时刻,由于身体还原,左右脚在水平方向上的力在0附近,随后在引拍阶段,身体向右后扭转,对于右脚来说,随着重心向右脚的转移,地面给予右脚一个递增的向右的支反力;对于左脚来说,向左的支反力逐渐减小变为向右的支反力,两者在引拍结束时,向右的支反力达到最大。

在挥拍击球阶段,身体重心逐渐由右脚向身体中心转移,右方向两只脚制动,分别到身体平衡位置,向右的力逐渐经过0变为向左的力,为了配合身体向左转体击球。同时,双脚在与地面接触时也有脚跟抬起的扭转。

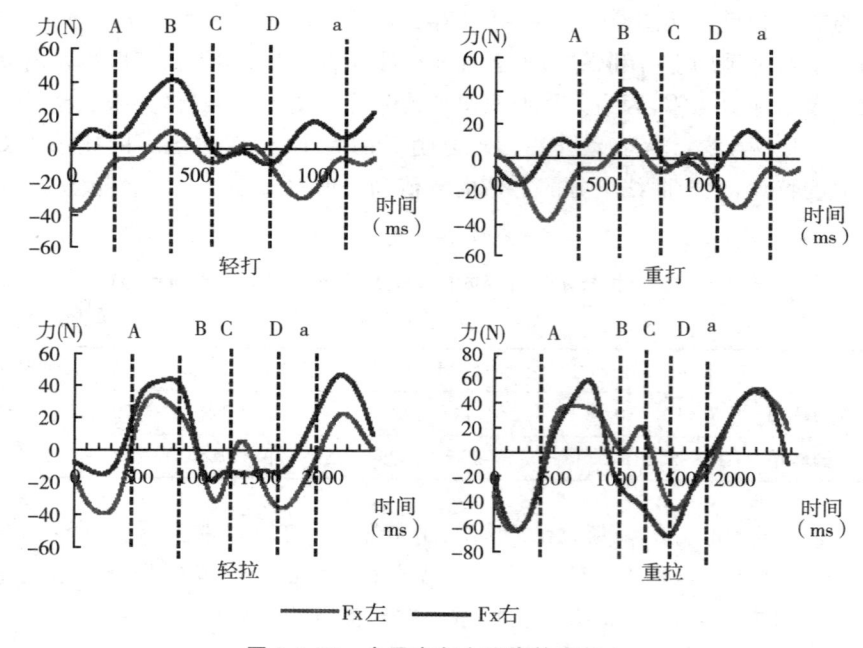

图 2-3-13 水平方向上双脚的支反力

注:Fx 左是指左脚所受到的水平方向上的支反力,
Fx 右指右脚所受到的水平方向上的支反力,方向向右为正。

在随势挥拍阶段,身体重心继续向右,双脚的支反力达到向左的最大值后,进入还原阶段,随着身体向右的扭转,双脚向左的支反力逐渐减小到0,身体再次回到还原状态。

从图 2-3-13 和表 2-3-15 中可以看到,两种力量的正手快攻,在左右上最大支反力差异不显著;而两种力量的弧圈球技术,在两处峰值处的力值,无论是左脚还是右脚,差异都非常显著。在引拍结束时出现的峰值,弧圈球技术大于快攻。这提示我们在完成弧圈球技术时要注重在左右方向上的蹬地。

第二章 乒乓球正手快攻、弧圈球技术的运动生物力学研究

表 2-3-15 不同技术在左右方向上支反力出现峰值（$n=10$） 单位：N

	轻打（M±SD）	重打（M±SD）	轻拉（M±SD）	重拉（M±SD）
右脚峰值	35.22±10.45#	40.45±2.45	42.77±6.11&	63.78±7.56
左脚峰值	7.23±1.09	9.39±2.37	36.76±3.32&	41.54±5.70
右脚谷值			−15.12±3.54&	−41.77±3.56
左脚谷值			−38.35±4.19&	−63.59±7.23

3. 前后方向上的支撑反作用力

在前后方向上，地面支撑反作用力也较小。从图中可以看到，两种力量的正手快攻曲线变化类似，两种力量的正手弧圈球技术的支反力变化曲线相似。在4种技术动作中，在前后方向上的支反力，左右脚呈现相反方向的变化形式。一只脚向前蹬地的同时，另外一只脚就向相反方向用力，以保持击球时身体的稳定。如图 2-3-14 所示显示出前后方向上地面支撑反作用的力值大小和方向变化情况。

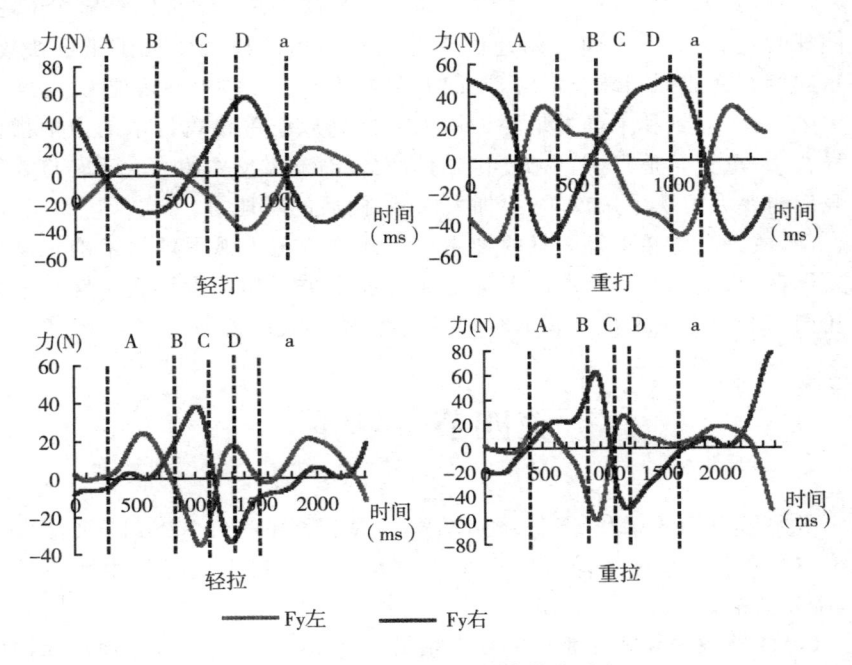

图 2-3-14 前后方向上双脚的支反力

注：Fy 左是指左脚所受到的前后方向上的支反力，Fy 右指右脚所受到前后方向上的支反力。方向向后为正。

表 2-3-16　不同技术在左右方向上支反力出现峰值(*n*＝10)　单位：N

	轻打(M±SD)	重打(M±SD)	轻拉(M±SD)	重拉(M±SD)
右脚谷值	－22.23±10.15#	－52.89±2.23	－38.13±5.87&	－63.54±7.90
左脚峰值	9.05±1.30#	36.88±2.98	63.11±7.46&	41.89±5.58
右脚峰值	53.88±5.89	52.44±7.89	32.38±3.49&	－8.27±3.27
左脚谷值	－39.60±6.71#	－51.43±6.82	－61.09±4.76&	－59.89±7.05

当比较峰值和谷值时发现,在同一技术,不同力量击球时,有显著差异。说明要发力打球时,要注重向前向上的蹬地力。当比较两种技术时,左右脚最大用力有差别,但差异不显著。

4. 力学特征小结

本节从垂直、水平、前后三个方向对完成两种动作四个技术时左右脚地面支撑反作用力的生物力学特征进行了描述,并对同种技术两种用力方式之间及两种技术之间左右脚支反力的最大力值进行了对比分析,得出:

(1)乒乓球运动员完成正手快攻和弧圈球技术的力学指标差异在于,拉弧圈球时左右、上下方向上的地面支撑反作用力的最大值大于正手快攻。提示我们在完成弧圈球技术时,要加大左右和上下方向上的蹬地力。

(2)最大力量和中等力量两种用力方式完成正手快攻技术的力学指标差异在于,重打时垂直、前后方向上的最大地面支撑反作用力大于轻打。提示我们当要大力正手快攻时,要加大向下、向后的蹬地力。

(3)最大力量和中等力量两种用力方式完成正手弧圈球技术的力学指标差异在于,重拉时三个方向上的最大地面支撑反作用力均大于轻拉。提示我们当要大力正手拉弧圈球时,要特别注重加大蹬地力。

第四节　结论

本文运用 QUALISYS 三维运动学测试系统和两台 KISTLER 测力台系统,对 10 名乒乓球运动员的正手快攻和弧圈球技术进行了生物力学研究,研究结论如下:

(1)球拍触球瞬间并非出现在挥拍最大速度时刻,大部分出现在挥拍最大速度之后。

(2)在击球的引拍和挥拍击球阶段,上肢各关节的动作不像其他生物力学研究所说的是鞭打动作形式,上肢各关节最大速度出现的顺序没有定式,

第二章　乒乓球正手快攻、弧圈球技术的运动生物力学研究

动作与动作之间,个体与个体之间差异较大。

(3)乒乓球运动员完成正手快攻和弧圈球技术的力学指标差异在于,拉弧圈球时左右、上下方向上的地面支撑反作用力的最大值大于正手快攻。提示我们在完成弧圈球技术时,要加大左右和上下方向上的蹬地力。

(4)最大力量和中等力量两种用力方式完成正手快攻技术的力学指标差异在于,重打时垂直、前后方向上的最大地面支撑反作用力大于轻打。提示我们当要大力正手快攻时,要加大向下、向后的蹬地力。

(5)最大力量和中等力量两种用力方式完成正手弧圈球技术的力学指标差异在于,重拉时三个方向上的最大地面支撑反作用力均大于轻打。提示我们当要大力正手拉弧圈球时,要特别注重加大蹬地力。

第三章 王皓、许昕反手拧的运动学研究

第一节 前言

近半个世纪以来,我国培养了一批又一批优秀的乒乓球运动员,他们在世界大赛中屡获佳绩,在为国家争得荣誉的同时,也逐渐确立了中国乒乓球在世界上的领先地位。成绩的取得与教练员丰富的经验以及运动员刻苦的训练是分不开的,除此之外,一个个科研服务团队的不懈努力也是保证中国乒乓球队长盛不衰的重要原因。国家队在训练和比赛中发现问题,科研团队对问题进行研究和分析,并提出解决方案,这使训练和比赛实现了科学化。影响运动员竞技能力的因素有很多,例如,体能、技术、战术、心理和智能等,它们综合地体现在运动员专项训练和专项竞技比赛中,影响运动员的比赛成绩。其中,技术是乒乓球项目存在的基本形态,战术是运动员为了达到一定的目标而使用的手段,他们共同构成了乒乓球运动竞技能力的核心。

目前,乒乓球战术能力的研究已经比较成熟。例如,吴焕群、张晓蓬发展和建立了"我国优秀乒乓球运动员的战术诊断与监测系统"等。与乒乓球运动员战术能力研究相比,对乒乓球运动员技术动作的研究相对的滞后,现阶段对技术的研究只是停留在经验总结阶段,而运用生物力学、生理学、解剖学对优秀运动员的技术动作进行相关分析,更没有建立"我国优秀乒乓球运动员的技术诊断与监测系统"。

国家乒乓球队在平时的训练中,非常重视对运动员技术的纠正和改进。无机时代的到来以及球体的改变,虽然没有动摇国乒在世界乒坛的地位。但是国家乒乓球队已经逐渐意识到技术动作在现阶段需要针对规则的改变进行一些调整。同时,根据国家二队教练员多年的经验,在每年选拔进入国家二队的运动员中,大多在技术动作上存在一定问题,教练必须花大量的时间和精力纠正和改进运动员的错误技术动作。通过对国家队教练和运动员进行咨询,了解和总结之后,认为有以下原因,一是乒乓球技术更新发展非常的迅速,通过训练和总结,对乒乓球的技术动作进行了重新认识,基层教练很难接触到最先进的技术和最新的认识;二是基层教练员对技术动作结

构认识不统一,都是凭借自己的经验来教授,不知道动作技术原理;三是乒乓球动作技术非常多,个体差异性很大,且不同打法类型也不同。

如今,对于运动员技术动作的研究仍只是通过教练员的经验,并没有像诸如田径等项目采用运动学分析的数据支持。随着社会与网络的高速发展,我们已经进入了大数据时代,数据成为人类最宝贵的资源,通过数据,我们能够更为直观地发现问题。生物力学对技术动作的研究就是动作技术进行数据化,通过数据对技术动作进行分析,生物力学在其他项目的研究中已经普遍应用,但在乒乓球动作技术的研究中很少运用。

反手拧技术无疑成为当今世界乒坛处理反手台内球的最先进技术之一,它丰富了运动员,尤其是直板运动员反手接台内球的技术手段。随着这项技术的不断发展,运用它的人也越来越多,它在比赛中的作用也越发凸显出来。

王皓虽然退役,但是其直拍横打的打法对于未来直拍运动员同样有十分重要的指导作用,他仍然是目前直拍选手中最具代表性的运动员,他是直拍反胶弧圈结合快攻的打法,其反手直拍横打完全代替了推挡的打法,弥补了直拍运动员反手进攻能力不足的问题,具有划时代的意义。许昕则是现任国乒主力之一,也是主力中唯一一个直拍选手,他的发展不仅仅是为了个人,而且还承载了我国直拍的希望。

通过运动学和生物力学的方式剖析王皓和许昕的反手拧技术动作,有利于我们更加深入地观察他们的动作结构,找到双方之间的共同特征,发现技术动作差异,对于直拍选手反手拧动作技术的科学训练具有重要的意义。首先,许昕能够吸收和借鉴王皓在反手拧环节中好的部分,改进自身反手拧技术动作;其次,对于各级别的乒乓球教练员而言,参考许昕、王皓的反手拧技术动作,能帮助他们更准确地认识反手拧这项技术的动作原理以及在运用时应该注意的方面,为其今后的教学和训练提供相对科学和规范的模板。

第二节　研究对象与方法

一、测试对象

本文的测试对象为中国乒乓球优秀运动员王皓和许昕,两名运动员为直握拍弧圈结合快攻打法,胶皮为双面反胶。王皓为前国家队队员,右手执拍,曾获三届奥运会单打亚军,取得过世界杯等多项世界冠军,是世界上直拍横打技战术运用最为精湛的运动员,其直拍横打完全替代推挡,能反面弹打、反手拧拉、快拉,甚至远台反拉。许昕,现役国家乒乓球队的主力队员,左手执拍,曾获得世界杯等多项赛事世界冠军,其反手技术为直拍横打结合推挡。

二、实验仪器

(1)2 台新高钛高速摄像机。
(2)乒乓球台、乒乓球拍和 40mm+塑料乒乓球。
(3)电脑、记录本和笔等。
(4)视讯动作技术分析软件。
(5)Kinovea 技术分析软件。

三、数据采集

2014 年 4 月,在国家乒乓球队于厦门封闭训练备战 2014 年世乒赛期间,在厦门训练基地的乒乓球场馆,对两位运动员的反手拧拉技术进行测试。在下午训练课期间完成实验场地的布置和实验仪器的调试。训练课结束后,对两位运动员进行测试。

1. 调试实验仪器

对两台高速摄像机的高度、俯仰角度和相机的参数进行调整,高速摄相机分别位于运动员的正前方和右侧前方,高速摄像机的拍摄频率为 100 帧/s。然后,对测试空间进行三维标定。标定工作由生物力学专业工作人员完成,以保证以测试空间标定的准确性。

2. 动作技术测试

由王皓和许昕的教练吴敬平指导喂多球,发反手下旋短球至两位运动员的反手位,两位运动员分别进行反手拧拉斜线击球,要求两位运动员击球时以最大的力量,且力保每次发力一致。两台高速摄像机采用声音粗略同步的方法,记录两位运动员连续反手拧技术动作 30~40 次。

四、数据处理

1. 动作技术的筛选

测试完成后,由吴敬平指导对记录的动作进行筛选,选出王皓和许昕完

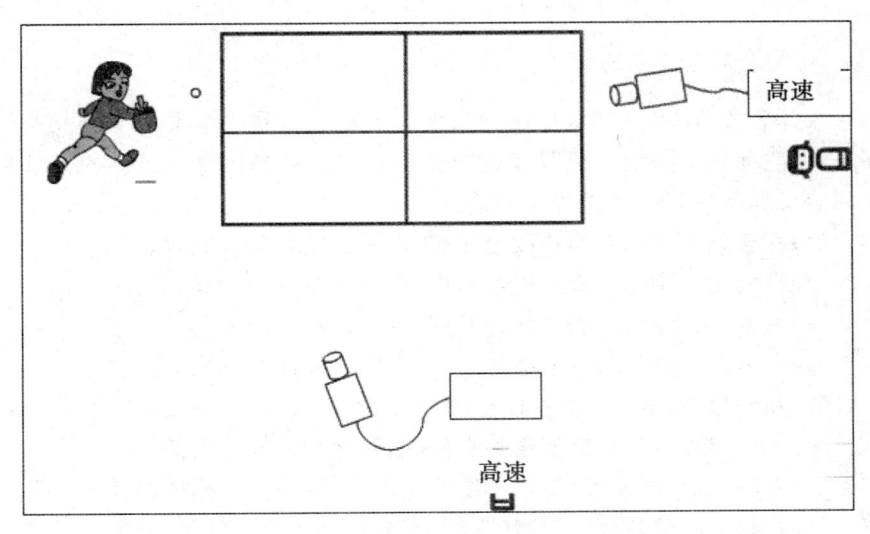

第三章 王皓、许昕反手拧的运动学研究

图 3-2-1 实验场地

成动作和拍摄效果最好的击球技术动作,每个运动员各 10 次,进行数据的处理。

2. 运动学数据的处理

运用北京体育大学运动生物力学等实验室"视讯运动视频分析系统"对运动学数据进行处理。采用寻找特征时刻点(球第一次落台时)的画面的方法,对两台高速摄像机所拍摄的同一个动作技术进行同步处理。

选取运动员上肢和躯干的 11 个关节点(两侧的肩、肘、腕、手、髋和颅顶点)及球拍进行识别和点点,获取原始运动学数据。

需要说明的是,由于测试原因,因下肢被球台遮挡太多,不能获取脚部的完整数据,故未能对下肢关节点进行识别和点点标定,而是选用 Kinovea 分析软件对下肢膝关节变化进行解析,分析运动员做反手拧技术动作时下肢变化特征。

运用 Qtool5 分析软件对原始数据进行处理,得到空间位置和关节点速度、角度和角速度等数据。

运用 Excel 分析软件对 Qtool5 分析软件获得的空间位置进行处理,确定特殊时刻各关键点空间位置,在 Excel 中运用公式进行计算,获得两空间位置的路程。

在使用 Kinovea 分析软件对下肢进行分析时,为了使王皓和许昕的对比画面更加直观,由于许昕是左手执拍,对许昕的画面和数据进行了镜面处理。

3. 关节角度的定义

人体各关节在运动中,都在做三维空间复合运动。本文为了研究的便利,选用空间角度来描述上肢和躯干在空间的运动和位置。具体的关节角度的定义如下(如图 3-2-2 所示):

(1)左腕角:左肘、左腕连线与左腕、左手连线之间的夹角。

(2)右腕角:右肘、右腕连线与右腕、右手连线之间的夹角。

(3)左肘角:左肩、左肘连线与左肘、左腕连线之间的夹角。

(4)右肘角:右肩、右肘连线与右肘、右腕连线之间的夹角。

(5)左肩角:左肩、左肩连线与左肩、左肘连线之间的夹角。

(6)右肩角:右肩、右肩连线与右肩、右肘连线之间的夹角。

(7)左髋肩肘角:左髋、左肩连线与左肩、左肘连线之间的夹角。

(8)右髋肩肘角:右髋、右肩连线与右肩、右肘连线之间的夹角。

(9)身体扭转角:左髋、右肩连线与左肩、右髋连线之间的夹角。

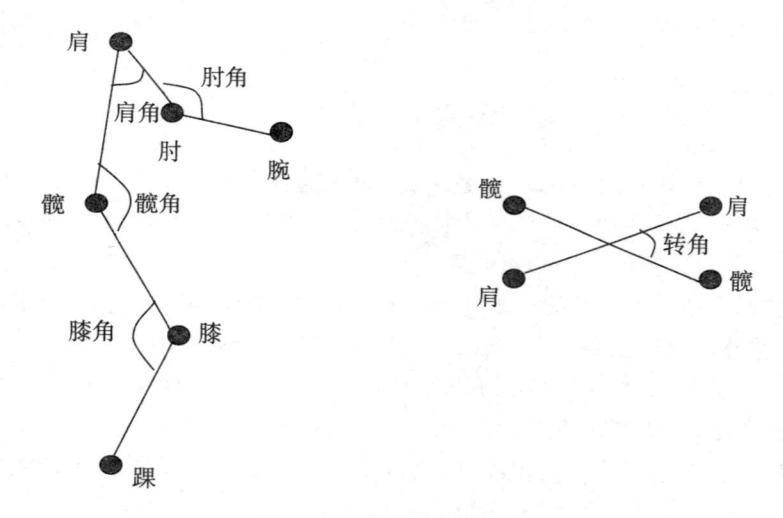

图 3-2-2　关节角度定义图

4. 动作阶段的划分

本文根据前人的研究以及乒乓球的技术特点,选取从身体还原时刻(引拍起始时刻)开始到下一次身体还原时刻结束,为一个击球动作周期。其中,包含 5 个特征时刻画面,组成 4 个动作阶段。

(1)特征时刻

①第一次引拍起始时刻(上次还原完成时刻):是指球拍在准备状态下,

开始向左下方运动的时刻。

②引拍结束时刻(挥拍开始时刻)：是指球拍运动到最低点后,运动方向还未改变的时刻。

③击球时刻(随挥开始时刻)：是指球拍向前上运动与球相撞的时刻。

④随挥完成时刻(还原开始时刻)：指球拍运动到最高点,运动方向还未改变的时刻。

⑤还原结束时刻(第二次引拍起始时刻)。

(2)动作阶段

由 5 个特征时刻画面,可以将一个反手拧动作技术周期划分为以下 4 个动作阶段：

①引拍阶段：引拍起始时刻—引拍结束时刻。

②击球阶段：引拍结束时刻—击球时刻。

③随挥阶段：击球时刻—随挥完成时刻。

④还原阶段：随挥完成时刻—还原结束时刻。

本文将重点分析反手拧拉动作技术在引拍起始时刻、引拍结束时刻、击球时刻、随挥完成时刻 4 个特征时刻画面及其所构成的引拍阶段、挥拍阶段和随挥阶段三个阶段的运动学的特征。

五、统计方法

使用独立样本 T 检验对王皓与许昕各阶段的变化特征进行差异性检验,统计分析中将 $p<0.05$ 作为有显著性差异的标准。

第三节　结果与分析

一、王皓反手拧技术的运动学特征

1. 球拍的时间特征

由表 3-3-1 可知,王皓引拍所需时间为 0.81 ± 0.01 s,从引拍时间看,王皓的引拍时间较长,引拍非常充分,是因为王皓准备引拍较早,且引拍前段的速度较慢,而引拍后期的速度明显加快。击球阶段所需时间为 0.08 ± 0.01 s,从视频中可以看出,王皓击球较为迎前,符合乒乓球技术动作的原理,他引拍动作较大,引拍所用的时间较长,同样到击球阶段所用的时间较长,说明引拍和击球非常充分。随挥所需时间 0.15±0.01 s,还原到引拍起始时刻需要 0.67±0.01 s,随挥和还原时间相对较长,都反映王皓的动作幅度较大。

表 3-3-1　王皓各阶段时间($n=10$)　　　　　　单位:s

各阶段	时间
引拍阶段	0.81±0.01
击球阶段	0.08±0.01
随挥阶段	0.15±0.01
还原阶段	0.67±0.01
合计	1.71±0.01

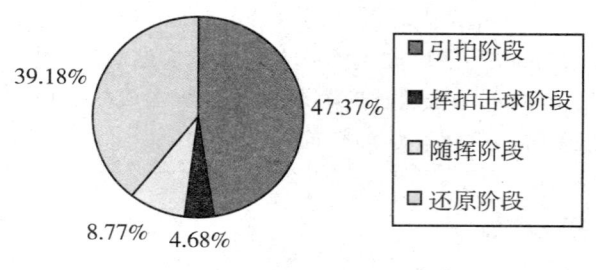

图 3-3-1　各阶段时间所占比例图

由图 3-3-1 可知,王皓反手拧技术引拍阶段所用时间占完成整个动作时间的 47.37%,击球阶段所占的时间占完成整个动作时间的 4.68%,随挥阶段占完成整个动作时间的 8.77%,还原阶段占完成整个动作时间的 39.18%。在王皓的反手拧动作中,引拍阶段所占的比重极大,引拍时间长,说明王皓拧拉时引拍非常充分,击球阶段和随挥阶段所占的比重较小,说明王皓反手拧技术发力较为集中,能够击打出质量较高的球。

2. 引拍阶段运动学特征

(1)上肢的运动

①执拍侧上肢关节角度及变化

上肢的运动是运动员反手拧拉技术最后的发力环节,是运动员击球过程中必不可少的组成部分。所以,研究运动员特征时刻上肢各关节角度及变化幅度,可以更直观地反映运动员反手拧技术的运动学特征。

第三章 王皓、许昕反手拧的运动学研究

表 3-3-2 执拍侧上肢关节角度（n=10） 单位：°

上肢关节角	起始时刻	结束时刻	变化幅度
右腕角	171.81±6.52	109.28±11.79	−62.53±9.24
右肘角	67.03±4.80	101.28±12.69	34.25±8.71
右肩角	126.81±9.97	116.86±15.97	−9.95±12.98
右髋肩肘角	59.04±7.69	102.37±6.37	43.33±7.03

注：表格中的正数表示关节角的角度增大，负号表示关节角的角度减小，并不代表数字的大小，后同。

由表 3-3-2 可知，引拍起始时刻，王皓的右腕角为 171.81±6.52°，右肘角为 67.03±4.80°，右肩角为 126.81±9.97°，右髋肩肘角为 59.04±7.69°。此时，王皓的持拍手较为放松，手腕内收不明显，右肘的屈曲程度较大，持拍手稍微抬起，并没有紧贴躯干，而是与躯干保持一定的距离，时刻为引拍动作做好准备。

引拍结束时刻，王皓的右腕角为 109.28±11.79°，右肘角为 101.28±12.69°，右肩角为 116.86±15.97°，右髋肩肘角为 102.37±6.37°，王皓持手臂各关节引拍较为充分，肌肉储存的弹性势能很大，为击球积蓄力量。

从引拍阶段中王皓持拍手臂各个关节角度的变化来看，变化幅度最大的是右腕角，减小了 62.53±9.24°，其次是右髋肩肘角，角度增大了 43.33±7.03°，变化幅度最小的是右肩角，减小了 9.95±12.98°，右肘角增大了 34.25±8.71°。从数据可以看出，引拍阶段王皓持拍手臂关节角度变化明显，手臂向远离身体的方向移动，为引拍和击球腾出充分空间，手腕角度明显减小，可以推测，手腕积蓄了充足的能量。

通过对执拍侧上肢各关节角度的分析可以发现，在引拍阶段，起始时刻执拍手的状态较为放松，稍微抬起，与躯干有适当的距离，为引拍动作做准备，在引拍过程中，王皓右脚前移，持拍手肘关节前顶，手腕内拧，角度总体呈减小趋势，持拍手臂逐渐紧张，存储了较多的能量。

由图 3-3-2 可知，在引拍阶段前期，王皓持拍手各环节角度变化明显，右腕角在引拍前段变化不明显，前段肘关节前顶，在肘关节到达最前方时，手腕迅速回收，此时，右腕角变化幅度较大，手腕的谷值为手腕收回到角度最小，然后持拍手向侧方移动，故右腕角稍有增大。右肩角在引拍过程中，持续较小，从曲线的变化来看，变化幅度不大。右肘角在引拍阶段的变化不明显，右肘角稍有减小后，又迅速增大，峰值为肘关节到最前端后，持拍手向侧引拍，此时右肘角又减小，手臂屈曲程度稍微变小，但变化并不明显。右髋肩角前段变化幅度不明显，在引拍后段，增大比较明显，这是因为王皓上步后，其肘关节前顶，持拍手臂离躯干距离变大。

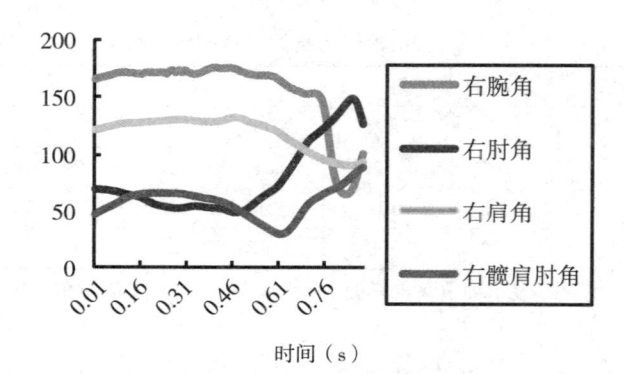

图 3-3-2　执拍侧上肢关节角度变化图

②非执拍侧上肢关节角度及变化

表 3-3-3　非执拍侧上肢关节角度（$n=10$）　　　　　单位：°

上肢关节角	起始时刻	结束时刻	变化幅度
左腕角	150.03±2.91	170.67±1.42	20.64±2.23
左肘角	120.25±2.68	153.87±5.12	33.62±3.94
左肩角	112.01±13.90	95.83±7.31	−16.18±10.61
左髋肩肘角	17.10±4.65	76.70±5.45	59.60±5.10

由表 3-3-3 可以看出,引拍起始时刻,王皓的左腕角为 150.03±2.91°,左肘角为 120.25±2.68°,左肩角为 112.01±13.90°,左髋肩肘角为 17.10±4.65°。王皓的非持拍手臂放松,稍微离开躯干。

引拍结束时刻,王皓的左腕角为 170.67±1.42°,左肘角为 153.87±5.12°,左肩角为 95.83±7.31°,左髋肩肘角为 76.70±5.45°。从数据可以看出,非执拍手在身体前方,手臂稍抬起,此时仍然较为放松,不仅给执拍手击球腾出空间,而且为身体的协调运动做好准备。

在引拍阶段,王皓的非持拍手变化最明显的为左髋肩肘角,增加了 59.60±5.10°,其次是左肘角,增大了 33.62±3.94°,增加角度最小的是左腕角,关节角度增加了 20.64±2.23°,左肩角减小了 16.18±10.61°。从数据可以看出,非持拍手臂一直较为放松,引拍过程中,为配合执拍手运动,非执拍手向前上稍抬起,但抬起的幅度不大。

③执拍侧上肢关节点的位移

引拍阶段,执拍侧上肢关节点位移的大小,可以更加直观地反映运动员引拍幅度的大小,在一定范围内,乒乓球运动员引拍幅度越大,肌肉收缩越充分,储存的弹性势能越大,击球时所能释放的能力就越大。

第三章 王皓、许昕反手拧的运动学研究

表 3-3-4 执拍侧上肢关节点位移（$n=10$）　　　　单位：m

上肢关节点	位移
右肘	1.27±0.05
右腕	0.64±0.02
右手	0.51±0.04
球拍	0.32±0.03

由表 3-3-4 可知，王皓右肘的位移为 1.27±0.05m，右腕的位移为 0.64±0.02m，右手的位移为 0.51±0.04m，球拍的位移为 0.32±0.03m。从数据可以看出，王皓执拍侧上肢关节点变化范围较大，引拍阶段，王皓肘关节位移最大，可以为引拍和击球腾出更多的空间。右手、右腕和球拍位移相对较小，是由于肘关节屈曲，前臂折叠。

(2) 躯干的运动

躯干是连接下肢和上肢的桥梁，它能够将下肢的力量传递到上肢，协调下肢与上肢整个击球过程中的运动。躯干的运动是整个击球过程中不可缺少的重要环节，躯干对击球动作影响非常大。

表 3-3-5 躯干角度（$n=10$）　　　　　　　　　　单位：°

躯干角	起始时刻	结束时刻	变化幅度
身体扭转角	9.91±2.90	11.00±1.55	20.91±2.20
身体前倾角	9.17±3.64	31.79±4.40	22.62±1.73

由表 3-3-5 可知，引拍起始时刻，王皓的身体扭转角为 9.91±2.90°，身体前倾角为 9.17±3.64°。从数据可以看出，王皓的躯干扭转角较小，引拍前身体稍向右转。并且身体稍前倾，但前倾的程度不大，身体站立较直。

引拍结束时刻，王皓身体扭转角为 11.00±1.55°，身体前倾角为 31.79±4.40°，从数据可以看出，王皓身体稍向左转动，身体前倾程度较大，这样为自己的引拍腾出更多的空间，同时可以为击球积蓄更多的能量。

王皓身体扭转角的变化幅度为 20.91±2.20°，可以看出，王皓上右脚后，身体向左转动明显。同时，身体前倾也较明显，身体前倾角增大了 22.62±1.73°。躯干的左转和前倾可以为引拍和击球腾出更多的空间，为击球储存更多的能量。说明王皓很好地利用了自己调整好的身体，为引拍提供了足够的空间。

(3) 下肢的运动

下肢的运动是反手拧球时发力的最初环节，乒乓球反手拧技术动作击

球,首先是下肢蹬地发力,后经躯干的传递,到达上肢执拍手臂,由持拍手臂最终发力后,由球拍完成击球动作。所以,对乒乓球运动员来说,下肢是力量的根源,下肢运动的好坏,将最终影响反手拧技术动作的好坏。

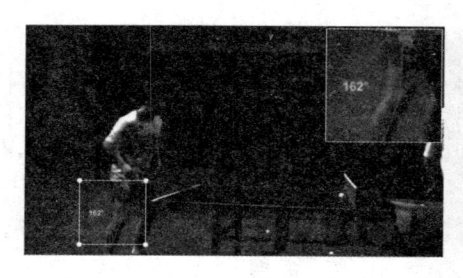

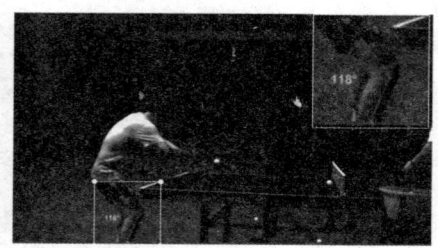

图 3-3-3 下肢关节角度图

由图 3-3-3 可知,引拍起始时刻,王皓的右膝角大约为 162°,膝关节屈曲程度较小,说明王皓在引拍前,下肢较直,重心并没有明显的下降,重心位置较高。此时,王皓左脚在前,右脚准备蹬地向前移动,进行引拍动作。

引拍结束时刻,王皓的右膝角大约为 118°,膝关节屈曲程度较明显,此时,右脚前移,右膝弯曲,重心下降明显,下肢积蓄了充足的能量。

通过对王皓执拍侧膝关节角度分析,引拍时,王皓执拍侧脚前移,右膝屈曲,重心下降明显,且右膝的屈曲程度大于左膝。可以推测,王皓腿部肌肉积蓄了充足的能量,为即将的击球做好准备。

3. 击球阶段的运动学特征

(1)上肢的运动

①执拍侧上肢关节角度及变化

表 3-3-6 执拍侧上肢关节角度($n=10$)   单位:°

上肢关节角	起始时刻	结束时刻	变化幅度
右腕角	109.28±11.79	112.40±14.32	3.12±0.39
右肘角	101.28±12.69	149.88±4.80	48.60±1.71
右肩角	116.86±15.97	109.53±12.47	−7.33±1.20
右髋肩肘角	102.37±6.37	103.68±5.19	1.31±0.54

由表 3-3-6 可知,在击球结束时刻,王皓右肘角的角度最大,达到了 149.88±4.80°,其次是右腕角,为 112.40±14.32°,再次是右肩角,为 109.53±12.47°,最小的为右髋肩角,为 103.68±5.19°。从数据可以看出,引拍阶段所储存的能量在击球过程中充分地释放了出来。

第三章 王皓、许昕反手拧的运动学研究

从击球阶段中执拍侧各关节角度变化情况来看,除右肘角之外,其他的各个关节角度变化均不明显。右肘节角度增大了 48.60±1.71°,变化幅度较大,说明王皓在拧拉时是以肘关节为轴进行挥拍,且各个关节非常放松。

通过对王皓执拍侧上肢关节角分析发现,王皓反手拧球时,持拍手前臂向前迎球,所以肘关节角度变化较大。乒乓球的发力方式为瞬间发力,所以,其他角度变化幅度较小,右腕角变化较角的原因是,击球阶段,手腕主要向左旋转移动。

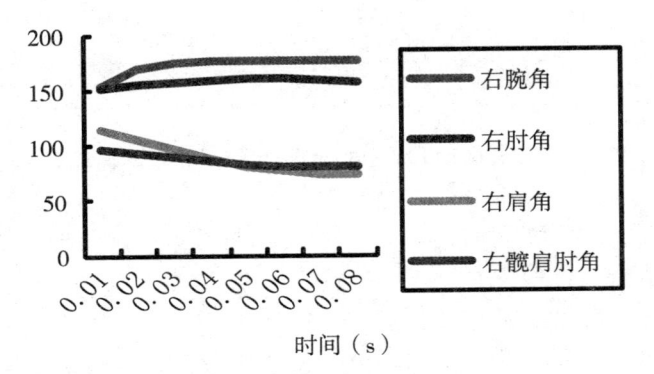

图 3-3-4 执拍侧上肢关节角度变化图

由图 3-3-4 可知,在击球阶段,王皓上肢持拍手各关节角变化幅度并不明显,右腕角和右肘角稍有增大,右肩角和右髋肩肘角变化幅度稍大,两关节角整体呈减小的趋势。

②非执拍侧上肢关节角度及变化

表 3-3-7 非执拍侧上肢关节角度($n=10$)   单位:°

上肢关节角	起始时刻	结束时刻	变化幅度
左腕角	170.67±1.42	171.10±2.01	0.43±0.17
左肘角	153.87±5.12	155.55±5.49	1.68±0.53
左肩角	95.83±7.31	90.77±9.97	−5.06±0.62
左髋肩肘角	76.70±5.45	68.33±1.37	−8.37±0.32

由表 3-3-7 可知,击球时刻,王皓左腕角最大,为 171.10±2.01°,其次是左肘角,为 155.55±5.49°,然后是右肩角,为 90.77±9.97°,最小的是左髋肩肘角,为 68.33±1.37°,从数据可以看出,王皓的非执拍手较高,且较为放松,为击球时维持身体平衡、协调执拍手发力起到了非常重要的作用。

击球阶段,非执拍侧上肢角度的变化幅度较小,左腕角增加了 0.43±0.17°,左肘角增加了 1.68±0.53°,左肩角减小了 5.06±0.62°,左髋肩肘角

减小了 8.37±0.32°。这是由于非持拍手的主要作用为维持身体平衡,不用发力,所以,非执拍手运动并不明显,角度变化也较小。

③执拍侧上肢关节点位移

表 3-3-8　执拍侧上肢关节点位移($n=10$)　　　　单位:m

上肢关节角	位移
右肘	0.17±0.03
右腕	0.32±0.06
右手	0.47±0.10
球拍	0.58±0.07

由表 3-3-8 可知,击球阶段,王皓执拍侧上肢关节点位移较大,其中右肘的位移为 0.17±0.03m,右腕的位移为 0.32±0.06m,右手的位移为 0.47±0.10m,球拍的位移为 0.58±0.07m,从数据可以看出,击球阶段,执拍侧上肢关节点位移较大。

④击球时刻执拍侧上肢关节点的速度

动能定理(Work-Energy Theorem),是指合外力对物体所做的功等于物体动能的变量,简单地说就是指物体因运动而具有的能量,持拍手臂的高速运动,使手臂具有了能量,这些能量作用到球上,完成高质量的击球。根据公式 $E_k=1/2\ mv^2$,最后作用于球上的力量与球拍的速度有关,速度越大,作用于球的力量越大,球将获得更多的动能,击球质量将越高。

表 3-3-9　执拍侧上肢关节点速度($n=10$)　　　　单位:m/s

	速度
右肘速度	4.53±1.23
右腕速度	8.52±1.74
右手速度	12.72±2.17
球拍速度	19.20±1.65

由表 3-3-9 可知,击球时刻,王皓右肘的速度为 4.53±1.23m/s,右腕的速度为 8.52±1.74m/s,右手的速度为 12.72±2.17m/s,球拍的速度为 19.20±1.65m/s,王皓的击球速度较大,其中球拍的速度最快,保证击球时作用于球的力量最大,右手的速度次之,其次是右腕,右肘的速度最小,符和运动解剖学大臂带动小臂的发力方式。球拍位于运动的最外端,其速度最快,肘关节在最内端,其速度最慢。球拍的速度较大,是由于王皓下肢、躯干和上肢协同发力的结果。

第三章 王皓、许昕反手拧的运动学研究

⑤击球阶段球拍速度的变化

由图 3-3-5 可知,王皓的球拍在击球阶段速度持续增加,而且王皓球拍速度增加的较快,但是,击球时刻的速度并不是王皓反手拧技术动作挥拍过程中的最大速度,而是出现在最大速度之前。击球时,球拍的速度还在增加。

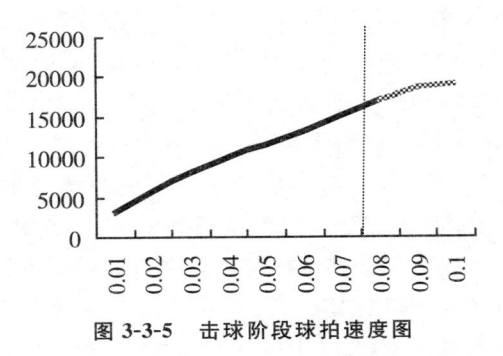

图 3-3-5 击球阶段球拍速度图

⑥击球时刻执拍侧上肢关节点的三维速度

根据动能定理,速度的大小可以间接反映力的大小,运动员在 X、Y、Z 轴方向的速度可以代表运动员的在三个方向上的发力,从而确定运动要主要的发力方向。

表 3-3-10 击球时刻王皓上肢关节点在 X、Y、Z 肘上的速度($n=10$)

单位:m/s

上肢关节点	X	Y	Z
右肘速度	−2.97±0.67	2.23±0.67	3.14±0.68
右腕速度	8.90±0.67	1.44±0.08	3.35±0.83
右手速度	13.04±1.43	1.59±0.68	1.93±0.67
球拍速度	17.60±0.58	7.60±0.62	0.92±0.21

注:击球时刻上肢关节点在 X、Y、Z 肘上的速度的正负值只是代表此刻速度的方向,并不代表速度的大小。X:与球台边线平行,方向由端线指向球网,Y:与端线平行,方向由左指向右,Z:与球台垂直,方向由下指向上(后同)。

由表 3-3-10 可知,王皓的右肘在 X 轴方向上的速度为−2.97±0.67m/s,在 Y 轴方向的速度为 2.23±0.67m/s,在 Z 轴方向上的速度为 3.14±0.68m/s,其中 Z 肘方向的速度最大,Y 轴方向的速度最小,说明击球时刻右肘向前、上的力较大,相比,向右的力量稍小一点。

王皓的右腕在 X 轴方向上的速度为 13.04±1.43m/s,在 Y 轴方向的速度为 1.44±0.08m/s,在 Z 轴方向上的速度为 3.35±0.83m/s,其中,在

X轴方向上的速度最大,同样在Y轴方向上的速度最小,说明击球时刻,王皓向前的力量最大,向右侧的力量最小。

王皓的右手在X轴方向上的速度为13.04 ± 1.43m/s,在Y轴方向的速度为1.59 ± 0.68m/s,在Z轴方向上的速度为1.93 ± 0.67m/s,击球时,右手在X轴方向的速度最大,在Y轴方向上的速度最小,说明右手和右肘、右腕一样,右手在X轴方向上的力量最大,在Y轴方向上的力量最小。

王皓的球拍在X轴方向上的速度为17.60 ± 0.58m/s,在Y轴方向的速度为7.60 ± 0.62m/s,在Z轴方向上的速度为0.92 ± 0.21m/s,击球时,王皓的球拍速度以X轴方向最大,Z轴方向最小,球拍的走向以向前为主。球拍是最后击球的部位,最能直接反应运动员的发力方向,由王皓球拍在X、Y、Z轴上的速度说明了王皓击球时迎前较多,向侧面和上面的发力相对较小,但向侧和上面的力可以保证球可以获得足够的摩擦,完成击球动作。

通过对王皓在击球时执拍侧上肢关节点在X、Y、Z轴上的速度分析发现,上肢关节点总体表现为,X轴上的速度最大,Y轴上的速度次之,Z轴上的速度最小,说明王皓的主要发力方向为前上,并且击球力量较大,向右侧的发力较小。向上的力量较大可以保证击球时的摩擦,而向前的力量可以使回击的球速度较快,从而保证击球质量。

(2)躯干的运动

表3-3-11 躯干角度($n=10$)　　　　　　　　　　　单位:°

躯干角	起始时刻	结束时刻	变化幅度
身体扭转角	11.00 ± 1.49	8.83 ± 4.02	-2.2 ± 0.2
身体前倾角	31.79 ± 4.40	17.27 ± 2.84	-14.52 ± 1.03

由表3-3-11可知,击球时刻,王皓的身体扭转角为$8.83\pm4.02°$,身体前倾角为$17.27\pm2.84°$,从数据可以看出,王皓身体仍稍转向左方,躯干前倾,但前倾角度不大,王皓的反手拧球的空间较大,非常有利于击球发力。

击球阶段,王皓身体扭转角减小了$2.17\pm0.2°$,前倾角减小了$14.52\pm1.03°$。可以看出,王皓稍向右转动,但转动的幅度不大。躯干的前倾角变化幅度较大,躯干的抬起较为明显躯干适当直立,可以保证击球时有充足的空间,有利于执拍手发力。同时,也说明王皓主要依靠身体绕冠状轴的运动将下肢力量传递至上肢,依靠转腰传递较少。

(3)下肢的运动

由图3-3-6可知,击球时刻,王皓膝关节的角度大约为120°,此时,王皓右脚蹬地,力量由脚下经躯干传递到上肢直拍手,由上肢完成反手拧击球动作。

第三章　王皓、许昕反手拧的运动学研究

图 3-3-6　下肢关节角度图

击球阶段,王皓下肢膝关节角度增大,但变化幅度不明显,重心稍提高,进一步验证运动员的发力为静力性支撑,脚下蹬地发力,并不是通过重心的升高,而是地面支撑反作用力。

4. 随挥阶段的运动学特征

(1)上肢的运动

①执拍侧上肢关节角度及变化

表 3-3-12　执拍侧上肢关节角度($n=10$)　　　单位:°

上肢关节角	起始时刻	结束时刻	变化幅度
右腕角	112.40±14.32	156.46±8.80	44.06±1.93
右肘角	149.88±4.80	148.82±8.22	−1.08±0.48
右肩角	109.53±12.47	88.03±14.52	−21.47±4.36
右髋肩肘角	103.68±5.19	88.83±8.44	−14.87±2.12

由表 3-3-12 可知,随挥完成时刻,王皓的右腕角为 156.46±8.80°,右肘角为 148.82±8.22°,右肩角为 88.03±14.52°,右髋肩肘角为 88.83±8.44°,从数据可以看出,王皓执拍侧上肢关节角较大,随挥动作较大,说明王皓击球时的爆发力非常大,发力较为充分,右肩角和右髋肩肘角的角度小于 90°,说明执拍手向侧面移动较少,间接证明击球时的发力以前上为主。

随挥阶段,王皓右腕角增大了 44.06±1.93°,右肘角减小了 1.08±0.48°,右肩角减小了 21.47±4.36°,右髋肩肘减小了 14.87±2.12°,总体表现为角度减小。右腕变化幅度很大,说明王皓在击球时刻右腕的发力非常充分,右肘角变化不明显,说明随挥阶段,球拍主要借助惯性的作用向侧上方的移动。

通过对王皓随挥阶段执拍侧上肢关节角分析发现,随挥阶段,执拍手臂

· 69 ·

借助惯性的作用向前上方移动,动作幅度较大,向侧方移动较少。说明王皓反手拧球时发力集中,以向前和向上的力为主,向侧的发力较少。

②非执拍侧上肢关节角度及变化

表 3-3-13　非执拍侧上肢关节角度($n=10$)　　　　单位:°

上肢关节角	起始时刻	结束时刻	变化幅度
左腕角	171.10±2.01	167.55±5.16	−3.55±0.43
左肘角	155.55±5.49	150.98±4.40	−4.62±0.85
左肩角	90.77±9.97	134.05±5.58	43.25±3.09
左髋肩肘角	68.33±1.37	69.75±13.93	10.45±0.19

由表 3-3-13 可知,随挥完成时刻,左腕角为 167.55±5.16°,左肘角为 150.98±4.40°,左肩角为 134.05±5.58°,左髋肩肘角为 69.75±13.93°,从数据中可以看,除左肩髋肩肘角以外,其他关节角角度较大,说明此时王皓的非持拍手仍然较为放松,为维持自己的身体平衡起到很好的作用。

随挥阶段非持拍手方面,王皓的左腕减小了 3.55±0.43°,左肘角减小了 4.62±0.85°,左肩角增大了 43.25±3.09°,左髋肩角增大了 10.45±0.19°,手腕和肘关节较为放松,变化幅度较小,左肩角和左髋角增大主要是持拍手向右上方移动,非持拍手需要向左侧方移动来位置身体的平衡。

对比王皓随挥结束时刻持拍手和非持拍手上肢各关节角度发现,除了左髋肩肘角小于右髋肩肘角以外,其他非持拍手的角度均大于持拍手,尤其是肩关节角度差异更明显,随挥阶段,王皓非持拍手高度较高,并向左移动,以维持身体在运动过程中的身体平衡,从角度大小可以看出,王皓随挥动作较大,发力较为充分。

③执拍侧上肢关节点的位移

随挥阶段上肢各关节点位移的大小,可以更加直观地反映运动员随挥动作幅度的大小,间接反映运动员发力是否充分,运动员在击球时力量越大,爆发力越强,其随挥阶段的动作幅度将越大。

表 3-3-14　执拍侧上肢关节点位移($n=10$)　　　　单位:m

上肢关节点	位移
右肘	0.90±0.18
右腕	1.24±0.16
右手	1.33±0.18
球拍	1.47±0.17

第三章 王皓、许昕反手拧的运动学研究

由表 3-3-14 可知,随挥阶段,王皓右肘的位移为 0.90±0.18m,右腕的位移为 1.24±0.16m,右手的位移为 1.33±0.18m,球拍的位移为 1.47±0.17m,从数据可以看出,王皓的持拍手的随挥动作幅度较大,右手、右腕和球拍的路程均超过 1 米,随挥的动作幅度可以间接反映击球时刻运动员发力的大小,王皓随挥的动作幅度比较大,说明王皓在击球时刻发力很大。

(2)躯干的运动

表 3-3-15　躯干角度($n=10$)　　　　　　　　单位:°

躯干角	起始时刻	结束时刻	变化幅度
身体扭转角	8.83±4.0	27.96±4.99	19.13±3.87
身体前倾角	17.27±2.8	13.17±1.04	−4.10±1.52

由表 3-3-15 可知,随挥完成时刻,王皓身体扭转角度为 27.96±4.99°,身体前倾角度为 13.17±1.04°,从数据可以看出,随挥的过程中,躯干向右转动明显,身体仍稍前倾,但前倾程度不大,此时王皓的身体前倾程度减小,躯干角度的变化是为满足运动过程中的发力和身体平衡所做的改变。

在随挥阶段,王皓的躯干向右转动了 19.13±3.87°,躯干的转动较为明显,而身体前倾角减小为 4.10±1.52°,从数据中可以看出,王皓向右转动较多,躯干前倾角变化不大。随挥过程中,王皓躯干以向右转动为主,躯干上下的起伏不大。

(3)下肢的运动

由图 3-3-7 可知,随挥完成时刻,王皓的执拍侧膝关节角度大约为 124°,此时,右膝关节屈曲程度已经减小,但两膝仍然稍弯曲,躯干升高,但仍保持微前倾,以维持随挥完成时刻身体的平衡。

图 3-3-7　下肢角度图

在随挥阶段,下肢变化幅度并不明显,膝关节角度增加了大约 5°,由此可以推断,王皓反手拧动作主要是躯干和上肢运动,下肢主要是静力支撑,

上下的起伏不明显。

二、许昕反手拧技术的运动学特征

1. 球拍的时间特征

由表 3-3-16 可知,许昕完成引拍动作需要 0.78±0.01s。从击球时间可知,许昕引拍时间较长,引拍较为充分。即许昕击球阶段所用的时间为 0.08±0.01s,从时间可以看出,许昕击球阶段的时间较短,间接反映出许昕发力较为集中,爆发力较强。随挥需要 0.08±0.01s,还原动作需要 0.63±0.01s,许昕并没有着急还原到引拍起始时刻。

表 3-3-16 许昕各阶段时间($n=10$)　　　　　　单位:s

	时间
引拍阶段	0.78±0.01
击球阶段	0.08±0.01
随挥阶段	0.08±0.01
还原阶段	0.63±0.01
合计	1.57±0.01

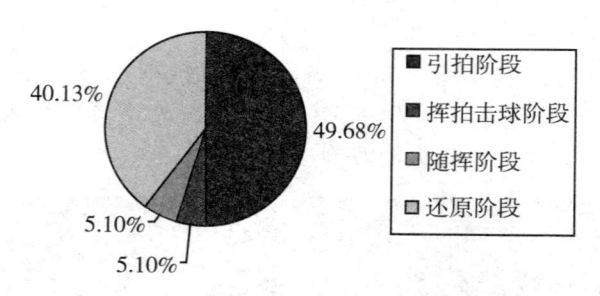

图 3-3-8　许昕各阶段所占比例图

由图 3-3-8 可知,许昕反手拧技术引拍阶段所用的时间占完成整个动作时间的 49.68%,击球阶段所用时间占完成整个动作时间的 5.10%,随挥阶段所用的时间占完成整个动作时间的 5.10%,还原阶段所用时间占完成整个动作时间的 40.13%。从数据可以看出,引拍阶段和还原阶段时间占完成整个动作时间的比重较大,而击球阶段和随挥阶段所占的比重较小,说明许昕反手拧球时发力较为集中,击球质量较高。

2. 引拍阶段的运动学特征

(1)上肢的运动
①执拍侧上肢关节角度及变化

表 3-3-17　执拍侧上肢关节角度($n=10$)　　　　　　单位:°

上肢关节角	起始时刻	结束时刻	变化幅度
左腕角	167.20±14.19	152.05±8.62	−15.15±2.57
左肘角	96.40±7.94	40.31±4.44	−56.09±3.04
左肩角	128.50±2.92	161.30±3.89	32.8±0.97
左髋肩肘角	31.40±6.85	117.58±12.12	86.18±5.27

注:许昕为左手执拍,故执拍手数据为左侧数据(后同)。

由表 3-3-17 可知,引拍起始时刻,许昕左腕角为 167.20±14.19°,左肘角为 96.40±7.94°,左肩角为 128.5±2.92°,左髋肩肘角为 31.40±6.85°。从数据可以看出,执拍侧上肢离身体较近,手臂较为放松,肘关节已经有一定弯曲,说明手臂抬起较高,方向大致与球台平行。证明许昕在引拍前已经为引拍做准备。

引拍结束时刻,许昕的左腕角为 152.05±8.62°,左肘角为 40.31±4.44°,左肩角为 161.30±3.89°,左髋肩肘角 117.58±12.12°。从数据可以看出,持拍手手臂的引拍非常充分,手臂抬起较高,为击球腾出更多的击球空间。左肘角较小,说明执拍侧上肢肘关节屈曲程度较大。

引拍阶段,许昕的左腕角减小了 15.15±2.57°,左肘角减小了 56.09±3.04°,左肩角增大了 32.8±0.97°,左髋肩肘角增大了 86.18±5.27°,从数据中可以看出,执拍侧上肢关节变化明显,手腕和肘关节角减小,手腕和肘关节在引拍过程中积极地储存能量,为击球时的发力做准备。左肩角和左髋肩肘角增大,许昕执拍手抬高,且距离躯干较远,为引拍和击球腾出更多的空间,有利于积累更多的能量,同时有利于击球时的发力。

由图 3-3-9 可知,在引拍阶段前期许昕持拍手各环节角度变化明显,左腕角在引拍前段减小后又稍有增大,第一个谷值是由于许昕在上左脚的过程中,手腕稍有回收,第二个谷值是,许昕上步完成后,手腕迅速回收,左腕角迅速减小,当手腕回收到最小后,手向侧面移动,角度又稍有增大。左肘角稍有增大后,又迅速减小,在肘关节前顶过程中,肘手臂屈曲程度减小,当肘关节到达最前端后,前臂折叠,故肘关节又变小。左肩角和左髋肩肘角变化趋势相同,在引拍过程中,两个关节角均持续增大,左髋肩肘角的变化更明显。

角度(°)

[图：执拍侧上肢关节角度变化曲线，包含左腕角、左肘角、左肩角、左髋肩肘角]

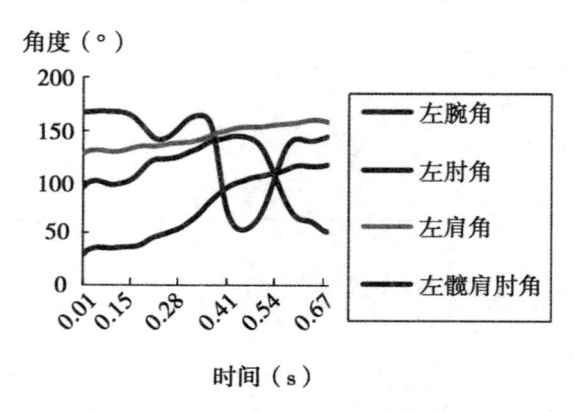

时间(s)

图 3-3-9　执拍侧上肢关节角度变化图

②非执拍侧上肢关节角度及变化

表 3-3-18　非执拍侧上肢关节角度($n=10$)　　　单位:°

上肢关节角	起始时刻	结束时刻	变化幅度
右腕角	166.30±2.00	173.56±1.81	7.26±3.5
右肘角	42.80±2.88	156.75±2.94	113.95±2.06
右肩角	116.30±1.80	29.86±1.98	−86.44±0.18
右髋肩肘角	51.30±3.29	96.47±5.43	45.17±2.11

由表 3-3-18 可知,引拍起始时刻,许昕右腕角为 166.30±2.00°,右肘角为 42.80±2.88°,右肩角为 116.30±1.80°,右髋肩肘角为 51.30±3.29°,从数据可以看出,非执拍手臂较为放松,手臂与躯干的距离较近,此时执拍手还没有做引拍动作,所以非持拍手不需要太多位置的改变来维持身体平衡。

引拍结束时刻,许昕右腕角为 173.56±1.81°,右肘角为 156.75±2.94°,右肩角为 29.86±1.98°,从数据可以看出,许昕非持拍手稍微抬起,手臂的肩关节角较小,肩部稍显僵硬,从生理解剖角度讲,非持拍手臂稍僵硬,将对持拍手的运动产生不利的影响。

引拍阶段,许昕右腕角增大了 7.26±3.5°,右肘角增大了 113.95±2.06°,右肩角减小了 86.44±0.18°,右髋肩肘角增大了 45.17±2.11°,从数据可以看出,引拍过程中,许昕非执拍侧上肢向外移动,且手臂伸直,各关节由引拍前的放松状态变得稍紧张,以维持引拍阶段执拍手运动时的身体平衡,但从生理解剖学角度讲,非持拍手僵硬,对于击球产生不利的影响。

第三章 王皓、许昕反手拧的运动学研究

③执拍侧上肢关节点的位移

表 3-3-19　执拍侧上肢关节点位移($n=10$)　　　单位:m

持拍手关节点	位移
左肘	1.25±0.06
左腕	0.75±0.04
左手	0.59±0.04
球拍	0.23±0.03

由表 3-3-19 可知,许昕执拍侧上肢左肘的位移为 1.25±0.06m,左腕的位移为 0.75±0.04m,左手的位移为 0.59±0.04m,球拍的位移为 0.23±0.03m,从数据可以看出,引拍阶段,许昕肘关节的位移最大,引拍时,许昕左脚前移,肘关节前顶。手腕、手和球拍的路程较小,是因为引拍过程中许昕的执拍手的前臂向后折叠。虽然位移较小,也显示许昕引拍动作较为充分。

(2)躯干的运动

表 3-3-20　躯干角度($n=10$)　　　单位:°

躯干角	起始时刻	结束时刻	变化幅度
身体扭转角	15.90±2.42	10.70±2.04	26.60±0.38
身体前倾角	20.58±1.21	32.05±1.43	11.47±3.26

由表 3-3-20 可知,引拍起始时刻,许昕的身体扭转角为 15.90±2.42°,身体前倾角为 20.58±1.21°,从数据可以看出,由于站位时右脚在前,身体稍向左转动,以维持身体平衡。而且躯干已经有一定程度的前倾。引拍前躯干稍前倾,重心微降低,可以增大引拍的速度,减少引拍时的准备时间,说明引拍前,许昕已经做好引拍的准备。

由表 3-3-20 可知,引拍结束时刻,许昕身体扭转角为 10.70±2.04°,身体前倾角为 32.05±1.43°,从数据可以看出,许昕左脚前移,身体稍向右转动,且身体前倾程度较大,为击球腾出空间,同时为击球积蓄力量。

引拍阶段,许昕身体扭转角的变化幅度为 26.60±0.38°,身体前倾角的变化幅度为 11.47±3.26°,在引拍过程中,许昕左脚前移,身体向右转动,且身体前倾的程度较大,这样可以为引拍阶段腾出更多的空间,同时储蓄更多的能量,充分引拍。

(3)下肢的运动

由图 3-3-10 可知,引拍起始时刻,王皓执拍侧膝关节角为 141°,从数据

可以看出,引拍前,许昕的左膝已经有一定的弯曲,说明此时许昕精力非常集中,已经做好引拍的准备。

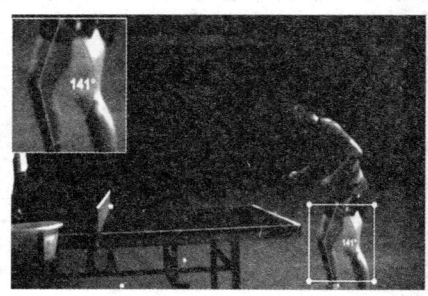

图 3-3-10 下肢角度图

引拍结束时刻,许昕左膝角为 104°,膝关节屈曲程度较大,右腿较直,说明此时,许昕身体重心压在左腿上,执拍侧下肢积蓄了充足的力量,以满足在击球时的下肢发力。

在引拍阶段,许昕左膝弯曲,膝关节角度的变化非常明显,执拍侧下肢承载了自身大部分的重力,这样执拍侧下肢可以存储更多弹性势能,保证击球时,蹬地发力可以释放更多的能量。

3. 击球阶段的运动学特征

(1)上肢的运动

①执拍侧上肢关节角度及变化

由表 3-3-21 可知,击球时刻,许昕执拍侧上肢关节角最大的是左肩角,为 160.40±5.29°,其次是左腕角,为 119.03±19.55°,然后是左髋肩肘角,为 118.26±6.83°,最小的是左肘角,为 102.18±19.27°。从数据可以看出,许昕的执拍手较高,离身体较远,肘关节的屈曲程度减小,引拍阶段储存的能量充分释放出来。

表 3-3-21 执拍侧上肢关节角度($n=10$) 单位:°

上肢关节角	起始时刻	结束时刻	变化幅度
左腕角	152.05±8.62	119.03±19.55	−33.02±6.55
左肘角	40.31±4.44	102.18±19.27	61.87±9.70
左肩角	161.30±3.89	160.40±5.29	−0.9±0.29
左髋肩肘角	117.58±12.12	118.26±6.83	0.68±0.23

击球阶段,许昕的左腕角减小了 33.02±6.55°,左肘角增大了 61.87±

9.70°,左肩角减小了 0.9±0.29°,左髋肩肘角增大了 0.68±0.23°,从数据可以看出,许昕的左腕角和左肘角变化明显,反映出,许昕在随挥阶段发力集中,将引拍阶段存储的能量释放出来。

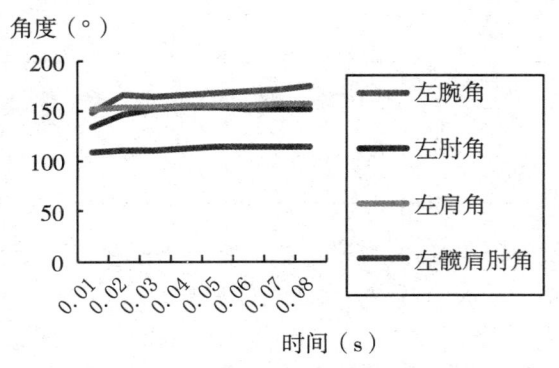

图 3-3-11　执拍侧上肢关节角度变化图

由图 3-3-11 可知,击球阶段,许昕上肢持拍手各关节角变化也不明显,各关节角都稍有增加,但增加幅度不大。

②非执拍侧上肢关节角度及变化

表 3-3-22　非执拍侧上肢关节角度($n=10$)　　　　单位:°

上肢关节角	起始时刻	结束时刻	变化幅度
右腕角	173.56±1.81	175.22±1.75	1.66±0.75
右肘角	156.75±2.94	150.35±5.50	−6.4±1.50
右肩角	29.86±1.98	138.97±5.53	109.11±5.53
右髋肩肘角	96.47±5.43	94.8±7.33	−1.67±0.33

由表 3-3-22 可知,击球时刻,许昕非执拍侧上肢关节角最大的是右腕角,为 175.22±1.75°,其次是右肘角,为 150.35±5.50°,然后是右肩角,为 138.97±5.53°,最小的是右髋肩肘角,为 94.8±7.33°,从数据可以看出,非执拍侧上肢关节角均较大,手臂离身体躯干较远,且基本伸直,说明非执拍手稍紧张,以维持执拍手发力击球时的身体平衡。

击球阶段,许昕的右腕角增加了 1.66±0.75°,右肘角减小了 6.4±1.50°,右肩角增加了 109.11±5.53°,右髋肩肘角减小了 1.67±0.33°。从数据可以看出,击球过程,非执拍侧上肢向外移动,所以,右肩角较大,其他角度变化不明显,原因是,非执拍手主要是维持执拍手运动时身体平衡,不需要做更多改变。

③击球阶段执拍侧上肢关节点的位移

表 3-3-23　执拍侧上肢关节点位移($n=10$)　　　　单位:m

上肢关节点	位移
左肘	0.10±0.02
左腕	0.56±0.11
左手	0.65±0.18
球拍	0.71±0.21

由表 3-3-23 可知,击球阶段,许昕的肘关节位移为 0.10±0.02m,左腕角的位移为 0.56±0.11m,左手的位移为 0.65±0.18m,球拍的位移为 0.71±0.21m,从数据可以看出,许昕的持拍手臂的各关节点路程从小到大依次为左肘、左腕、左手、球拍,符合乒乓球技术动作鞭打动作原理,同时,各关节点路程较大,前文知道许昕击球时间较短,可以推测,许昕击球时刻爆发力较强,发力较为集中。

④击球时刻执拍侧上肢关节点的速度

表 3-3-24　执拍侧上肢关节点速度($n=10$)　　　　单位:m/s

上肢关节点	速度
左肘速度	1.99±0.88
左腕速度	8.54±0.95
左手速度	11.67±2.18
球拍速度	15.61±1.02

由表 3-3-24 可知,许昕左肘的速度为 1.99±0.88 m/s,左腕的速度为 8.54±0.95 m/s,左手的速度为 11.67±2.18 m/s,球拍的速度为 15.61±1.02 m/s。从数据中可以看出,击球时球拍速度较快,发力较为集中,许昕的球拍移动速度最大,左肘的移动速度最小,所以,上肢的发力符合大臂带动小臂的生理解剖学原理。

⑤击球阶段球拍的速度变化

由图 3-3-12 可知,击球阶段前期,许昕的球拍在速度稍有减小,到击球后段,球拍速度增加得较快,可以看出加速度很大,从图中可以看出,击球时刻球拍的速度并不是许昕反手拧技术动作的最大速度,而是出现在最大速度之前。击球时,球拍的速度还在增加。

速度(mm/s)

图 3-3-12　球拍速度变化图

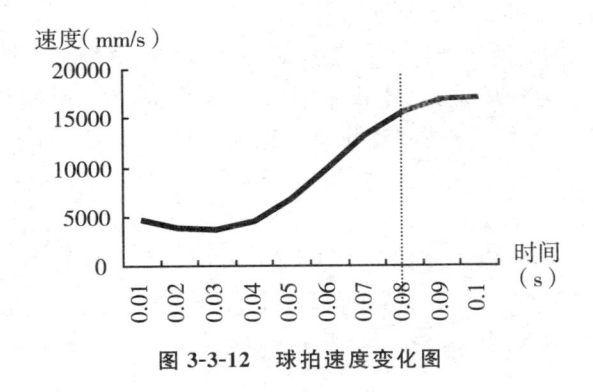

⑥击球时刻执拍侧上肢关节点的三维速度

表 3-3-25　击球时刻许昕上肢关节点在 X、Y、Z 轴方向上的速度($n=6$)

单位:m/s

	X	Y	Z
左肘速度	-1.62±0.83	-0.99±0.27	0.37±0.10
左腕速度	8.47±0.96	-0.32±0.05	0.38±0.12
左手速度	13.00±0.49	-1.01±0.08	0.75±0.34
球拍速度	15.22±0.38	3.46±0.04	0.44±0.12

由表 3-3-25 可知,执拍侧上肢肘关节在 X 轴方向上的速度为-1.62±0.83m/s,在 Y 轴方向上的速度为-0.99±0.27m/s,在 Z 轴方向上的速度为 0.37±0.10m/s,其中 X 肘方向的速度最大,Z 轴方向的速度的速度最小,说明击球时刻右肘向前、上的力较大。

执拍侧上肢手腕在 X 轴方向上的速度为 8.47±0.96m/s,在 Y 轴方向上的速度为-0.32±0.05m/s,在 Z 轴方向上的速度为 0.38±0.12m/s,许昕左腕在 X 肘方向上的速度最大,在 Y 轴方向上最小,说明左腕向前发力最大,向上力次之,向侧方力最小,手腕向上和向侧的力都很小。

执拍手在 X 轴方向上的速度为 13.00±0.49m/s,在 Y 轴方向上的速度为-1.01±0.08m/s,在 Z 轴方向上的速度为 0.75±0.34m/s,左手在 X 轴方向上的速度最大,在 Z 轴方向上的速度最小,说明击球时手向前发力最大,向侧和上的力量较大。

球拍在 X 轴方向上的速度为 15.22±0.38m/s,在 Y 轴方向上的速度为 3.46±0.04m/s,在 Z 轴方向上的速度为 0.44±0.12m/s,球拍在 X 肘方向的速度最大,在 Z 轴方向上的速度最小,说明击球时,许昕的左手在 X 轴上的力量最大,在 Z 轴方向上的力量最小。

通过对上肢执拍侧上肢关节点和球拍在 X、Y、Z 轴方向上的速度分析发现,许昕在发力拧球时,上肢和球拍向前的力量较大,向侧和前上的力量相对较小,许昕的反手拧技术动作符合迎前击球的技术动作原理。

4. 躯干的运动

由表 3-3-26 可知,击球时刻,许昕的身体扭转角为 $8.83\pm2.16°$,身体前倾角为 $25.90\pm3.25°$,从数据可以看出,许昕身体躯干稍向左转,且稍抬起,身体前倾程度减小,但身体前倾程度仍较大。

表 3-3-26　躯干角度($n=10$)　　　　　　　　　　　　单位:°

躯干角	起始时刻	结束时刻	变化幅度
身体扭转角	10.7±2.04	8.83±2.16	－1.87±0.16
身体前倾角	32.05±1.43	25.90±3.25	－6.15±1.67

击球阶段,身体扭转角减小了 $1.87\pm0.16°$,身体前倾角减小了 $6.15\pm1.67°$,从数据可以看出,身体稍向右转动,转动的幅度较小。躯干稍抬起,躯干的抬起保证击球时的空间,但躯干的起伏较小。

5. 下肢的运动

由图 3-3-13 可知,击球时刻,许昕执拍侧下肢左膝角为 107.00°,从数据可以看出,左膝屈曲程度较大,执拍侧下肢承担自身大部分重力。

击球阶段,许昕执拍侧下肢膝关节角变化幅度较小,膝关节屈曲程度仍较大,许昕反手拧球时不需要身体较大的上下起伏,而是以静力性支撑力为主,以保证拧球时执拍手动作的稳定性。

图 3-3-13　下肢角度图

第三章 王皓、许昕反手拧的运动学研究

6. 随挥阶段的运动学特征

(1)上肢的运动

①执拍侧上肢关节角度及变化

表 3-3-27　执拍侧上肢关节角度($n=10$)　　　　单位:m

上肢关节角	起始时刻	结束时刻	变化幅度
左腕角	119.03±19.55	174.67±6.64	55.64±1.64
左肘角	102.18±19.27	141.20±7.39	39.02±2.12
左肩角	160.40±5.29	158.08±2.93	-2.32±0.93
左髋肩肘角	118.26±6.83	106.82±10.61	-11.44±1.26

由表 3-3-27 可知,随挥完成时刻,许昕左腕角为 174.67±6.64°,左肘角为 141.20±7.39°,左肩角为 158.08±2.93°,左髋肩肘角为 106.82±10.61°,从数据可以看出,执拍侧上肢各关节角度均较大,间接反映出反手拧球时发力较为充分,拍子向身体左方移动较多。

随挥阶段,许昕的左腕角增加了 55.64±1.64°,左肘角增加了 39.02±2.12°,左肩角减小了 2.32±0.93°,左髋肩肘角减小了 11.44±1.26°,从数据可以看出,左腕角和左肘角的变化幅度较大,左肩角和左髋角肘角的变化幅度较小。间接反应了许昕反手拧球时,执拍手发力较为集中。

②非执拍侧上肢关节角度及变化

表 3-3-28　非执拍侧上肢关节角($n=10$)　　　　单位:°

上肢关节角	起始时刻	结束时刻	变化幅度
右腕角	175.22±1.75	166.18±5.48	-9.04±2.03
右肘角	150.35±5.50	104.20±12.81	-46.15±4.10
右肩角	138.97±5.53	83.08±12.11	-55.89±2.11
右髋肩肘角	94.8±7.33	51.53±9.56	-43.27±5.56

由表 3-3-28 可知,许昕的右腕角为 166.18±5.48°,右肘角为 104.20±12.81°,右肩角为 83.08±12.11°,右髋肩肘角为 51.53±9.56°。从数据可以看出,许昕非执拍侧上肢位置较低,在随挥过程中,许昕非持拍手臂向右移动以维持身体平衡,但肩关节角度小于 90°,说明,许昕并没有过多地向右移动,其非持拍手动作幅度较小,这是由于许昕在随挥过程中,持拍手臂的动作幅度较小,不需要过大的动作来维持身体的平衡。

在随挥阶段,许昕的右腕角减小了 9.04±2.03°,左肘角减小了 46.15±4.10°,右肩角减小了 55.89±2.11°,右髋肩肘角减小了 43.27±5.56°,从数据可以看出,非持拍手臂关节角均减小,非持拍手臂稍紧张,将对持拍手的运动产生不利影响。

③执拍侧上肢关节点的位移

表 3-3-29　执拍侧上肢关节点位移（$n=10$）　　　单位:m

上肢关节点	位移
左肘	0.38±0.15
左腕	0.32±0.07
左手	0.51±0.12
球拍	0.74±0.13

由表 3-3-29 可知,许昕左肘的位移为 0.38±0.15m,左腕的位移为 0.32±0.07m,左手的位移为 0.51±0.12m,球拍的位移为 0.74±0.13m。从数据可以看出,许昕的随挥动作幅度较小,可以间接反映许昕反手拧球发力较小,击球质量不高。

(2)躯干的运动

表 3-3-30　躯干角度（$n=10$）　　　单位:°

躯干关节角	起始时刻	结束时刻	变化幅度
身体扭转角	8.83±2.16	13.70±1.26	4.87±1.21
身体前倾角	25.90±3.25	22.25±2.23	−3.65±1.22

由表 3-3-30 可知,随挥完成时刻,许昕身体扭转角为 13.70±1.26°,身体前倾角为 22.25±2.23°。从数据可以看出,躯干仍转向右侧,为反手拧技术动作随挥阶段腾出更多的空间。躯干前倾较明显,说明许昕躯干的变化较小。

随挥阶段,许昕身体扭转角的变化幅度为 4.87±1.21°,身体前倾角减小了 3.65±1.22°,从数据可以看出,许昕躯干向左转动的幅度不大,躯干起伏程度较小,前倾程度较大,说明许昕手拧球时的随挥动作主要是持拍手侧上肢的变化。躯干的变化幅度不明显。

(3)下肢的运动

由图 3-3-14 可知,随挥完成时刻,许昕左膝角为 119.00°,对比击球时刻发现,左膝的屈曲程度仍然较明显,由此可以推断,左膝起伏不大。但右膝稍有弯曲,说明许昕身体重心已经向两腿之间转移。虽然左膝承受的支撑力减弱,但可以看出左膝仍承受了身体大部分重力。

图 3-3-14　下肢角度图

由图可知,在随挥阶段,膝关节角度变化不大,只有 16 度。此时,身体的大部分重力仍压在左腿上,但重心已经开始向右腿转移,所以,右膝已经有一定的弯曲,并且从肌肉线条看,许昕的右腿肌肉紧张,承担了部分身体重力。

三、王皓、许昕反手拧技术运动学特征对比

1. 技战术对比

由表 3-3-31 可知,王皓反手拧技术使用率为 10.13%,许昕反手拧技术使用率为 7.23%,从数据可以看出,王皓在应对台反手内短球时,使用反手拧技术较多。王皓的反手拧技术更好,所以,面临反手台内短球时,更多地使用反手拧技术,反之,许昕使用反手拧技术较少。

表 3-3-31　反手拧技术在比赛中运用状况($n=10$)　　单位:%

	使用率	直接得失分		创造机会	
		得分率	失分率	得分率	失分率
王皓	10.13	52.83	47.17	39.58	60.41
许昕	7.23	48.65	51.35	38.10	61.90

反手拧球直接得失分的球中,王皓的得分率为 52.83%,许昕的得分率为 48.65%,王皓反手拧的得分率高于许昕,王皓的反手拧技术比许昕的反手拧技术更加稳定。

为后板创造机会的球中,王皓的得分率为 39.58%,许昕的得分率为 38.10%,王皓的得分率高于许昕,可以看出,王皓的反手拧技术回击球比许昕的反手拧技术回击球质量高。

2. 球拍的时间特征对比

由图 3-3-15 可知,王皓和许昕反手拧球引拍阶段和还原阶段所占时间的比例都较高,其中,许昕引拍阶段和还原阶段所占的比重均大于王皓,击球阶段两位运动员所占的比例相同,说明直拍运动员反手拧技术击球阶段所占的最佳比例为 5%。但是,许昕随挥阶段所占时间比例小于王皓。

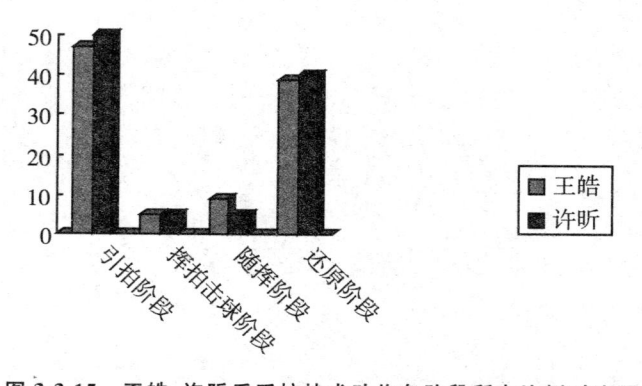

图 3-3-15　王皓、许昕反手拧技术动作各阶段所占比例对比图

3. 引拍阶段的运动学特征对比

通过对王皓和许昕引拍阶段角度、速度、位移等指标独立样本 T 检验发现,两位运动员反手拧技术动作引拍阶段存在显著的差异,从图 3-3-16 可以看出,引拍阶段,王皓和许昕执拍侧上肢关节变化都较为明显,王皓的引拍的高度比许昕低,王皓更加注重向下的引拍,以增加击球时的摩擦,许昕的肘关节屈曲程度较大,躯干前倾程度比王皓明显,肩关节和肘关节前顶的程度也比王皓明显,许昕向后引拍较多,需要身体、肘关节和肩关节为执拍手引拍腾出更充分的空间,以增加击球时向前的力量。

王皓身体重心落在两腿之间,而许昕的重心落在执拍侧下肢,并且,许昕身体扭转程度比王皓更大,可以看出,王皓的胸大肌收缩明显,肩关节内收充分,同时,肩关节后侧各肌肉群被动拉长更加充分,产生的弹性势能更大,王皓反手拧技术引拍更充分。

第三章　王皓、许昕反手拧的运动学研究

王皓侧面图 　　　　　　　许昕侧面图

王皓正面图 　　　　　　　许昕正面图

图 3-3-16　王皓、许昕反手拧技术引拍阶段对比图

4. 击球阶段的运动学特征对比

击球过程中,运动员执拍侧腹内斜肌和非执拍侧腹外斜肌向心收缩协同作用,使运动员躯干转动,带动肩关节下面的冈下肌和小圆肌向心收缩,肩关节外旋伸展,然后肱三头肌向心收缩,肘关节伸展,尺侧腕伸肌和桡侧腕长肌和桡侧腕短肌向心收缩,使腕关节伸展,最后由球拍作用于球,所有肌肉收缩运动符合鞭打动作技术动作原理。

通过对王皓和许昕击球阶段角度、速度、位移等指标独立样本 T 检验发现,两位运动员反手拧技术动作击球阶段存在显著的差异,由图 3-3-17 可知,王皓躯干的前倾比许昕小,击球空间比许昕充分,更有利于击球时的发力。

王皓躯干扭转的幅度不大,主要是借助躯干胸大肌击球肩后侧肌肉的收缩和舒展将力量传递到执拍手,许昕身体躯干旋转不到位,引拍时腹部肌肉,胸大肌等躯干肌群储存的能量并没有完全释放。

王皓的手腕还没有完全伸展出来,拍头的方向指向下方,有利于击球时集中发力,相反,许昕过早地将手腕展出来,击球时的力量不够集中。

王皓侧面图　　　　　　　许昕侧面图

王皓正面图　　　　　　　许昕正面图

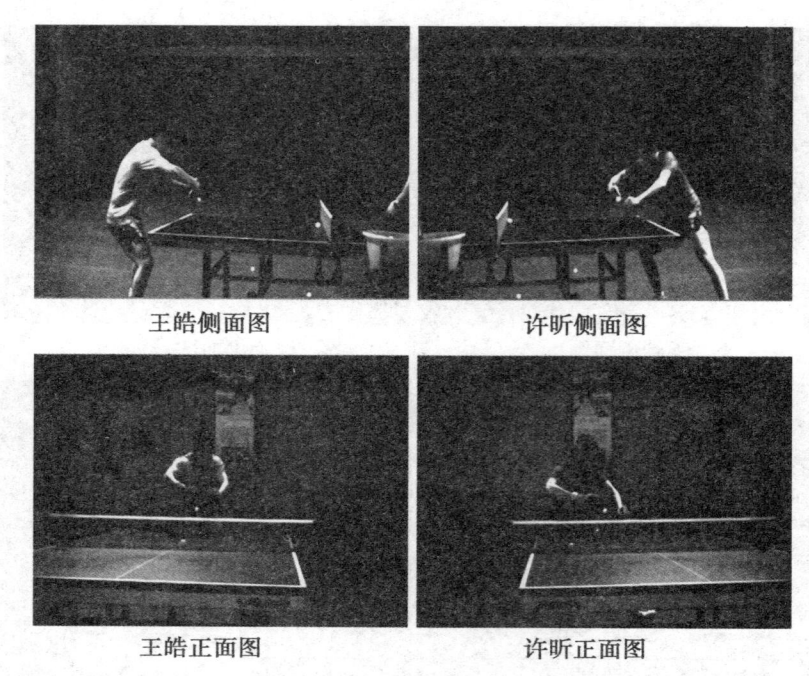

图 3-3-17　王皓、许昕反手拧技术击球阶段对比图

5. 随挥阶段的运动学特征对比

通过对王皓和许昕随挥阶段角度、速度、位移等指标独立样本 T 检验发现,两位运动员反手拧技术动作随挥阶段存在显著的差异,由图 3-3-18 可知,随挥阶段,王皓执拍手的运动幅度大于许昕,执拍手较为舒展。许昕随挥动作幅度较小,球拍的高度较低,身体较为紧张。

第四节　结论与建议

一、结论

(1)王皓引拍注重向下,击球时重心起伏不明显,以肘关节为轴进行挥拍,在球拍达到最大速度之前击球,主要发力方向为前上,随挥动作舒展。整个过程中,非执拍手非常放松。

(2)许昕引拍时执拍手抬高,前倾幅度较大,击球时瞬间爆发力强,发力

第三章　王皓、许昕反手拧的运动学研究

王皓侧面图 　　　　　　　许昕侧面图

王皓正面图 　　　　　　　许昕正面图

图 3-3-18　王皓、许昕反手拧技术随挥阶段对比图

以向前为主,随挥动作幅度较小。整个过程中,重心主要压在左腿上,非执拍手稍僵硬。

(3)王皓比许昕更加注重向下的引拍,许昕向后引拍较多。另外,王皓引拍时利用身体、肌肉产生的弹性势能更大。

(4)许昕击球时,许昕躯干旋转不如王皓到位,击球空间不如王皓充分。

(5)王皓击球时手腕还未完全伸展,而许昕过早地将手腕展出来,使其击球时力量不够集中。

(6)许昕随挥时动作幅度比较小,不如王皓的动作舒展。间接显示出许昕拧拉时发力比王皓要小。

(7)整个拧拉过程中,许昕的重心偏向左腿,而王皓的重心则位于两腿之间。且许昕的非执拍手稍僵硬,不如王皓放松。

二、建议

(1)许昕引拍时需要更加充分的利用肌肉的弹性势能,同时,引拍可稍向下些,以增强击球时的摩擦,提高击球的质量。

(2)许昕在击球时躯干可再适度地直立一些,以加大击球空间,增加下肢与上肢之间的力量传递。

(3)许昕击球时手腕不能过早地伸展,应该在球拍达到最大速度之前击球,使力量更加集中。

(4)随挥应该是一个比较放松的阶段,许昕在随挥时动作需要更加舒展,身体其他各个关节需要更加放松。

(5)许昕拧拉时非执拍手的手臂、肩部需要更放松,以配合执拍手的发力、维持身体的平衡。

(6)许昕在拧拉过程中,应加大重心转换的幅度,击球后随挥时应将重心移至两腿之间或偏向右腿,以保证充分发力。

第四章 马龙、樊振东反手拧的运动学研究

第一节 前言

  竞技能力是由具有不同表现形式和不同作用的体能、技能、战术能力、运动智能以及心理能力所构成，并综合表现于专项竞技的过程之中。任何体育竞技运动想要有好的运动成绩都需要具备良好的体能、技能、战术能力、运动智能以及心理能力五个方面。不同的运动项目的本质属性不同，除了必须具备构成竞技能力的基本要素之外，还有侧重点。乒乓球是技能主导类的隔网对抗项目，技能主导类隔网对抗的优秀运动员竞技能力最重要的决定因素是技能和战术能力。运动技术即是完成体育动作的方法，是运动员竞技能力水平的重要决定因素，所以拥有最优秀、极具杀伤力的技术是每个优秀运动员所追求的。那么最优秀的单个技术的技术动作是什么呢？运动员将以怎样的动作击打出的球会产生最好的效果呢？这是展开本研究的最根本问题。

  中国乒乓球队由弱到强，持久昌盛，创造中国体育事业的奇迹，那么造就这支体育梦之队的背后是什么？在运动场上，运动员除了要执行教练员布置的良好的技战术策略外，还需有顶尖的技术水平支撑才能打出一场完美的比赛。那么这些技战术策略和技术动作的优化提高，又是如何完成的？这都是研究乒乓球极其相关领域的学者对乒乓球项目的特点和制胜规律的准确把握和研究所致。在国家乒乓球队的日常科研攻关与科技服务中，乒乓球比赛技战术分析与诊断系统是相对成熟完善的，而动作技术结构的研究相对薄弱。即使世界顶尖的乒乓球运动员，在拥有最优秀、极具杀伤力的技术的同时，也会存在着一些相对薄弱的技术。教练员在给运动员纠正技术动作都是根据教科书中对正确技术动作的描述，那么至于运动员技术动作练习的好坏，只能通过教练员的经验判断和比赛中该技术动作的得分率和练习中的上台率来判断。这就缺乏一个对技术动作的量化模板在训练中直接对运动员的技术动作进行诊断和对比。

横拍反手拧技术是近年来乒乓球技术中的一项创新技术，是运动员摆脱控制争取积极主动上手的主要技术手段，也是乒乓球比赛中的主要得分手段。国内外文献中对台内反手拧技术动作的研究很少，对反手拧的技术动作的研究主要是理论分析，进行实验性研究的更是少之又少，对世界顶尖选手的台内反手拧的实验性的研究，迄今还无人涉及。通过在中国知网选用不同的篇名词，采用精确匹配，检索到国内文献中对横拍台内反手拧技术动作的研究论文数篇，其中，台内反手拧技术动作理论性研究论文 5 篇，实验性研究论文 4 篇。所以，对横拍台内反手拧技术的研究是极其必要的。

本文通过对世界顶尖横拍运动员马龙、樊振东的台内反手拧技术动作进行运动学研究，得到横拍台内反手拧技术的动作要领，为乒乓球运动员的训练和乒乓球爱好者练习横拍反手拧的技术动作提供清晰的动作参考，为今后建立我国优秀乒乓球运动员的技术动作监测与诊断系统打下基础。本文根据国家队教练吴敬平、秦志戬的评价可知，樊振东的反手拧技术动作优于马龙，通过对两名运动员的横拍台内反手拧技术的对比分析，对马龙的横拍台内反手拧技术进行指导改进，提高马龙的横拍台内反手拧技术动作的威胁力。本研究对于维持我国乒乓球技术训练先进性和推动世界乒乓球运动的发展，也具有一定的现实意义。

第二节　研究对象与研究方法

一、研究对象

1. 测试对象

樊振东、马龙是当今世界顶尖横拍乒乓球运动员，根据 2015 年 10 月国际乒联最新的世界排名，马龙世界排名第一、樊振东世界排名第三。本文以我国优秀男子运动员马龙、樊振东作为实验对象，两名运动员均为横握球拍弧圈结合快攻打法，胶皮均为反胶（表 4-2-1）。

表 4-2-1　运动员基本情况

姓名	性别	身高(m)	体重(kg)	握法	运动等级
马龙	男	1.76	70	右手横握	国际健将
樊振东	男	1.73	80	右手横握	国际健将

第四章 马龙、樊振东反手拧的运动学研究

2. 测试的技术动作

本研究通过对乒乓球运动专家,国家乒乓球男队马龙的主管教练秦志戬和樊振东的主管教练吴敬平进行访谈,选取了马龙和樊振东,各10次最稳定、最值得研究的正手位横拍台内反手拧斜线的技术动作(以下均称"横拍台内反手拧")。

二、研究方法

1. 录像观察法

本文选取樊振东和马龙各五场国内外重要的比赛,对其台内反手拧技术在比赛中的使用情况和得分情况进行分析对比。

表 4-2-2 樊振东五场比赛录像统计内容

对手	比赛名称	局分
许昕	2015 年亚州乒乓球锦标赛男单决赛	4∶3
水谷隼	2015 年男子乒乓球世界杯单打半决赛	4∶1
马龙	2015 年中国乒乓球超级联赛男团决赛	3∶2
马龙	2015 年苏州世界乒乓球锦标赛男单半决赛	1∶4
马龙	2015 年男子乒乓球世界杯单打决赛	0∶4

表 4-2-3 马龙五场比赛录像统计内容

对手	比赛名称	局分
许昕	2015 年国际乒联职业巡回赛中国公开赛男单决赛(后称"2015 中国公开赛")	4∶1
波尔	2015 年国际乒联职业巡回赛德国公开赛男单 1/4 决赛(称"2015 德国公开赛")	4∶0
樊振东	2015 年苏州世界乒乓球锦标赛男单半决赛(称"2015 世乒赛")	4∶1
樊振东	2015 年中国乒乓球超级联赛男团决赛(称"2015 乒超决赛")	2∶3
许昕	2014 年国际乒联职业巡回赛总决赛男单决赛(称"2014 乒联总决赛")	3∶4

2. 生物力学数据采集

运用两新高钛高速摄像机2台,拍摄频率100Hz,用于测试乒乓球三维平动速度。高速摄像机对两名运动员在完成横拍台内反手拧动作技术的过程进行运动学测量,再通过视讯图像解析系统、Q Tools软件等生物力学软件对数据进行处理后选取合适的数据。

测试过程:将两台高速摄像机进行调试,使其在同一时间、同一个空间、固定的位置对两名运动员完成的台内反手拧的动作技术进行三维立体拍摄。两台高速摄像机分别置于乒乓球球台的正前方和右侧前方,两台摄像机与运动员三者之间的夹角大约60°,拍摄频率为100幅/s进行同步拍摄。拍摄现场发多球到测试对象的中路偏正手位下旋短球,每位运动员进行台内反手拧拉多球。为尽量使测试数据更加准确,发球者均为中国乒乓球队男队教练吴敬平,发球速度和平时训练一样,这样使运动员在测试时保持跟平时训练一样的环境和状态。测试现场见图4-2-1、图4-2-2。

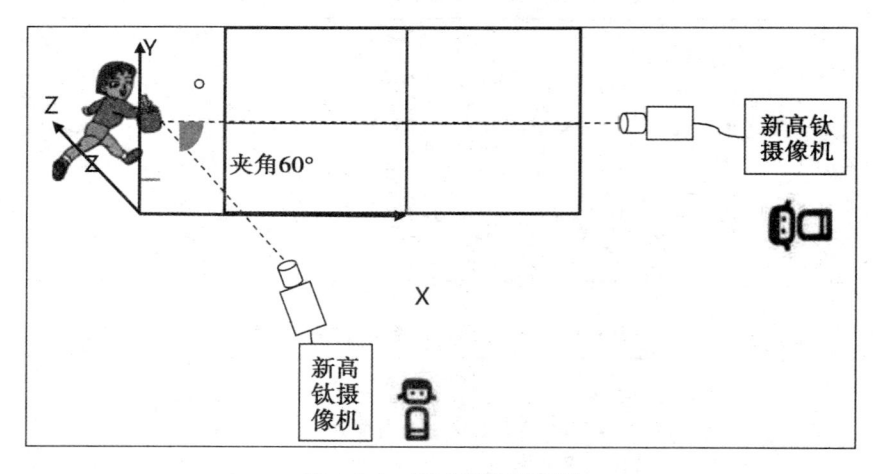

图 4-2-1 测试仪器示意图

注:图4-2-1中,X轴方向是,运动员面对球台站立时,向前运动在X轴上为正数,向后运动在X轴上为负数;Y轴方向是,运动员面对球台站立时,向左运动在Y轴上为正数,向右运动在Y轴是为负数;Z轴方向是,运动向上运动在Z轴上为正数,向下运动在Z轴上为负数。

3. 生物力学数据解析

(1)关节标志点名称定义

应用美国视讯图像合成和视讯图像解析系统,在北京体育大学生物力

第四章 马龙、樊振东反手拧的运动学研究

图 4-2-2 测试现场图

学实验室进行解析。运用视讯图像合成系统将拍摄正面视频和拍摄侧面视频的进行同步合成,运用视讯图像解析系统,将同步合成的画面进行三维空间坐标转换后,采用扎齐奥尔斯基人体模型进行数据采集,根据人体模型测量了 19 个关节点和球拍拍头顶点共 20 个标志点。数据分析采用 DLT 测量法,对原始数据进行了低通滤波平滑处理(频率为 10 Hz)。解析过程的标志点名称及固定位置如表 4-2-4 所示。

表 4-2-4 关节标志点名称及固定位置

名称	位置
头颅	人体直立时最高点
左、右肩关节	肩关节转动中心,上臂纵轴与躯干的交点
左、右肘关节	肘关节转动中心,上臂纵轴与前臂纵轴的交点
左、右腕关节	腕关节转动中心,前臂纵轴与第三掌骨纵轴交点
左、右手	手的中心位置,为第三掌骨头,中指根部
左、右髋关节	髋关节转动中心,大腿纵轴与骨盆的交点
左、右膝关节	膝关节转动中心,大腿纵轴与小腿纵轴的交点
左、右踝关节	踝关节转动中心,小腿纵轴与足纵轴的交点
左、右足跟	足跟处,足最后端
左、右趾尖	足趾最前端,一般为大脚趾最前端
球拍	球拍拍头顶点

根据横拍台内反手拧运动中各关节的运动特点和运动解剖学、运动生物力学的相关界定,对本研究中所涉及的相关关节角度的概念进行如下定义(见表 4-2-5):

表 4-2-5 关节角度定义

关节角度	定义	一个关节产生的夹角个数
肩髋关节角	同侧肩关节标志点与同侧肘关节标志点的连线,和同侧肩关节标志点与同侧髋关节标志点的连线之间的夹角	1
肩臂关节角	同侧肩关节标志点与同侧肘关节标志点的连线,和同侧肩关节标志点与异侧肩关节标志点的连线之间的夹角	1
肘关节角	同侧肘关节标志点与同侧腕关节标志点的连线,和同侧肘关节标志点与同侧肩关节标志点的连线的夹角	1
腕关节角	同侧腕关节标志点和同侧肘关节标志点的连线,和同侧腕关节标志点和同侧手关节标志点的连线的夹角	1
膝关节角	同侧膝关节标志点和同侧髋关节标志点的连线,和同侧膝关节标志点和同侧踝关节标志点的连线的夹角	1
踝关节角	同侧踝关节标志点和同侧膝关节标志点的连线,和同侧踝关节标志点和同侧趾关节标志点的连线的夹角	1
躯干扭转角	两侧肩关节标志点的连线与两侧髋关节标志点连线的夹角	1
两肩夹角	两侧肩关节标志点的连线与水平轴的夹角	1
躯干前倾角	两侧肩关节标志点的中点与两髋关节标志点的中点的连线与冠状轴的夹角	1

(2)关节角度和角速度计算方法

由于本研究台内反手拧动作技术涉及到前臂的外旋的角速度是不能通过软件直接得出的参数,只能通过计算得出,具体的计算方法如下:

前臂外旋的角速度的计算:同一时刻的肘关节坐标向量—同一时刻的腕关节坐标向量=同一时刻前臂的坐标向量;由于我们的拍摄频率为 100 幅/s,所以时间为 1/100 s,那么前臂外旋的角速度为这一时刻的前臂的坐标向量(x_1、y_1、z_1)和下一时刻的前臂坐标向量(x_2、y_2、z_2)的夹角(θ),夹角余弦求算公式可以利用数学中的函数公式:

$$\cos\theta = \frac{(x_1 \times x_2 + y_1 \times y_2 + z_1 \times z_2)}{\sqrt{x_1^2 + y_1^2 + z_1^2} + \sqrt{x_2^2 + y_2^2 + z_2^2}}$$

再利用反函数表找到 θ 的角度,就得到了前臂外旋的角速度。前臂的外旋角速度计算方式一样。

同理,躯干前倾角和两肩夹角的计算也可以通过函数公式计算出来。

第四章　马龙、樊振东反手拧的运动学研究

4. 数据统计分析

本研究利用 Excel、Q Tools、Kinovea、SPSS 软件对视讯图像解析系统获得的相关参数数据进行统计分析。利用 Excel、Q Tools、Kinovea 软件将解析出的数据进行计算得出相关关节间的夹角、角速度、运动轨迹、速度、身体重心等参数，然后，利用 SPSS 软件做参数间的差异性分析，再运用相关参数数据进行分析和对比，描述整个动作过程的结构，揭示动作过程的运动学特点和规律。

本研究对两名运动员的横拍台内反手拧技术动作各选取 10 次完整动作，进行数据分析，对 10 次完整动作的数据进行平均数和标准差的计算得到最有效的台内反手拧技术动作的数据。再使用独立样本 T 检验，对两名运动员横拍台内反手拧技术动作各选取 10 次技术动作的数据进行差异性检验，其因变量包括台内反手拧技术动作研究所需要的相关关节角度、角速度、球拍速度、球速等，整个统计分析中将 $p<0.05$ 作为有差异的标准。

三、动作阶段划分及研究内容的确定

1. 动作阶段的划分

本研究对台内反手拧的试验形式是，多球定点台内反手拧击球技术的练习。连续击球动作可以看作是周期性的运动。一个乒乓球击球动作是一个较为复杂的过程，为了便于对整体动作的分析和研究，根据动作的任务和性质，可以将一次复杂完整的击球动作划分为不同的动作阶段。在不同动作阶段的临界点，为击球的特征画面。

将一个台内反手拧技术动作，划分为五个特征时刻点：开始引拍时刻、引拍结束时刻/开始挥拍时刻、击球时刻/挥拍结束时刻、随挥结束时刻/还原开始时刻、还原结束时刻/准备引拍时刻。五个特征时刻点构成四个动作阶段：选位引拍阶段、挥拍击球阶段、随势挥拍阶段、还原阶段。五个特征时刻点和四个动作阶段形成一个动作周期。

图 4-2-3、图 4-2-4、图 4-2-5 为台内反手拧一个动作周期的特征时刻划分的示意图，其中，开始引拍时刻和还原时刻/准备引拍时刻的特征时刻判断很明显，是运动员身体形态皆为静止状态。图 4-2-3 中，A 点为引拍结束时刻/挥拍开始时刻，判断依据为此时的右手腕屈至最小化，右腕关节的角度在台内反手拧一个动作周期中最小；B 点为击球时刻/随挥开始时刻，判断依据为在乒乓球撞击球拍后乒乓球速度方向在 X 轴上与乒乓球撞击球

拍前的速度方向出现相反方向,此时为乒乓球速度方向在 X 轴上发生改变前的最后一刻;C 点为随挥结束时刻/开始还原时刻,判断依据为此刻乒乓球拍速度在极小值。

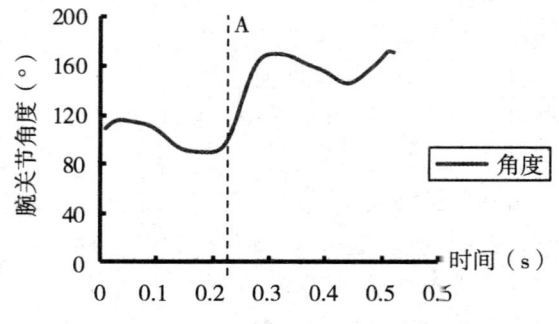

图 4-2-3 拧一个动作周期腕关节角度变化

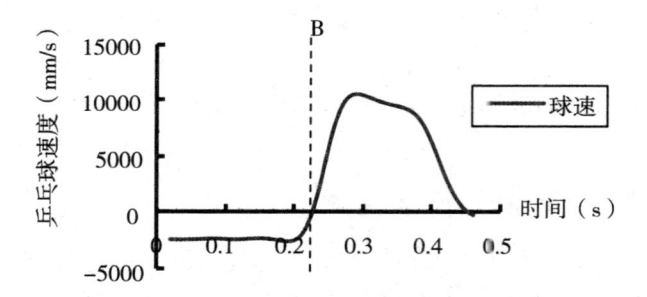

图 4-2-4 拧一个动作周期乒乓球速度变化

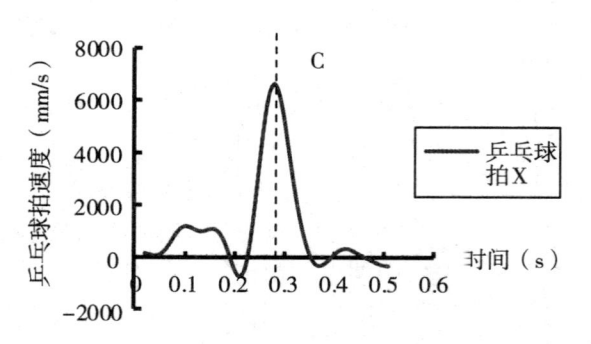

图 4-2-5 台内反手拧一个动作周期乒乓球拍速度

图 4-2-6 为五个特征时刻点构成的四个动作阶段,四个动作阶段划分为:从身体静止状态下的准备引拍时刻——右腕关节的角度最小值的引拍结束时刻——乒乓球速度方向在 X 轴发生改变的最后一刻的击球时

第四章 马龙、樊振东反手拧的运动学研究

刻——乒乓球拍速度在极小值的随挥结束时刻——身体恢复静止状态的还原时刻。

图A 准备时刻
（开始引拍时刻）

图B 引拍结束时刻
（挥拍开始时刻）

图C 击球时刻
（挥拍结束时刻）

图A~图B 引拍阶段　　图B~图C 挥拍击球阶段

图D 随挥结束时刻
（开始还原时刻）

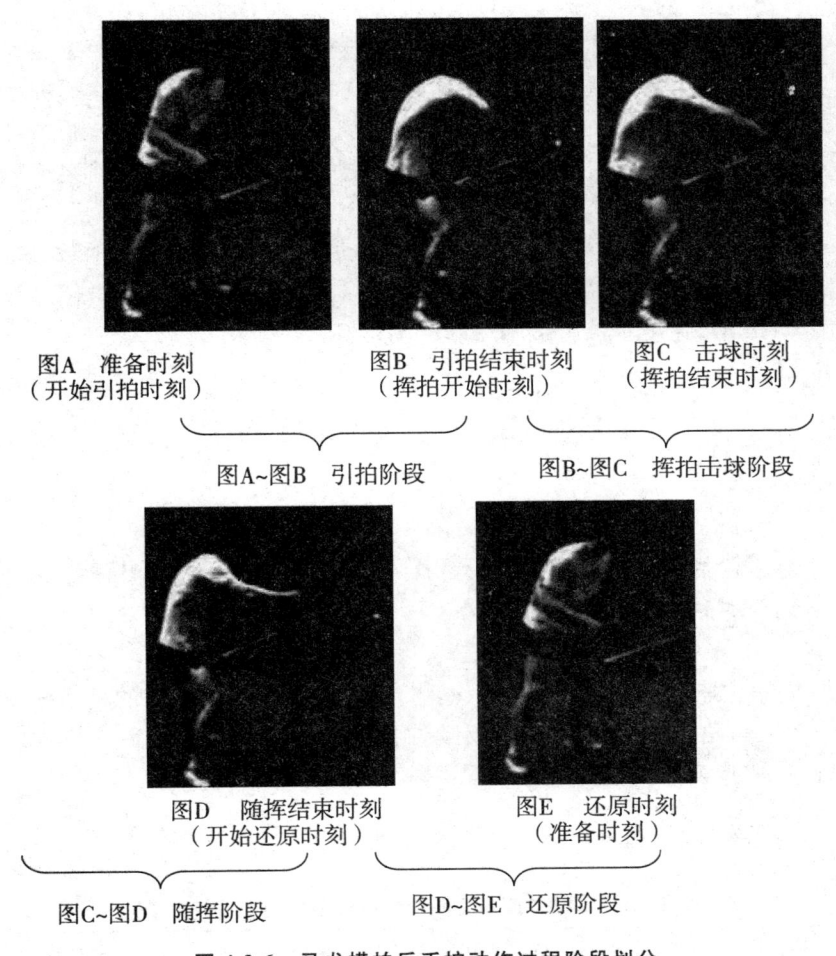

图E 还原时刻
（准备时刻）

图C~图D 随挥阶段　　图D~图E 还原阶段

图 4-2-6　马龙横拍反手拧动作过程阶段划分

本文结合录像观察、腕关节、乒乓球、球拍的运动学变化对台内反手拧技术动作进行阶段划分的。通过录像观察分析，可以精确地找到击球时刻，但是由于连续击球，球拍和身体处于运动状态下，没有一个明显停顿状态，对引拍结束时刻和随挥结束时刻也只能通过反复地录像观察凭主观进行判断，所以用腕关节、乒乓球、球拍的运动在三个特征时刻点的明显变化来客观地表示引拍结束时刻、击球时刻、随挥结束时刻。准备引拍时刻和还原结束时刻判断明显，皆为身体姿态为静止状态。

2. 研究范围的确定

台内反手拧是一个运动速度快、动作幅度小的技术动作，将台内反手拧划分为五个特征时刻和四个动作阶段，由于准备引拍时刻和还原结束时刻的身体形态都是静止状态，从台内反手拧技术动作结构和为了本研究的方便，所以选取在一个台内反手拧技术动作周期中的引拍结束时刻、击球时刻、随挥结束时刻和挥拍阶段、随势挥拍阶段三个特征时刻和两个动作阶段作为重点研究范围。

本研究所有图表中的数据选用两名运动员的十次完整动作的数据的平均数和标准差，运动学部分时间单位为秒（s），角度单位为度（°），位移单位为毫米（mm），速度单位为毫米/秒（mm/s）等。

第三节　结果与分析

一、樊振东、马龙运用横拍台内反手拧技术的技战术指标对比分析

本文根据国家队教练吴敬平、秦志戬的评价可知，樊振东的反手拧技术动作优于马龙，将樊振东的台内反手拧技术与马龙的台内反手拧技术进行对比，更加直观准确地指出马龙需要提高的动作环节。

1. 樊振东、马龙在五场比赛中台内反手拧技术的使用率对比

表 4-3-1　樊振东五场比赛中台内反手拧的使用统计表

比赛名称和对手	拧的使用次数	接发球次数	使用率
2015 亚锦赛（许昕）	32	71	45.07%
2015 世界杯（水谷隼）	6	28	21.43%
2015 乒超决赛（樊振东）	22	37	59.46%
2015 世乒赛（马龙）	17	30	56.67%
2015 世界杯（马龙）	22	35	62.86%
合计	99	201	49.25%

第四章 马龙、樊振东反手拧的运动学研究

表 4-3-2 马龙五场比赛中台内反手拧的使用统计表

比赛名称和对手	拧的使用次数	接发球次数	使用率
2015 中国公开赛(许昕)	14	51	27.45%
2015 德国公开赛(波尔)	10	47	21.28%
2015 世乒赛(樊振东)	5	40	12.50%
2015 乒超决赛(樊振东)	5	37	13.51%
2015 乒联总决赛(许昕)	10	62	16.13%
合计	44	237	18.57%

从五场比赛的整体使用率来看,樊振东台内反手拧的使用率为49.25%,马龙的台内反手拧的使用率为18.47%,樊振东台内反手拧使用率是马龙的两倍之多。

马龙五场比赛中台内反手拧技术的使用率低,接发球次数 237 次高于樊振东的接发球次数,而拧的次数 44 远低于樊振东拧的次数 99。说明台内反手拧技术并不是马龙首选的接发球技术,在接发球战术的使用上,马龙选择台内反手拧进攻技术的倾向性也低于樊振东。

从每场比赛来看,除了对水谷隼的一场比赛拧的使用率较低,其余四场比赛,樊振东台内反手拧的使用率都在 45%~63%,使用率高;马龙每场比赛的使用率都在 12%~28%,使用率低于樊振东,说明从心理和技战术的使用上樊振东的台内反手拧技术优于马龙。

2. 樊振东、马龙在五场比赛中台内反手拧技术的得失分情况
　　对比

(1)樊振东、马龙五场比赛中台内反手拧直接得失分情况对比

表 4-3-3 樊振东五场比赛中台内反手拧直接得失分统计表

比赛名称和对手	第二板拧直接得分	第二板拧直接失分	得分率
2015 亚锦赛(许昕)	13	6	68.42%
2015 世界杯(水谷隼)	1	0	100%
2015 乒超决赛(樊振东)	12	2	85.71%
2015 世乒赛(马龙)	3	2	60%
2015 世界杯(马龙)	4	6	66.67%
合计	33	16	67.34%

表 4-3-4 马龙五场比赛中台内反手拧直接得失分统计表

比赛名称和对手	第二板拧直接得分	第二板拧直接失分	得分率
2015 中国公开赛（许昕）	3	4	42.86%
2015 德国公开赛（波尔）	2	1	66.67%
2015 世乒赛（樊振东）	1	2	33.33%
2015 乒超决赛（樊振东）	1	0	100%
2015 乒联总决赛（许昕）	3	3	50%
合计	10	10	50%

从五场比赛来看，樊振东台内反手拧的得分率为67.34%，马龙为50%，樊振东的得分率高于马龙，说明樊振东台内反手拧技术的威胁力和使用效果都高于马龙。

从每场比赛来看，樊振东台内反手拧技术的得分率很高，马龙每场比赛之间的得分率起伏较大，使用的次数少，马龙在接发球的使用中只有在找准合适的机会时才会用台内反手拧进攻技术，而不像樊振东对大部分的来球都用台内反手拧技术回接而且得分率高。

在2015年世乒赛马龙对樊振东的比赛中，马龙最终获胜，但是樊振东台内反手拧的得分率为60%，仍然高于马龙的33.33%。不论比赛的输赢，台内反手拧都是樊振东一个有力的得分技术。

(2) 樊振东、马龙五场比赛中台内反手拧后产生得失分情况对比

表 4-3-5 樊振东五场比赛中台内反手拧后产生得失分统计表

比赛名称和对手	第二板拧后得分	第二板拧后失分	得分率
2015 亚锦赛（许昕）	8	5	61.54%
2015 世界杯（水谷隼）	3	2	60%
2015 乒超决赛（樊振东）	3	5	37.5%
2015 世乒赛（马龙）	6	6	50%
2015 世界杯（马龙）	8	8	50%
合计	28	26	51.85%

表 4-3-6 马龙五场比赛中台内反手拧后产生得失分统计表

比赛名称和对手	第二板拧后得分	第二板拧后失分	得分率
2015 中国公开赛（许昕）	3	7	42.86%
2015 德国公开赛（波尔）	3	7	42.86%

第四章 马龙、樊振东反手拧的运动学研究

（续）

比赛名称和对手	第二板拧后得分	第二板拧后失分	得分率
2015世乒赛（樊振东）	1	1	50%
2015乒超决赛（樊振东）	0	4	0%
2015乒联总决赛（许昕）	1	4	25%
合计	8	23	25.81%

从五场比赛整体来看，樊振东台内反手拧后产生得分的得分率为51.85%，远高于马龙的25.81%。说明，樊振东接发球拧后为比赛取得有利形势，而马龙拧后产生得失分球的失分率高于得分率，说明马龙接发球拧后处于劣势，樊振东的台内反手拧技术优于马龙。

从每场比赛来看，樊振东拧后产生得失分球的得分率都不错，而马龙的得分率均偏低，甚至达到0%的不得分情况。说明台内反手拧并不能为马龙带来比赛的优势，樊振东台内反手拧技术优于马龙。

综上对樊振东、马龙五场比赛中台内反手拧技术的使用率、得分率进行对比可以看出，樊振东的台内反手拧的技战术指标明显优于马龙的技战术指标，樊振东的台内反手拧技术是其优势技术，而马龙的台内反手拧技术并不能为其取得比赛的优势，也很少在比赛中直接运用得分，所以，樊振东的台内反手拧技术比马龙更有威胁力。

二、樊振东、马龙台内反手拧引拍阶段的生物力学分析及对比

台内反手拧技术是将台内下旋球转为上旋球的技术动作，技术动作精细、击球时间快、击球难度大、需要很强的爆发力和各关节协同发力才能将强烈的下旋球变为具有进攻性的上旋球。上肢的运动是乒乓球运动技术动作中起决定性作用的组成部分，上肢运动链包括：肩、肘、腕关节串联而成，而最后接触球发力的部分是球拍和手，击球质量的好坏最终由球拍和手触球发力的一瞬间决定的，所以研究上肢关节和球拍的运动特点是极其重要的。

引拍阶段的身体各环节和球拍的运动主要是选位引拍，为下一步挥拍击球，找到最佳挥拍发力位置储蓄弹性势能。通过研究肩、肘、腕的角度和角速度变化，看出引拍的方向和位置，球拍的运动可以看出球拍引拍的幅度。

1. 上肢各关节运动学特征

(1) 执拍侧上肢各关节的角度和角速度变化

表 4-3-7　樊振东引拍阶段右肩、肘、腕关节角度变化($n=10$)　单位：°

执拍手上肢各关节	引拍开始时刻(0.00s)	引拍结束时刻(0.96s)
右肩髋关节	16.2	71.9
右肩臂关节	174.4	130.4
右肘关节	113.3	89.0
右腕关节	152.9	100.7

注：上图和表格中的数据均由樊振东 10 次技术动作的平均数得出（后同）。

表 4-3-8　樊振东右肩、肘、腕关节角速度变化($n=10$)　单位：m/s

执拍手上肢各关节	引拍结束时刻(0.96s)
右肩髋关节	0.08
右肩臂关节	0.11
右肘关节	0.11
右腕关节	−0.93
右前臂内旋	0.005
右手内旋	0.005

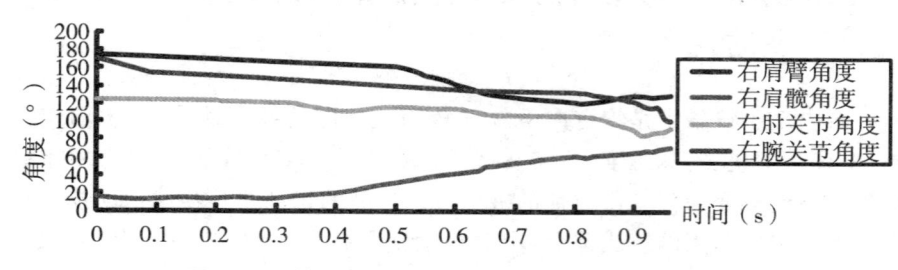

图 4-3-1　樊振东引拍阶段右肩、肘、腕关节角度变化

从上表可以看出，樊振东引拍时间共 0.96 s，引拍阶段右肩髋关节角度增大，右肩臂关节减小，右肘、腕关节减小，引拍阶段樊振东的肩关节上提，上臂内收前顶，肘关节抬高，前臂内旋，手腕内屈并内旋。

肩髋角和肩臂角都有一段缓慢增加后，再大幅度的角度增大，而且肩髋角出现角度大幅增加的时刻要早于肩臂角。肩髋角度从引拍开始时刻至 0.4 s 时角度缓慢增加，此段时间肩臂角的角度增加也缓慢，说明该段时间

第四章 马龙、樊振东反手拧的运动学研究

右臂动作不大,主要是以身体移动选位为主,0.4 s 后右肩髋角有明显的增加说明,右臂开始引拍,上臂先向外移动再向前移动,此时肩关节向内收,肩臂角度开始迅速减小,而后增大至击球时刻。由此可以得出,樊振东引拍动作是先身体选位,然后上臂引拍向右、向前方向运动。

肘关节在 0.8 s 之前的角度变化很小,是因为此段时间主要为身体选位移动,肩关节运动也早于肘关节。肘关节在 0.8~0.9 s 时角度明显减小,说明前臂迅速地向右引拍至肘关节角度达到最小;0.9~0.96 s 期间肘关节角度增大,前臂继续向身体右侧引拍,为了增加前臂内旋角速度,击球时摩擦球更加充分;也可以看出,优秀运动员的引拍幅度很大,前臂几乎拧转至关节角度的极限。肘关节的运动轨迹,向前伸至与身体右侧的矢状面在同一平面时,此刻肘关节角度达到最小,前臂再继续向身体右侧继续引拍直至引拍结束时刻。

腕关节的角度变化,在 0.8 s 后角度明显减小,0.94 s 后腕关节角度再次减小。腕关节角度在引拍结束时刻达到最小 90.2°,腕关节角度出现明显变化的时间晚于肩关节和肘关节的时间,所以右臂各关节的引拍顺序是上臂带动前臂再由手腕开始内收;当手腕内收至 0.93~0.94 s,腕关节角度几乎没有变化,结合录像视频可知,手腕此时停顿的位置与身体右侧的矢状面在同一个平面,0.94 s 至引拍结束时刻 0.96 s,腕关节角度再次减小,角速度也大于 0.8~0.93 s 时腕关节角速度。根据研究阶段的划分可知,引拍结束时刻应为腕关节角度达到最小,每个阶段的动作应该是连贯的,所以,本文将 0.94~0.96 s 时腕关节角度再次迅速减小,称作"第二次引拍"。可以看出,优秀运动员的引拍幅度很大。

腕关节引拍阶段整体的速度大于肘关节的速度,速度的变化幅度也比肘关键要大,腕关节的最大速度达到 1060 mm/s,肘关节的最大速度 233 mm/s,说明腕关节积蓄能量更多,是主要的做功发力摩擦击球的关节。优秀运动员的前臂和手腕引拍时,引拍至关节以最大扭转角度来积蓄更多能量为挥拍击球做好准备。

表 4-3-9 马龙引拍阶段右肩、肘、腕关节角度变化($n=10$)　　　单位:°

执拍手上肢各关节	引拍开始时刻(0.00s)	引拍结束时刻(0.83s)
右肩髋关节	13.9	75.2
右肩臂关节	103.7	111.8
右肘关节	83.4	92.6
右腕关节	140.5	89.0

表 4-3-10　马龙右肩、肘、腕关节角速度变化($n=10$)　　单位:m/s

执拍手上肢各关节	引拍结束时刻(0.83s)
右肩髋关节	0.13
右肩臂关节	0.23
右肘关节	0.29
右腕关节	−0.13
右前臂内旋	0.004

引拍阶段,马龙的右肩髋角度增大,右肩臂、肘、腕角度减小,右臂的运动轨迹与樊振东的大体相同。马龙也有"第二次引拍",引拍结束时刻的右肘和右腕关节的角速度大于樊振东,但前臂和手的内旋角速度都小于樊振东。

(2)非执拍侧上肢各关节的角度变化

表 4-3-11　樊振东、马龙非执拍侧上肢各关节角度($n=10$)　　单位:°

动作对应时刻		左肩髋关节角度	左肩臂关节角度	左肘关节角度	左腕关节角度
樊振东引拍开始时刻	0s	31.0	92.5	108.2	174.7
樊振东引拍结束时刻	0.96s	76.0	77.7	159.0	110.9
马龙引拍开始时刻	0s	13.9	103.7	86.9	167
马龙引拍结束时刻	0.83s	34.7	87.8	108.6	163.8

引拍阶段,樊振东左肩髋关节角度增大 45°,肩臂关节减小 14.8°,左肘关节角度增大 50.8°,左腕关节角度减小 63.8°。说明左肩上提,左上臂内收前顶,左前臂前伸,左肩和左臂的运动方向与右肩、右臂方向一致,很好地将身体"抱成一团",积蓄能量协调一致用力。

引拍阶段,马龙的左肩髋角度增大 20.8°,左肩臂角度减小 15.9°,左肘关节角度增加了 21.7°,左腕关节角度减小了 3.2°。马龙左肩和左上臂的运动轨迹与樊振东的运动轨迹大体相同,左前臂前伸但前伸幅度没有樊振东的大。

(3)樊振东、马龙上肢各关节的运动特征对比

对比樊振东、马龙引拍动作过程可以看出,樊振东引拍阶段分为三个步骤,上步、引拍、第二次引拍;马龙引拍阶段分为两个步骤,上步的同时引拍、第二次引拍。从引拍步骤上来看,樊振东引拍充分,上完步再引力量储存更集中,而马龙边上步边引拍力量比樊振东更分散。

第四章 马龙、樊振东反手拧的运动学研究

图a 准备时刻次　　图b 上步选位结束时刻　　图c 右臂引拍至与身体右侧矢状面平行时刻　　图d 第二引拍时刻

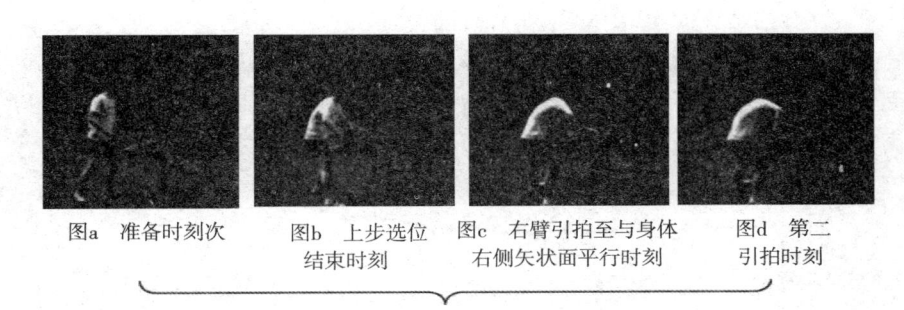

图 4-3-2　樊振东引拍阶段动作

图e 准备时刻　　图f 上步选位+引拍　　图g 右臂引拍至与身体右侧矢状面平行时刻　　图h 第二次引拍时刻

图 4-3-3　马龙引拍阶段动作过程

图 b 与图 f 进行对比可以看出,樊振东的重心更靠前,马龙重心靠后,似乎有些后坐,而此时樊振东刚开始引拍,马龙已经开始引拍一段时间了。樊振东的重心靠前更有利于地向前摩擦发力,发力更加集中;马龙重心后坐发力容易分散。

图 c 与图 g 的对比可以看出,樊振东右臂引拍至与身体右侧矢状面平行时,乒乓球才刚触台,而马龙达到这一时刻时,乒乓球已经触台后开始上升了,樊振东更早做动作就有更充分的时间积蓄能量。

图 d 与图 h 对比可以看出,樊振东第二次引拍幅度大于马龙的引拍幅度,樊振东躯干弯曲程度也大于马龙的躯干弯曲程度。樊振东利用身体和手腕的引拍积蓄能量都比马龙要多。

2. 球拍的运动学特征

(1)球拍的运动轨迹

引拍开始阶段,樊振东球拍的位置先无明显变化,至 0.8s 后,球拍位置出现明显变化,左右方向的位置变化最大,前后方向次之,上下方向最小。

马龙的球拍位置,左右方向变化最大,前后方向次之,上下方向最小。

· 105 ·

(2)引拍结束时刻球拍的空间、时间特征

通过研究引拍结束时刻球拍的幅度、距离、时间可以看出球拍此时在空间、时间上的特征。其中,引拍幅度指引拍开始至引拍结束时刻球拍扭转角度;引拍距离指球拍与球的距离;引拍时机指乒乓球运动时间。

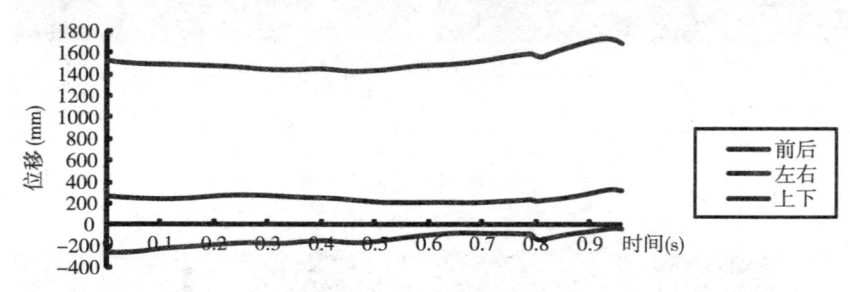

图 4-3-4 樊振东引拍阶段球拍在三个方向上空间位置

注:前后、左右、上下方向为球拍运动的合方向在三个方向上的分量(后同)

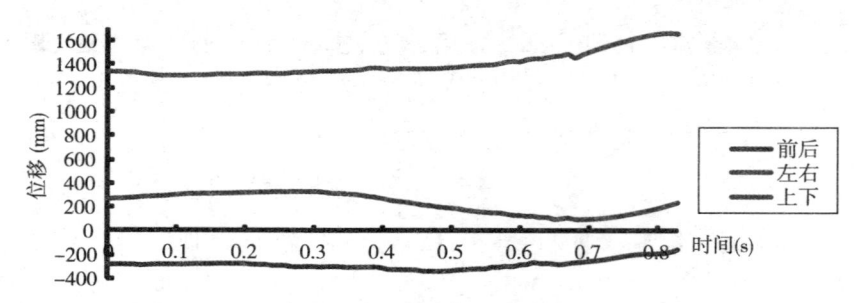

图 4-3-5 马龙在引拍阶段球拍在三个方向的空间位置

表 4-3-12 樊振东、马龙引拍结束时刻球拍的幅度、距离($n=10$)

单位:m

动作对应时刻	引拍幅度	引拍距离
樊振东引拍结束时刻(0.96s)	253.4°	0.54
马龙引拍结束时刻(0.83s)	223.6°	0.61

图 4-3-6 樊振东引拍结束时刻正、侧面图

第四章 马龙、樊振东反手拧的运动学研究

图 4-3-7 马龙引拍结束时刻正、侧面图

引拍结束时刻,樊振东的引拍幅度 253.4°,球拍扭转幅度充分,能更好储存弹性势能;引拍距离 0.54m,结合图像视频可知,樊振东在乒乓球的上升期引拍结束,也给挥拍阶段留出充分的时间挥拍击球。

引拍结束时刻,马龙的引拍幅度 223.6°,球拍扭转幅度小于樊振东;引拍距离 0.61m,结合图像视频可知,在乒乓球的高点期左右,马龙引拍结束,引拍时机晚于樊振东。

3. 躯干各关节的运动特征及对比分析

表 4-3-13 樊振东、马龙躯干各关节角度的变化($n=10$)　　单位:°

动作对应时刻	两肩夹角	躯干前倾角	躯干扭转角
樊振东引拍结束时刻(0.96s)	67.02	53.39	14.00
马龙引拍结束时刻(0.83s)	43.29	59.17	11.00

结合上表数据可知,优秀运动员的两肩夹角增大,躯干前倾角减小,躯干扭转角增大,说明引拍过程中,右肩上提,躯干向前倾并顺着逆时针方向扭转,这都是为了更好地让躯干储存弹性势能。

通过两表数据对比,樊振东两肩夹角大于马龙,躯干前倾角小于马龙,躯干扭转角大于马龙。说明,樊振东在引拍过程中躯干的运动幅度大于马龙,樊振东躯干扭转的更加充分,右肩更加上提,身体前倾幅度更大,比马龙更好地积蓄能量。

4. 下肢各关节的运动学特征及对比分析

由于本研究从正面拍摄的视频中无法显示下肢各关节运动,只能通过侧面拍摄的视频中进行研究,所以对下肢各关节的角速度无法三维立体地计算出,只能通过下肢各关节角度来反映下肢各关节的运动特征。(后同)

表 4-3-14　樊振东下肢各关节角度($n=10$)　　　　　单位:°

动作对应时刻		右膝角	左膝角	右踝角	左踝角
引拍开始时刻	0s	151.5	120.6	105.9	99.9
引拍结束时刻	0.96s	137.40	158.7	95.6	78.8

表 4-3-15　马龙下肢各关节角度($n=10$)　　　　　单位:°

动作对应时刻		右膝角	左膝角	右踝角	左踝角
引拍开始时刻	0s	163.0	123.8	129.2	102.2
引拍结束时刻	0.83s	139.40	161.9	116.7	93.8

结合上表数据可知,运动员的右膝、右踝角减小,左膝角增大,左踝角减小,说明下肢的重心向下并向右侧下肢移动,左踝关节角度减小,结合视频录像看出,下肢与躯干是一条运动链,下肢重心向下向右侧移动结合躯干的右肩上提,躯干逆时针扭转可知,身体重心向下右侧移动。

通过两表数据对比,马龙的右膝、右踝角度减小幅度大于樊振东,马龙的左膝角度增大幅度大于樊振东。马龙的重心有些后坐,容易导致挥拍阶段发力不集中;而樊振东的身体始终保持前倾,有利于向前挥拍发力。

三、樊振东、马龙台内反手拧挥拍阶段的生物力学分析及对比

挥拍阶段是整个击球过程中最关键的环节,该环节涉及球拍触球,触球的瞬间决定了球的运行轨迹和质量。通过研究身体各关节的角度和角速度变化,球拍的挥拍轨迹和触球瞬间的速度、方向、击球时间得到挥拍阶段身体各环节和球拍的运动学特征。

1. 上肢各关节运动学特征

(1)执拍侧上肢各关节的角度变化,在挥拍阶段,樊振东共需 0.06s,右肩关节角度变化很小,变化范围在 2°左右,右肩臂角角度变化范围在 1°之内,可以看出,右肩关节运动方向一直向前伸,右肩处于支撑发力的作用。右肩髋角角度变小因为前臂向左挥拍导致右肩髋关节的角度变小。

右肘关节角度逐渐减小至角度最小为 87.7°,再迅速地增大至击球时刻,右肘关节角度最大为 93.4°,挥拍开始至击球时刻,右肘关节角度变化了 5.7°。

第四章 马龙、樊振东反手拧的运动学研究

表4-3-16 樊振东执拍侧挥拍阶段各关节角度变化(*n*=10)　单位:°

执拍手上肢各关节	挥拍开始时刻(0.96s)	击球时刻(1.02s)
右肩髋关节	71.9	69.9
右肩臂关节	130.4	130.3
右肘关节	89.0	93.4
右腕关节	100.7	124.9

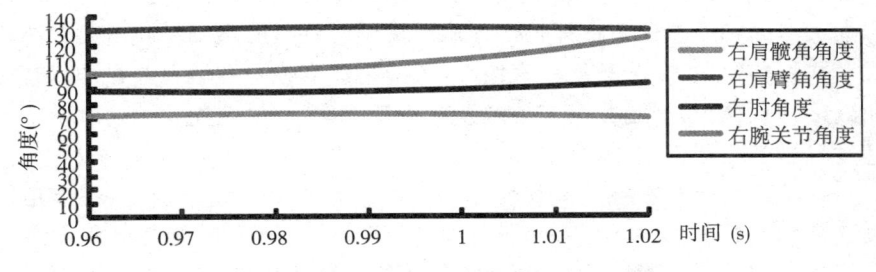

图4-3-8　挥拍阶段樊振东执拍手上肢各关节角度变化

右腕关节角度一直在增加,并且越接近击球时刻腕关节角度变化幅度越大,腕关节角速度变化的幅度也越大,说明樊振东在挥拍阶段以腕关节为轴,手腕加速运动,并且在越接近击球时刻手腕抖动越快,也是为了更好地加速击球。

表4-3-17 马龙执拍侧上肢挥拍阶段各关节角度变化(*n*=10)　单位:°

执拍手上肢各关节	挥拍开始时刻(0.83s)	击球时刻(0.90s)
右肩髋关节	75.2	78.0
右肩臂关节	111.8	105.5
右肘关节	92.6	120.4
右腕关节	89.0	142.6

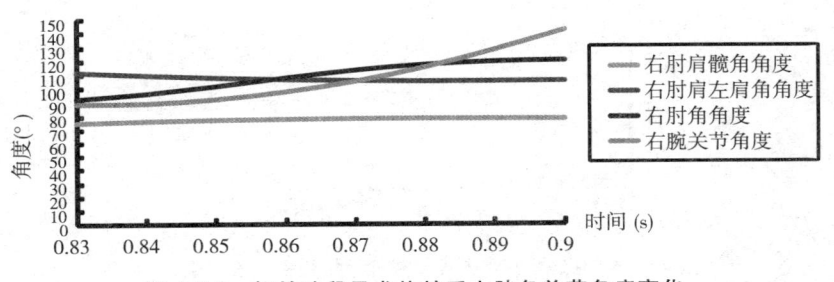

图4-3-9　挥拍阶段马龙执拍手上肢各关节角度变化

挥拍阶段,马龙共需 0.07s,右肩关节的角度变化很小,变化范围在 3°左右,右肩臂角角度变化范围在 6°之内,可以看出,右肩主要是支撑发力的作用。

右肩髋角度先增大再减小至击球时刻 78°,角度增大的幅度大于角度减小的幅度;右肩臂角度先减小,再增大至击球时刻 105.5°,角度减小的幅度大于角度增大的幅度。结合图表、视频录像的观察可知,马龙在挥拍阶段肩关节先向前伸出为了更好地带动手臂向前送发力。

右肘关节角度一直在增大,肘关节将储存的弹性势能传递到前臂,前臂以肘关节为轴向左前上方挥拍击球从而使得肘关节的角度不断增大。右腕关节在挥拍阶段,关节角度一直增大,关节角速度也一直增大并在击球时刻角速度达到最大,这是为了充分地让球拍摩擦球,也说明优秀运动对手腕的速度利用率很高。

挥拍开始时刻右腕关节角度为 89°,击球时刻为 142.6°;右腕关节角速度在挥拍开始时刻为 −0.13m/s,击球时刻为 1.35m/s。腕关节角度变化越多说明腕关节储存能量越多,通过手腕传递给球拍,使得球拍有更多的力量击球。腕关节角速度在反方向上速度减小至 0m/s,因为引拍结束时刻手腕的方向朝右,在挥拍阶段手腕经由下方挥拍至手腕方向朝右,再想前上方挥拍,所以手腕向下挥拍过程速度为负。

(2) 执拍侧上肢各关节的角速度变化

表 4-3-18　樊振东右肩、肘、腕关节角速度变化($n=10$)　单位:m/s

执拍手上肢各关节	挥拍开始时刻(0.96s)	击球时刻(1.02s)
右肩髋关节	0.08	−0.13
右肩臂关节	0.11	−0.13
右肘关节	−0.11	0.23
右腕关节	−0.93	1.00

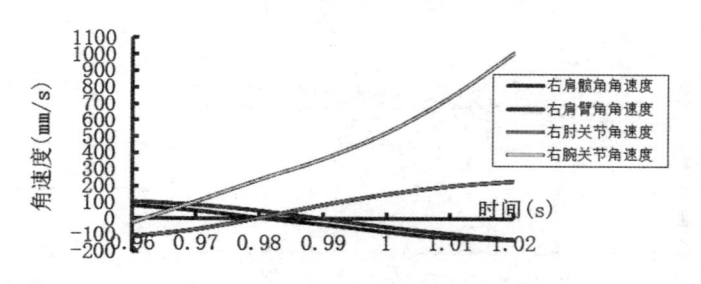

图 4-3-10　挥拍阶段樊振东右肩、肘、腕关节角速度变化

第四章 马龙、樊振东反手拧的运动学研究

从上图可以看出,挥拍阶段的右肩髋角和右肩臂角角速度都先减小后反向增大,右肩髋角角速度变化很大,而且速度在不断增大,在击球时刻达到最大。右肘关节的角速度一直在增加,因为前臂一直向左运动导致右肩髋角角度的变化,右肩髋角角速度不断增大也说明了前臂向左运动的速度在不断地增大。

右肘关节角速度先减少后增大,从0.98s后右肘关节角速度一直在增大直到击球时刻,挥拍阶段角速度达到最大,说明优秀运动员对右肘关节的角速度利用率很高,能够充分地利用右肘关节的角速度来增加挥拍速度。在挥拍开始时刻至0.98s,右肘关节角速度减小,是因为肘关节从身体右侧挥拍至与右髋平行,角度减小角速度减小,当肘关节从身体右髋平行继续挥拍时,肘关节角速度迅速增大直至击球时达到挥拍阶段的角速度最大。

右腕关节角速度一直在增加至击球时刻,挥拍阶段的腕关节角速度达到最大10.1m/s,加速度也一直在增大,说明优秀运动员能充分利用速度利用率让腕关节角速度一直在增加提高击球瞬间的出手速度。

表 4-3-19　马龙右肩、肘、腕关节的角速度变化($n=10$)　单位:m/s

执拍手上肢各关节	挥拍开始时刻(0.83 s)	击球时刻(0.90 s)
右肩髋关节	0.13	−0.03
右肩臂关节	−0.23	0.02
右肘关节	0.29	0.06
右腕关节	−0.13	1.35

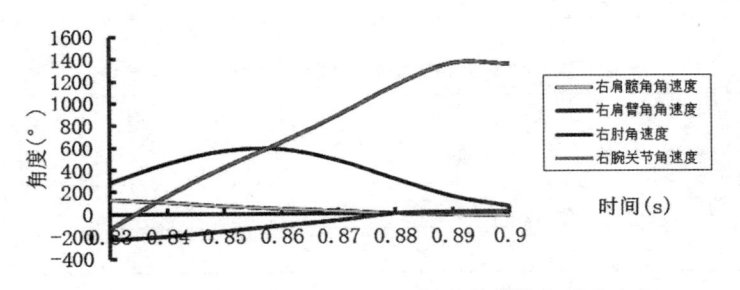

图 4-3-11　挥拍阶段马龙右肩、肘、腕关节的角速度变化

挥拍阶段,马龙的肩关节角速度减小说明肩关节向前伸的幅度减小,至0.88 s肩关节前伸幅度最大,然后角速度反向增大,说明积蓄的动能在最短时间以最快的速度释放出来。在肩关节角速度反向增大过程中,右肩臂角加速度大于右肩髋角加速度,说明上臂迅速向内收,前臂向前挥拍击球。

右肘关节角速度呈现的趋势是先增大,至0.86s后迅速地减少至击球

时刻并达到角速度最小。挥拍阶段是通过增大各个关节的角速度来增加球拍击球瞬间的出手速度,然而右肘关节的角速度在击球时刻之前达到最大之后减少。右肘关节在挥拍击球过程中的运动轨迹是:挥拍开始时刻、肘关节向前,左、上方向运动。

表 4-3-20 樊振东、马龙右前臂和右手腕外旋角速度变化($n=10$)

单位:m/s

动作对应时刻		樊振东右前臂外旋角速度	马龙右前臂外旋角速度
挥拍开始时刻	0.96s	0.004	0.005
击球时刻	1.02s	0.006	0.009

从上表可知,樊振东的右前臂在挥拍过程外旋的角速度趋势都在增加,速度的增加能更好地增加球拍对球的摩擦力。

马龙的右前臂外旋角速度变化差距很大,右前臂外旋角速度先增大后减少,前臂前伸角速度越大说明储存扭转的弹性势能越多。也可以看出优秀运动员能充分地运用前臂外旋增加球拍对球的摩擦。

(3)非执拍侧上肢的运动学特征

表 4-3-21 樊振东非执拍侧上肢各关节角度($n=10$) 单位:°

动作对应时刻		左肩髋关节角度	左肩臂关节角度	左肘关节角度	左腕关节角度
挥拍开始时刻	0.96s	76	77.7	159	110.9
击球时刻	1.02s	74.9	81.4	163.8	103.2

表 4-3-22 樊振东非执拍侧上肢各关节角速度($n=10$) 单位:m/s

		左肩髋关节角速度	左肩臂关节角速度	左肘关节角速度	左腕关节角速度	左肘肩髋关节角速度
挥拍开始时刻	0.96s	0.07	0.03	0.17	−0.05	
击球时刻	1.02s	−0.16	0.12	−0.09	−0.10	

从上表可知,非执拍侧上肢各关节角度变化不大,挥拍阶段上肢处于伸直方向朝前的状态,肩关节角度变化分别为 1.1°、3.7°左右,左肘角变化为 4.8°左右,左腕角变化为 7.7°左右;肩关节角度一个变大一个变小,是为了让肩更好地向左扭转,左肘角变大,左腕角变小,小幅度的角度变化是为了维持身体平衡,还起到协调发力的作用。

第四章 马龙、樊振东反手拧的运动学研究

表 4-3-23 马龙非执拍侧上肢各关节角度($n=10$)　　单位：°

动作对应时刻		左肩髋关节角度	左肩臂关节角度	左肘关节角度	左腕关节角度
挥拍开始时刻	0.83s	34.7	87.8	108.6	163.8
击球时刻	0.90s	48.0	94.1	97.3	165.3

表 4-3-24 马龙非执拍侧上肢各关节角速度($n=10$)　　单位：m/s

动作对应时刻		左肩髋关节角速度	左肩臂关节角速度	左肘关节角速度	左腕关节角速度
挥拍开始时刻	0.83s	0.21	0.09	0.05	0.02
击球时刻	0.90s	0.08	0.02	−0.03	0.01

挥拍阶段，马龙的左肩关节角度由小变大，左肩关节内收，左肘角度变小，说明非执拍侧上肢与右侧上肢一起向上运动，击球时刻的非执拍侧上肢的位置高于引拍结束时刻。挥拍击球阶段，马龙的右臂、两肩、左臂形成一个整体，在挥拍击球阶段一起发力向前向上运动。

(4)樊振东、马龙上肢各关节的运动特征的对比

图 4-3-12　樊振东击球时刻

图 4-3-13　马龙击球时刻

对比樊振东、马龙击球时刻的执拍侧上肢各关节角度，击球时刻樊振东的右肩髋、右肘、右腕关节角度都小于马龙，说明樊振东击球时刻储存动量

113

更多，能充分地将动量传递到乒乓球上，樊振东对动量的利用率也比马龙要高。

对比樊振东、马龙击球时刻的执拍侧上肢各关节角速度，樊振东击球时刻右肩髋、右肩臂、右肘关节角度均大于马龙，马龙的右腕关节角速度大于樊振东的右腕关节角度，樊振东的右前臂和右手腕前伸的角度大于马龙。说明樊振东速度利用率很高，这也是樊振东台内反手拧质量高于马龙的重要因素之一。

2. 球拍的运动学特征

球拍是触球的最后环节，也是全身各关节配合发力的体现，运动员通过对球拍运动的控制达到最完美的击球效果，通过对球拍的运动学特征的研究可以看出对击球效果的影响。

(1)球拍速度的变化

表 4-3-25　樊振东球拍速度变化($n=10$)　　　　单位：m/s

动作对应时刻	合速度	前后速度	左右速度	上下速度
挥拍开始时刻	0.96s	3.79	−0.76	3.55	−1.1
击球时刻	1.02s	10.1	1.99	8.32	5.43

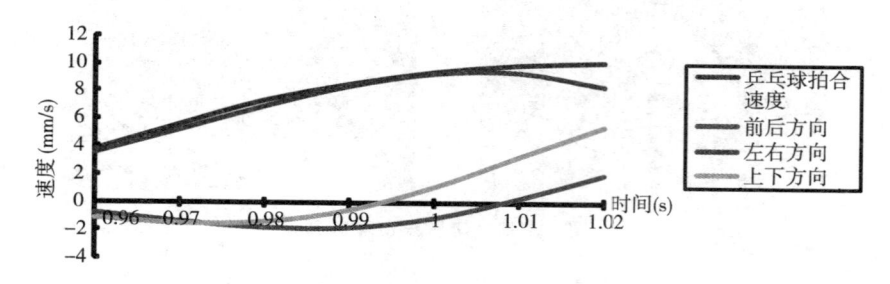

图 4-3-14　挥拍阶段樊振东的球拍速度变化

挥拍阶段，球拍合速度一直在增加，至击球时刻球拍合速度达到挥拍阶段的最大速度 10.1 m/s，挥拍开始时刻球拍的合速度为 3.79 m/s，球拍的加速度为 1.05 m/s^2。可知优秀运动员充分地利用速度在球拍的最大速度触球。

球拍在前后方向上速度由负变正，说明球拍先向后挥拍，至 1.005 s 后球拍开始向前挥拍。挥拍开始时间为 0.96 s，击球时刻的时间为 1.02 s，球拍在挥拍阶段大部分时间向后挥拍，当球拍刚向前挥拍时球拍就开始触球，说明优秀运动员在球拍刚向前挥拍时就开始击球，充分地将手腕积蓄的弹

第四章 马龙、樊振东反手拧的运动学研究

性势能在最大能量最早时刻传递给乒乓球,从而更加充分地摩擦球,增加球与球拍的接触时间。

球拍在左右方向上速度一直为正,速度先增加,至 1.01 s 后速度减少。说明球拍在左右方向的挥拍方向一直向左挥拍,根据球拍在前后方向的运动可知,在击球时刻拍头方向指向左前方。挥拍开始时刻乒乓球拍在左右方向的速度为 3.55 m/s,1.01 s 时乒乓球拍在左右方向的速度为 9.34 m/s,此时为挥拍阶段前后方向速度最大值,击球时刻乒乓球拍在前后方向的速度为 8.32 m/s。说明乒乓球拍在前后方向上,速度最大时刻并不是击球时刻,出现在最大、速度之后。

球拍在上下方向上速度由负变正,在正方向上一直增加,在三个方向中上下方向的速度最大变化幅度最大。说明挥拍阶段乒乓球拍先向下挥拍,至 0.995 s 后,开始向上挥拍;球拍向下挥拍的时间比向上挥拍的时间多 0.004 s,时间分配较为平均;球拍在上下方向的速度是三个方向中速度最大变化幅度最大。

结合以上两个图表可知,挥拍阶段时间分配向左、上方向多于向前的方向。击球时刻,向左、上方向的速度大于向前方向的速度,说明击球时刻挥拍方向向左、上方发力更多。在向前和向上方向乒乓球拍击球时刻的速度均为挥拍阶段的最大速度,在向左方向乒乓球击球时刻的速度小于挥拍阶段的最大速度,说明优秀运动员的速度利用率也很高。

表 4-3-26　马龙球拍速度变化($n=10$)　　　　　　　　　　单位:m/s

动作对应时刻		合速度	前后速度	左右速度	上下速度
挥拍开始时刻	0.83 s	3.12	2.53	0.99	1.53
击球时刻	0.90 s	10.90	1.19	10.30	3.62

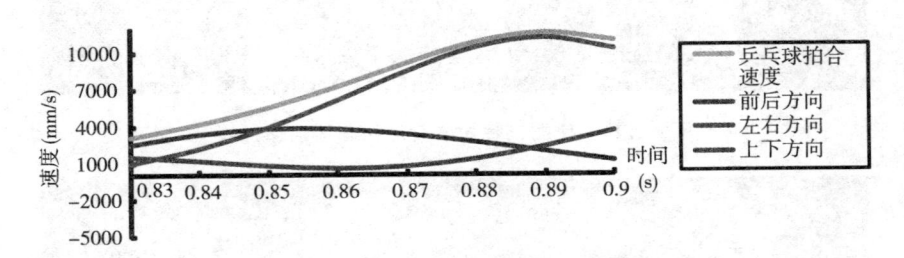

图 4-3-15　挥拍阶段马龙的球拍速度变化

挥拍阶段,球拍合速度一直在增加,至 0.89 s 时球拍合速度达到挥拍阶段的最大速度 10.9 m/s,挥拍开始时刻球拍的合速度为 3.12 m/s。虽然挥拍阶段的最大速度早与击球时刻 0.01 s 出现,但也可以看出优秀运动员

能充分地利用速度利用率并在球拍的最大速度时触球,增加球的速度。

乒乓球拍在左右方向上速度一直为正,最大速度出现在 0.89 s 为 10.30 m/s,说明球拍在左右方向一直向左挥拍,并且挥拍最大速度出现早于击球时刻 0.01 s。

乒乓球拍在前后方向上速度一直为正,速度先增加,至 0.88 s 达到最大速度 3.85 m/s 后,速度减少,前后方向的最大速度出现在挥拍刚开始时刻。说明乒乓球拍向前运动的趋势越来越少,主要是向左和向上挥拍。

乒乓球拍在上下方向上速度一直为正,速度先减小后增大,至击球时刻达到最大速度 3.62 m/s。上下方向上的最大速度即为击球时刻的速度,说明在上下方向上对速度的利用率很高。

结合以上两个图表可知,乒乓球拍在左右方向上的速度变化幅度最大,前后方向上的速度变化最小,说明挥拍主要以向左和向上发力为主,击球时刻向前的速度很小,这也与拧球的落点有关,需要从正手位拧斜线,所以需要多向左发力摩擦球。乒乓球拍合速度的最大速度的出现稍早于击球时刻 0.01 s,也说明了优秀运动员的速度利用率也很高。

(2)球拍的运动轨迹

通过对球拍挥拍阶段运动轨迹的的研究,可以更加直观地反映球拍挥拍的方向和幅度及横拍台内反手拧的技术动作的质量和效果。

表 4-3-27　樊振东的球拍在三个方向上空间参数表($n=10$)　单位:m

动作对应时刻		前后方向	左右方向	上下方向
挥拍开始时刻	0.96s	−0.038	1.69	0.32
击球时刻	1.02s	−0.096	1.23	0.35

图 4-3-16　樊振东挥拍阶段球拍侧面动作过程

图 4-3-17　樊振东挥拍阶段球拍正面动作过程

从上图表可知,挥拍阶段球拍挥拍路径为一个弧线运动,击球时间为球

第四章　马龙、樊振东反手拧的运动学研究

的下降前期。球拍在左右方向上一直向左运动,移动了 0.46 m,前后方向上移动了 0.058 m,大于上下方向移动 0.03 m,说明球拍运动轨迹主要是向左、前方运动。

表 4-3-28　马龙的球拍在三个方向上空间参数表($n=10$)　单位:m

动作对应时刻	前后方向	左右方向	上下方向
挥拍开始时刻　0.83s	−0.15	1.66	0.24
击球时刻　0.90s	−0.06	1.17	0.33

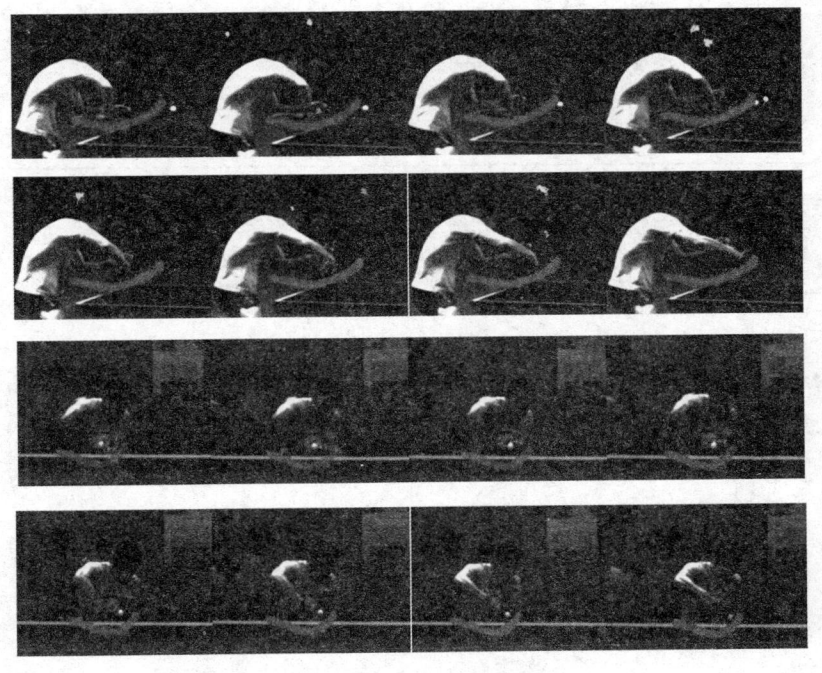

图 4-3-18　马龙挥拍阶段球拍侧、正面动作过程

马龙球拍挥拍路径为一个弧线运动,主要是向左、上方发力。球拍在左右方向上一直向左运动位置变化 0.49 m,前后方向的位置变化 0.09 m,上下方向的位置变化 0.09 m。

(3)樊振东、马龙球拍运动特征的对比

表 4-3-29　来球撞台反弹后至击球时刻的幅数(时间)

	马龙(幅数)	樊振东(幅数)
10 次击球的平均值	23.3	21.3
10 次击球的标准差	1.3	1.0

来球撞台反弹后至运动员击球时刻的幅数可以反映运动员的击球时机,该数据也显示出马龙击球点偏晚,统计了两位运动员的 10 次台内反手拧技术,来球撞台反弹后至马龙击球时刻的平均幅数为 23.3 幅,樊振东为 21.3 幅。经统计,马龙与樊振东之间,该指标差异显著,马龙明显比樊振东多了 2 幅左右。高速摄像机的采集频率为 100 幅/s,即 0.01 s 采集一幅图片,表明马龙的击球点比樊振东晚 0.02 s。

对比樊振东、马龙的球拍运动轨迹,结合图表可知,击球时刻樊振东球拍主要向前、向左发力运动;马龙的球拍主要向左、向前发力运动。说明,樊振东发力更为合理,发力实、有寸劲、发力集中、挥拍速度快。

3. 躯干的运动学特征及对比分析

表 4-3-30　樊振东躯干各关节角度的变化($n=10$)　　　单位:°

动作对应时刻		两肩夹角	躯干前倾角	躯干扭转角
挥拍开始时刻	0.96 s	67.02	53.39	14.00
击球时刻	1.02 s	66.92	58.90	13.70

图 4-3-19　挥拍阶段樊振东躯干各关节角度的变化

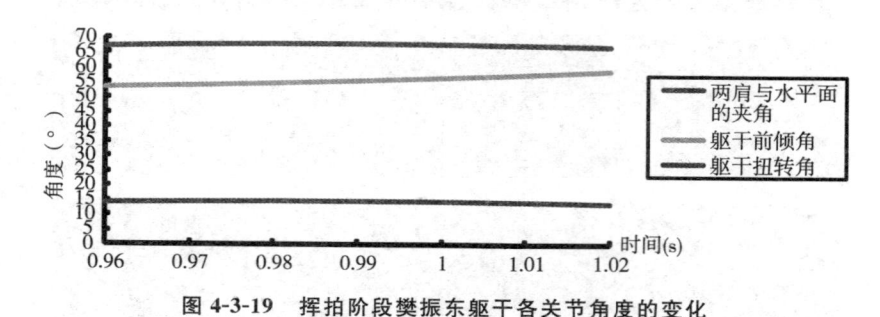

表 4-3-31　樊振东躯干各关节角速度的变化($n=10$)　　　单位:m/s

动作对应时刻		两肩夹角	躯干前倾角	躯干扭转角
挥拍开始时刻	0.96 s	0.07	0.05	0.05
击球时刻	1.02 s	−0.07	−0.08	−0.06

挥拍阶段,樊振东两肩夹角在挥拍阶段先增加后减小,躯干前倾角呈直线上升。在挥拍开始时刻,躯干前倾角度很大,说明樊振东的躯干弯曲程度很大,能更好地储存能量;在挥拍击球时,前臂向前挥拍击球,躯干的前倾角度增大,两肩夹角增大,说明躯干运动方向与击球方向相反,和右肩一起向前上方顶,这是为了更好地集中协调发力提高击球的威胁力。

第四章　马龙、樊振东反手拧的运动学研究

在挥拍过程中，躯干前倾的形态与左、右上肢形成类似一个"1/2 的圆"，当乒乓球靠近圆心时发力击球，躯干前倾角变化很小是为了让这个"1/2 的圆"保持发力更加集中，当越接近击球时，躯干前倾角度越大，"1/2 的圆"的半径变大，为了让储存的能量更好地释放出来传递到球拍上，从而增加击球的力量和摩擦。

通过躯干扭转角度和角速度变化的图表可以看出，在挥拍击球过程中，躯干扭转角度先增大至 0.99 s 再逐渐减少至击球时刻并到达最小。躯干扭转角在挥拍开始时刻为 14°，扭转角度最大为 14.5°，击球时刻扭转角度为 13.7°，扭转角度变化不大。

躯干扭转的形态类似于一个"拧紧的弹簧"准备释放能量，但是研究发现，在挥拍击球阶段，前臂在向前挥拍的过程中躯干还在继续增大扭转幅度储存弹性势能，在 0.99 s 躯干扭转角度达到最大后，开始释放弹性势能躯干扭转角度减小，并在击球时刻达到最小。

躯干扭转的角速度对乒乓球拍挥拍击球的速度有间接的影响，躯干扭转的角速度产生的动量通过上肢传递给乒乓球拍，使乒乓球获得更多的动量。躯干扭转角速度在挥拍阶段先减小后增大至击球时刻达到最大，这是因为躯干在挥拍阶段继续向右扭转积蓄能量速度逐渐减小，在躯干向右扭转角速度减小至 0 m/s 后，躯干开始向左扭转，并且速度急剧增加，释放能量，在击球时刻达到扭转角速度最大，说明优秀运动员对躯干扭转的角速度利用率很高，而且在挥拍阶段躯干还在储存扭转的弹性势能，并在最短的时间内加速躯干扭转角速度，释放能量。

表 4-3-32　马龙躯干各关节的角度变化（$n=10$）　　　　单位：°

动作对应时刻		两肩夹角	躯干前倾角	躯干扭转角
挥拍开始时刻	0.83 s	43.29	59.17	11.00
击球时刻	0.90 s	44.74	60.80	12.80

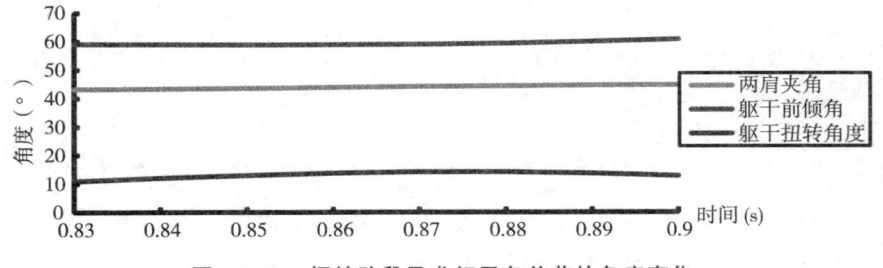

图 4-3-20　挥拍阶段马龙躯干各关节的角度变化

表 4-3-33　马龙躯干各关节的角速度变化($n=10$)　　　单位：m/s

动作对应时刻		两肩夹角	躯干前倾角	躯干扭转角
挥拍开始时刻	0.83 s	0.04	0.06	0.11
击球时刻	0.90 s	−0.04	−0.06	−0.10

挥拍阶段两肩夹角变化0.45°、0.37°，角速度变化很小。说明在挥拍击球过程中，躯干始终保持前倾，与左、右上肢形成一个"1/2的圆"躯干主要是支撑发力作用。

躯干扭转的形态类似于一个"拧紧的弹簧"，在挥拍击球阶段，前臂在向前挥拍的过程中躯干还在继续加大扭转幅度储存弹性势能，增加躯干扭转角度的时间久于躯干反方向运动释放弹性势能，说明躯干在最短的时间内释放储存的弹性势能，躯干扭转的加速度越大，躯干扭转速度越快。说明优秀运动员在挥拍阶段中，躯干通过继续扭转增加引拍阶段储存的弹性势能，并且能够在最短的时间以最快的速度释放弹性势能，增加击球的力量和摩擦。

对比樊振东、马龙躯干关节角度的变化，击球时刻樊振东的两肩夹角大于马龙的两肩夹角，躯干扭转角度的变化幅度也大于马龙的躯干扭转角度变化幅度，躯干前倾角变化幅度大于马龙的躯干前倾角变化幅度。樊振东在击球过程中肩关节一直是前顶发力，给予前臂和手腕发力时一直稳定的支撑，而马龙的肩关节前顶不够，发力不够集中；樊振东在击球过程中，躯干顺时针扭转发力，躯干向上顶发力，而马龙扭转发力和向上顶发力也不足。

4. 下肢的运动学特征

挥拍阶段，下肢蹬地发力产生动量传递给躯干、上肢再传到球拍，使乒乓球能具有最大的动量与球发生碰撞摩擦。

(1)膝、踝关节角度的变化

表 4-3-34　樊振东下肢各关节角度($n=10$)　　　　　　　单位：°

动作对应时刻		右膝角	左膝角	右踝角	左踝角
挥拍开始时刻	0.96 s	137.40	158.7	95.6	78.8
击球时刻	1.02 s	131.70	153	93.7	83.1

樊振东的下肢各关节角度变化微小，从视频中也可以看出下肢几乎没有上下蹬伸动作，说明挥拍阶段下肢各关节主要起到支撑稳定躯干和上肢发力的作用。

第四章　马龙、樊振东反手拧的运动学研究

结合录像视频、图表可知,在挥拍开始时刻,樊振东的左脚脚跟触地脚尖抬起,左膝角此刻最大,说明身体重心移至右腿上,在挥拍过程中,左膝角逐渐减小,脚尖离地面越来越近,说明身体重心从右腿逐渐向左腿移动,下肢还有向左旋转做功。

表 4-3-35　马龙下肢各关节角度($n=10$)　　　　单位:°

动作对应时刻		右膝角	左膝角	右踝角	左踝角
挥拍开始时刻	0.83 s	139.40	161.9	116.7	93.8
击球时刻	0.90 s	138.70	140.6	117.0	82.3

挥拍阶段,马龙的下肢重心从右腿向左腿移动,左腿屈曲,左脚跟触地左脚尖渐渐接近地面,所以左膝、左踝角度变化很大。而右膝、右踝角度变化小,说明在挥拍过程,下肢主动向上蹬地发力的力量很少,下肢起到支撑发力的作用,再结合躯干扭转发力可知,下肢还向左旋转发力做功。

(2)樊振东、马龙的下肢运动特征对比

挥拍击球过程中,樊振东、马龙的下肢主要起到支撑稳定躯干和上肢发力的作用。对比两人下肢各关节角度变化,樊振东的右膝角、右踝角的角度变化幅度大于马龙的右膝角、右踝角的角度变化幅度,说明樊振东下肢支撑发力优于马龙。马龙左膝角、左踝角的角度变化幅度大于樊振东左膝角、左踝角的角度变化幅度,说明马龙下肢发力主要向左侧蹬地发力,而不是与樊振东一样向上蹬地发力。

四、樊振东、马龙台内反手拧随挥阶段的生物力学分析及对比

挥拍阶段是整个击球过程中最关键的环节,该环节涉及球拍触球,触球的瞬间决定了球的运行轨迹和质量。通过研究身体各关节的角度和角速度变化,球拍的挥拍轨迹和触球瞬间的速度、方向、击球时间得到挥拍阶段身体各环节和球拍的运动学特征。

1. 上肢各关节运动学特征

(1)执拍侧上肢各关节的角度变化随挥阶段,樊振东共用 0.07 s;肩关节的角度变化都不大,上臂继续向前、外展,肩关节角速度先增加后减小至随挥结束时刻,也可以看出肩关节最大速度的出现晚于击球时刻。

表 4-3-36 樊振东右肩、肘、腕关节角度变化($n=10$)　　　　单位：°

动作对应时刻		右肩髋角度	右肩臂角度	右肘关节角度	右腕关节角度
随挥开始时刻	1.02 s	69.9	130.3	93.4	124.9°
随挥结束时刻	1.09 s	61.9	118.7	120.1	148.9°

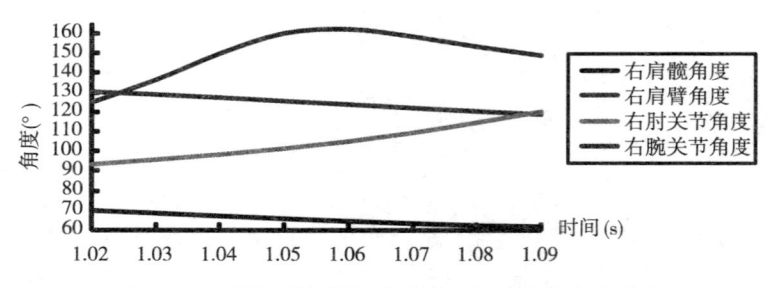

图 4-3-21　随挥阶段樊振东右肩、肘、腕关节角度变化

观察图表可知,右肩髋的角度变化很小,角速度很小,说明上臂在挥拍阶段几乎没运动就起到固定作用;而右肩臂的角度变化和角速度都大于右肩髋,说明挥拍阶段前臂、手腕前伸带动大臂外旋肩关节外展。肘关节角度变化大于肩关节的角度变化,说明随挥阶段以肘关节为轴点,前臂向前、外展带动上臂外展直至随挥结束时刻。右肘关节角速度在随挥阶段还在增大而不是在击球时刻达到最大。

结合挥拍阶段的右腕关节角度和角速度可知,右腕关节角度击球时刻并不是最大角度而是击完球后角度还有 0.04 s 的时间右腕关节角度继续增大,这是为了能充分利用动量击球,而不是在右腕关节角度达到最大时动量也随之减少从而击球质量下降;右腕关节角速度在距离击球时刻还有 0.02 s 时角速度增加幅度突然增大至击完球后的 0.02 s,此段时间右腕关节角速度一直在加速,说明右手腕在距离击球时刻 0.02 s 至击完球后的 0.02 s 有挥拍击球加速的过程,这样也能更好地释放能量增加击球的速度和摩擦。

随挥阶段,通过右腕关节角度和角速度的变化可知,手腕向外展至 1.06 s 后开始内收至随挥结束时刻。手腕出现内收现象是因为击球时刻,樊振东的手腕保持紧张状态为了充分地摩擦乒乓球,当击完球后手腕迅速的放松制动,直到手腕外展角度达到最大后出现"惯性"向反方向内收,而当手腕已经结束外展后,前臂还在继续地外展,也可以看出手腕的制动早于前臂。腕关节的角速度在随挥阶段先增大后减小说明,腕关节最大角速度晚于击球时刻出现。

第四章 马龙、樊振东反手拧的运动学研究

表 4-3-37 马龙右肩、肘、腕关节角度变化（$n=10$） 单位：°

动作对应时刻		右肩髋角度	右肩臂角度	右肘关节角度	右腕关节角度
随挥开始时刻	0.90 s	78.0	105.5	120.4	142.6
随挥结束时刻	0.97 s	69.4	104.8	129.7	179.2

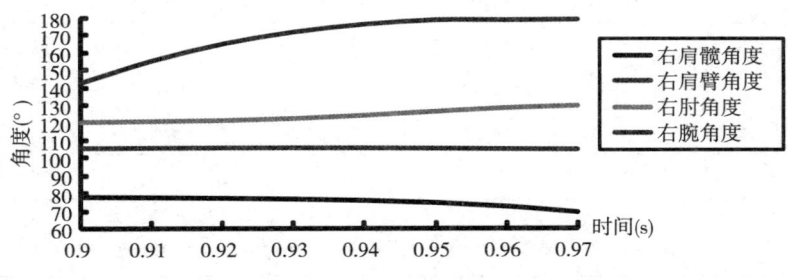

图 4-3-22 随挥阶段马龙右肩、肘、腕关节角度变化

（2）执拍侧上肢各关节的角速度变化

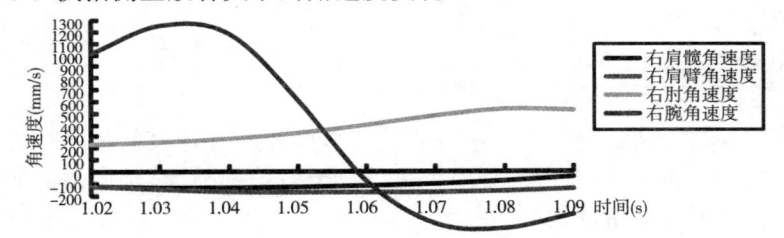

图 4-3-23 随挥阶段樊振东右肩、肘、腕各关节的角速度变化

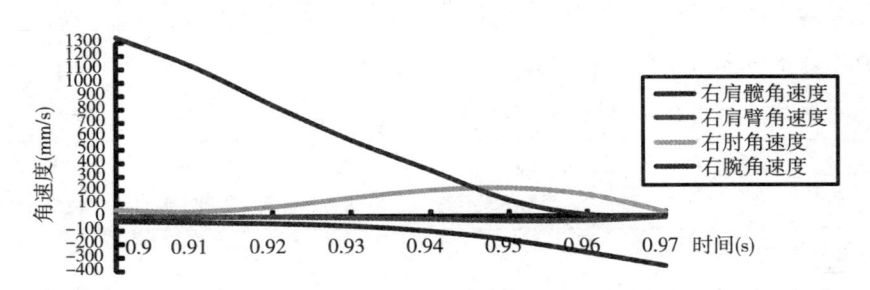

图 4-3-24 随挥阶段马龙右肩、肘、腕各关节的角速度变化

表 4-3-38 樊振东、马龙的右前臂和右手腕外旋角速度变化（$n=10$）

单位：m/s

动作对应时刻	樊振东右前臂外旋角速度	马龙右前臂外旋角速度
随挥开始时刻	0.009	0.006
随挥结束时刻	0.005	0.005

随挥阶段,樊振东的右前臂外旋角速度减小至结束时刻,随挥结束时刻右前臂腕外旋角速度为 0.005 m/s。樊振东前臂外旋角速度变化比马龙大,说明樊振东的前臂制动能力强。

(3)非执拍侧上肢的运动学特征

表 4-3-39　樊振东非执拍侧上肢各关节角度($n=10$)　　　　单位:°

动作对应时刻		左肩髋关节角度	左肩臂关节角度	左肘关节角度	左腕关节角度
随挥开始时刻	1.02 s	74.9	81.4	163.8	103.2
随挥结束时刻	1.09 s	58.0	102.6	161.5	110.8

表 4-3-40　樊振东非执拍侧上肢各关节角速度($n=10$)　单位:m/s

动作对应时刻		左肩髋关节角速度	左肩臂关节角速度	左肘关节角速度	左腕关节角速度
挥拍开始时刻	1.02 s	−0.16	0.12	−0.09	−0.10
击球时刻	1.09 s	−0.21	0.39	0.09	0.17

从上图表可知,樊振东的左肩髋关节角度和左肩臂关节角度变化大于左肘、腕关节角度,说明随挥阶段主要以肩关节运动为主,左肩髋关节角度减小,左肩臂关节角度增大,说明左臂运动方向向外、后,结合录像视频可知,躯干也有运动,所以左肩髋关节角度减小也与躯干向左运动有关。

随挥阶段,左臂向左、后运动也是为了更好地让右臂向右、前运动,更好地协调集中发力。

表 4-3-41　马龙非执拍侧上肢各关节角度($n=10$)　　　　单位:°

动作对应时刻		左肩髋关节角度	左肩臂关节角度	左肘关节角度	左腕关节角度
随挥开始时刻	0.90 s	48.0	94.1	97.3	165.3
随挥结束时刻	0.97 s	46.5	88.9	89.6	159.2

表 4-3-42　马龙非执拍侧上肢各关节角速度($n=10$)　单位:m/s

动作对应时刻		左肩髋关节角速度	左肩臂关节角速度	左肘关节角速度	左腕关节角速度
挥拍开始时刻	0.90 s	0.08	0.02	−0.29	0.12
击球时刻	0.97 s	−0.07	−0.04	0.02	−0.13

第四章 马龙、樊振东反手拧的运动学研究

从上表可知,非执拍侧上肢各关节角度中,左肩髋、肘、腕角度变化均增大,左肩臂角度减小;非执拍侧上肢的各关节角速度均减小。

随挥阶段,左肩髋、肘、腕角度增大,左肩臂角度减小,说明马龙左臂的运动轨迹从上向下运动而不是与右臂反向协调地向左、后运动。

(4)樊振东、马龙上肢各关节的运动特征的对比

对比樊振东、马龙执拍侧上肢各关节运动特征,结合上图表可知,随挥阶段樊振东的上肢比马龙放松,马龙还在继续发力做功,而樊振东已经放松准备还原,说明樊振东能充分合理地在挥拍击球过程利用动量,而马龙因为挥拍过程发力不集中,为了让击球质量提高所以随挥阶段马龙还在继续发力。

对比樊振东、马龙非执拍侧上肢各关节运动特征,樊振东的非执拍侧上肢与执拍侧上肢反方向运动,而马龙的非执拍侧上肢与执拍侧上肢同方向运动,非执拍手相对击球时刻相比,向上移动了很长的距离。非执拍侧上肢的运动不仅是为了维持身体平衡,而且还起到协调发力的作用。马龙左手随右手的大幅度同方向运动,左手向前上挥臂时,其反作用力方向向下向后,使得马龙重心没有起来,有后坐的感觉,且身体略有后仰,也可以看出樊振东的发力更合理。

2. 球拍和乒乓球的运动学特征

通过对球拍随挥阶段的速度和运动轨迹的研究,可以更加直观地反映球拍随挥阶段的运动方向和幅度,运动员的制动能力。

(1)球拍速度的变化

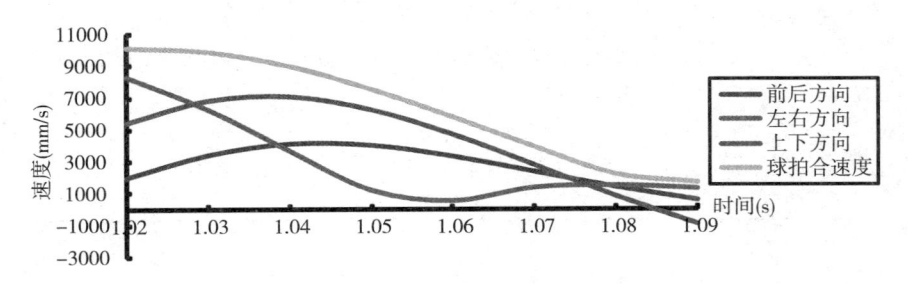

图 4-3-25 随挥阶段樊振东球拍速度变化

表 4-3-43 樊振东球拍速度变化($n=10$)   单位:m/s

动作对应时刻		合速度	前后速度	左右速度	上下速度
击球时刻	1.02 s	10.10	1.99	8.32	5.43
随挥结束时刻	1.09 s	1.70	0.59	1.31	−0.91

随挥阶段,球拍虽然在 3D 合速度上一直减小并在随挥结束时刻达到

最小,但是在三个方向中的速度却不是都一直在减少,球拍在前后、上下方向上的最大速度晚于击球时刻出现。

表 4-3-44　马龙球拍速度的变化($n=10$)　　　　单位:m/s

动作对应时刻		合速度	前后速度	左右速度	上下速度
击球时刻	0.90 s	10.97	1.12	−10.29	3.62
随挥结束时刻	0.97 s	6.55	2.90	5.72	1.35

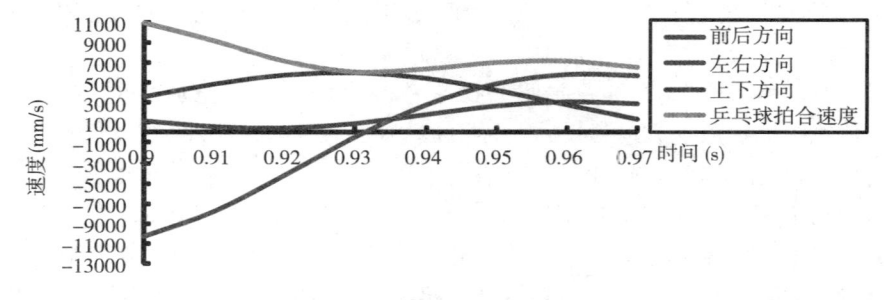

图 4-3-26　随挥阶段马龙球拍速度的变化

随挥阶段,球拍的合速度减少,但是减少不多,说明马龙随挥阶段并没有完全放松,而且随挥结束时刻的球拍合速度并不是最小速度,球拍在上下方向上的最大速度晚于击球时刻出现。

(2)球拍的运动轨迹

通过对球拍挥拍阶段运动轨迹的的研究,可以更加直观地反映球拍挥拍的方向和幅度,横拍台内反手拧的技术动作的质量和效果。

表 4-3-45　樊振东球拍在三个方向上空间参数表($n=10$)　　单位:m

动作对应时刻		前后方向	左右方向	上下方向
挥拍开始时刻	1.02 s	−0.096	1.23	0.35
击球时刻	1.09 s	0.11	1.12	0.66

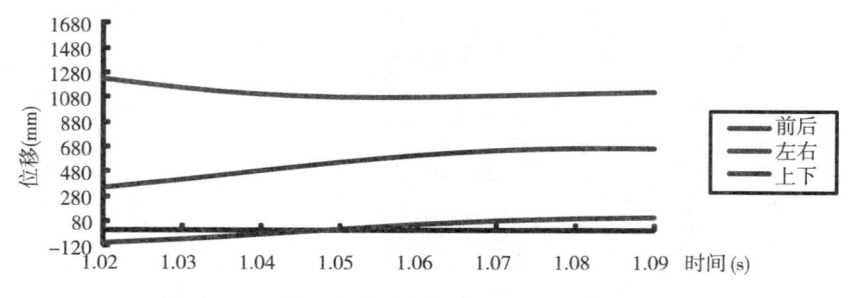

图 4-3-27　樊振东球拍在三个方向上移动的轨迹图

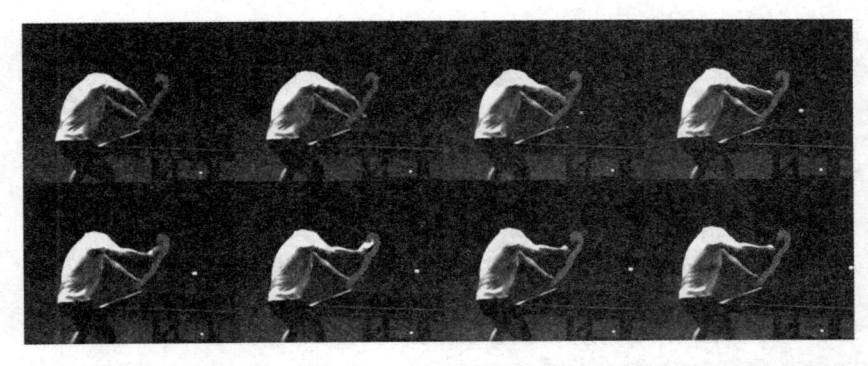

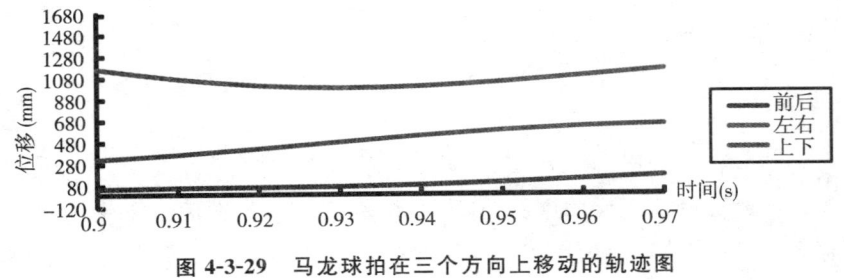

第四章　马龙、樊振东反手拧的运动学研究

图 4-3-28　随挥阶段樊振东球拍侧、正面动作过程

从上图表可知,随挥阶段乒乓球拍运动路径为一个"勾子"形运动,先向上向前向外展,随挥到最远端后由于"惯性"手腕向内收,但此时前臂还在向外展运动,所以球拍运动路径呈现出"勾子"形。

表 4-3-46　马龙球拍在三个方向上空间参数表($n=10$)　　单位:m

动作对应时刻		前后方向	左右方向	上下方向
挥拍开始时刻	0.90 s	0.06	1.17	0.33
击球时刻	0.97 s	0.18	1.16	0.66

图 4-3-29　马龙球拍在三个方向上移动的轨迹图

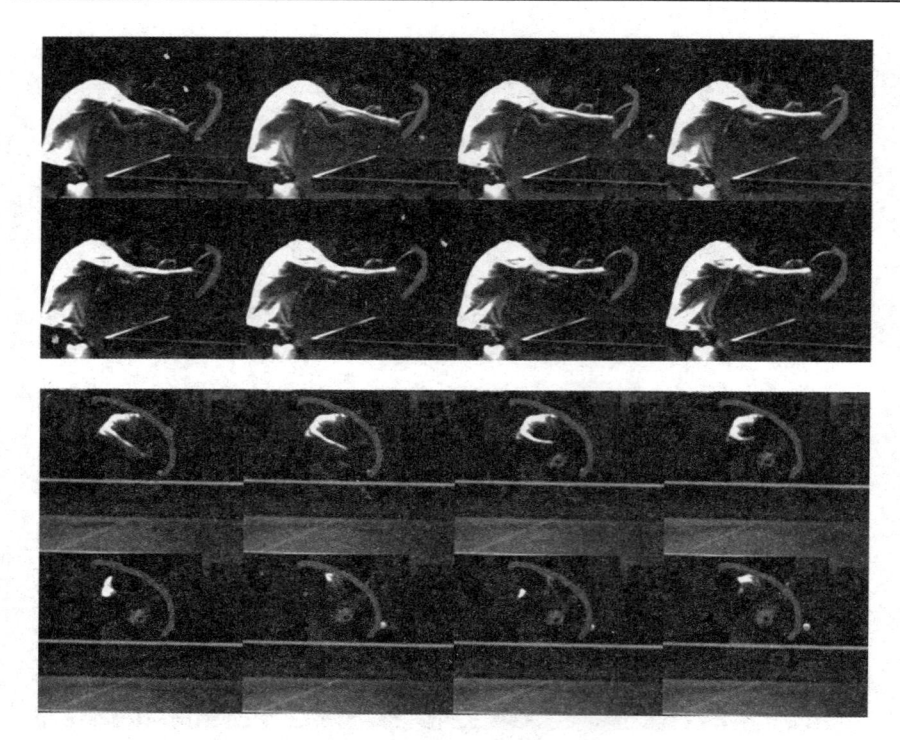

图 4-3-30　随挥阶段马龙球拍侧、正面动作过程

从上图可知,还原阶段,球拍运动轨迹像在"画圆",继续顺延着挥拍击球、随挥阶段的动作方向,增大了还原的动作轨迹,这样的动作轨迹是为了能提高挥拍击球的力量,所以还原阶段也顺延了挥拍、随挥阶段的动作——继续"画圆"做弧线还原动作。

(3)乒乓球的速度变化

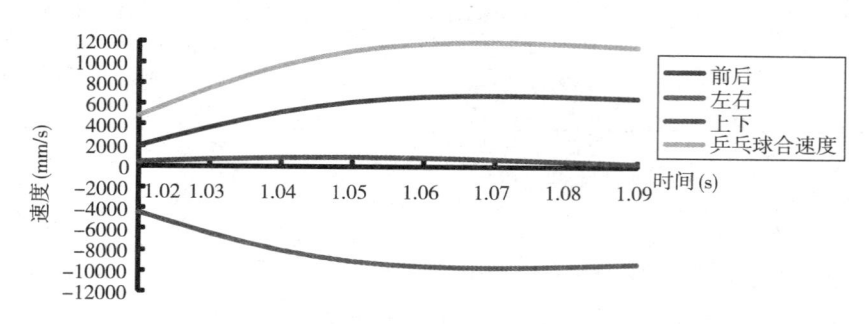

图 4-3-31　樊振东随挥阶段乒乓球的速度

随挥阶段的乒乓球速度是通过引拍、挥拍阶段对台内反手拧动作进行储存动量、释放动量最终作用到乒乓球上产生的速度。乒乓球速度能够反

第四章 马龙、樊振东反手拧的运动学研究

映击球质量和台内反手拧技术的动作的威胁力。

从上图可知,樊振东在击球后,乒乓球在前后、左右、上下三个方向上,左右方向的速度增幅最大,前后方向次之,上下方向最小,说明优秀运动员正手位台内反手拧斜线球,乒乓球向左的弧线最大,前后次之,上下最小。

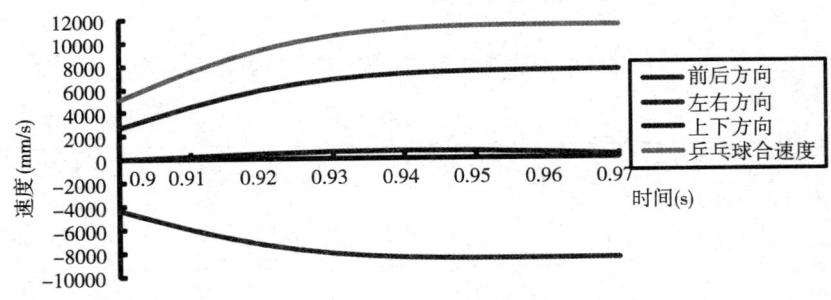

图 4-3-32　马龙随挥阶段乒乓球的速度变化

马龙在击球后,乒乓球在前后、左右、上下三个方向上,左右方向的速度增幅最大,前后方向次之,上下方向最小,说明优秀运动员正手位台内反手拧斜线球,乒乓球向左的弧线最大,前后次之,上下最小。

(4)樊振东、马龙球拍和乒乓球运动特征的对比

对比樊振东、马龙的球拍速度变化,樊振东的球拍合速度在随挥结束时刻达到最小速度而马龙并不是,说明樊振东在随挥阶段已经放松而马龙较紧张。

对比樊振东、马龙的球拍运动轨迹,樊振东随挥阶段球拍运动呈现"勾子"形运动,手腕由于"惯性"向内收,说明樊振东的手腕击球时刻加速击球并且立马放松出现惯性。而马龙的运动轨迹像在"画圆"运动,球拍运动轨迹很大,增大了随挥阶段的做功力度。

对比樊振东、马龙随挥阶段的乒乓球速度,樊振东随挥阶段乒乓球合速度最大为 11.85 m/s,马龙随挥阶段乒乓球合速度最大为 11.41 m/s,樊振东的击球质量高于马龙。随挥阶段樊振东的乒乓球运动路径的弧线也大于马龙的运动路径的弧线。

3. 躯干的运动学特征

(1)两肩夹角、躯干前倾角、扭转角的角度和角速度变化

表 4-3-47　樊振东躯干各关节角度的变化($n=10$)　　　　单位:°

动作对应时刻		两肩夹角	躯干前倾角	躯干扭转角
挥拍开始时刻	1.02 s	66.92	58.90	13.70°
击球时刻	1.09 s	58.64	66.95	11.20°

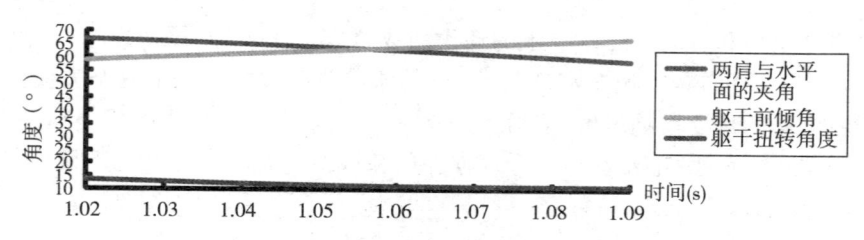

图 4-3-33　樊振东随挥阶段躯干各关节角度变化

表 4-3-48　樊振东躯干各关节角速度的变化（$n=10$）　　单位：m/s

动作对应时刻		两肩夹角	躯干前倾角	躯干扭转角
挥拍开始时刻	1.02 s	0.07	0.06	−0.06
击球时刻	1.09 s	−0.06	−0.07	−0.03

通过图表可知，随挥阶段两肩夹角与躯干前倾角都呈斜线下降和上升的，两肩夹角减少，是因为右臂继续向前向上向外展，左肩与其相反方向向下向后运动；躯干前倾角度增大，是因为随挥阶段躯干向后展逐渐趋于直立。躯干的前倾角度变大了 8.05°，躯干向前伸的运动说明击球时刻躯干也向前上发力，所以在随挥阶段有躯干前倾角度明显的变化。

随挥阶段，躯干扭转角度一直在减小，角速度一直为负，说明躯干一直向右扭转，躯干扭转的角度变化不大，说明躯干向右扭转的幅度不大。

表 4-3-49　马龙躯干各关节角度的变化（$n=10$）　　单位：°

动作对应时刻		两肩夹角	躯干前倾角	躯干扭转角
挥拍开始时刻	0.90 s	44.74	60.86	12.80
击球时刻	0.97 s	43.65	66.95	13.40

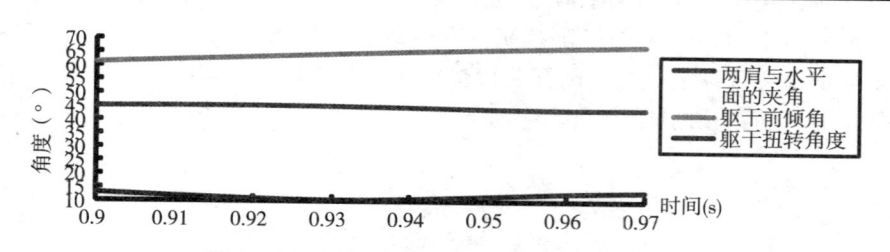

图 4-3-34　随挥阶段马龙躯干各关节角度变化

表 4-3-50　马龙躯干各关节角速度的变化（$n=10$）　　单位：m/s

动作对应时刻		两肩夹角	躯干前倾角	躯干扭转角
挥拍开始时刻	0.90 s	0.04	0.06	−0.01
击球时刻	0.97 s	−0.04	−0.07	0.03

随挥阶段，马龙两肩夹角减小，躯干前倾角度增大，躯干扭转角度增大，说明马龙击完球后，右肩下沉，躯干向上运动，继续扭转发力。

(2)樊振东、马龙躯干各关节运动特征的对比

对比樊振东、马龙躯干各关节运动特征，可知樊振东的两肩夹角、躯干前倾角的变化幅度大于马龙的变化幅度，躯干扭转角度减小而马龙的躯干扭转角度继续增大，说明樊振东随挥阶段躯干比马龙更加放松。

4. 下肢的运动学特征

(1)膝、踝关节角度的变化

表 4-3-51　下肢各关节角度($n=10$)　　　　单位：°

动作对应时刻		右膝角	右踝角	左膝角	左踝角
随挥开始时刻	1.02 s	129.8	153.0	93.7	83.1
随挥结束时刻	1.09 s	131.7	151.4	95.7	81.8

结合视频和表格可知，挥拍击球过程中两髋的位置在球台水平下，随挥阶段两髋的位置在球台水平上，说明下肢有蹬地发力的过程，但是下肢各关节角度的变化范围都在2°左右，说明下肢发力蹬地很少，主要起到支撑发力的作用。

表 4-3-52　马龙下肢各关节角度($n=10$)　　　　单位：°

动作对应时刻		右膝角	右踝角	左膝角	左踝角
随挥开始时刻	0.90 s	138.7	117	140.6	82.3
随挥结束时刻	0.97 s	141.6	120.5	127.6	74.3

结合上图可知，马龙下肢左膝、左踝角度变化很大，右膝、右踝角度变化较小，说明在随挥阶段马龙下肢不仅向上运动，也有向左重心转换的移动。右膝、右踝角度变化说明，随挥阶段马龙向上运动较少，主要向左蹬地移动。

(2)樊振东、马龙的下肢运动特征对比

对比樊振东、马龙的下肢运动特征，樊振东主要向上蹬地移动，而马龙随挥阶段向上运动较少，主要向左蹬地移动。

五、樊振东、马龙台内反手拧还原阶段的生物力学分析及对比

1. 上肢各关节运动学特征

(1)肩、肘、腕关节的角度和角速度的变化

表 4-3-53　樊振东右肩、肘、腕各关节的角速度变化（$n=10$）

单位：m/s

动作对应时刻		右肩髋角速度	右肩臂角速度	右肘关节角度	右腕关节角速度
还原开始时刻	1.09 s	−0.05	−0.15	0.53	−0.36
还原结束时刻	1.36 s	−0.005	−0.07	−0.24	−0.12

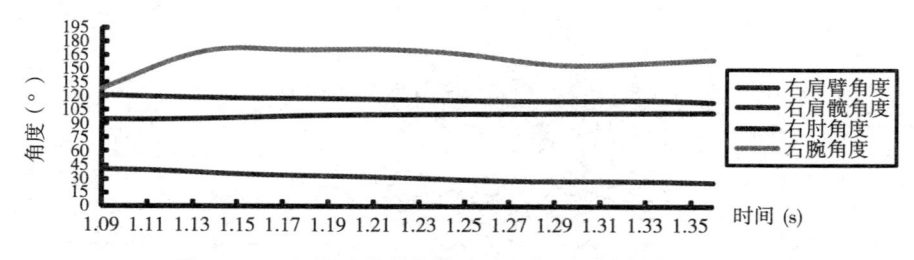

图 4-3-35　还原阶段樊振东右肩、肘、腕关节角度的变化

从图 4-3-35 可知，还原阶段总共用了 0.26 s，上肢各关节角度和角速度变化都不大，右腕关节角度先变大后趋于平稳，说明还原阶段肩、肘关节都处于放松状态，腕关节需要从随挥阶段的手腕外展还原成准备姿势，所以腕关节角度变大，也能看出挥拍、随挥阶段手腕伸展充分，集中发力很多。

表 4-3-54　马龙右肩、肘、腕各关节的角速度变化（$n=10$）　单位：m/s

动作对应时刻		右肩髋角速度	右肩臂角速度	右肘关节角度	右腕关节角速度
还原开始时刻	0.97 s	0.37	0.13	0.12	0.005
还原结束时刻	1.61 s	−0.009	−0.04	−0.12	−0.15

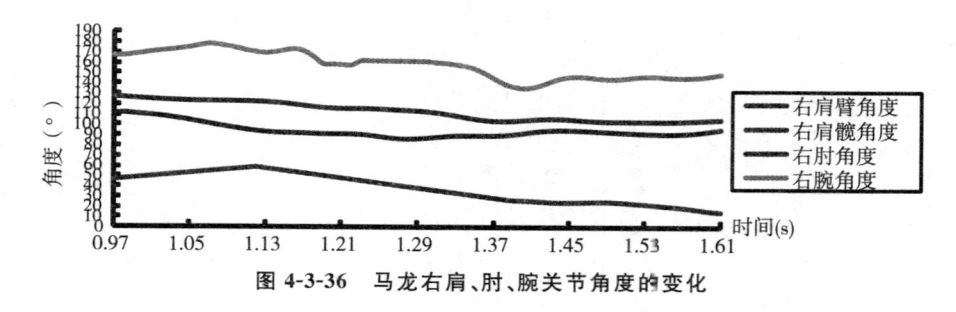

图 4-3-36　马龙右肩、肘、腕关节角度的变化

从图 4-3-36 可知，还原阶段总共用了 0.64 s，右肩髋关节角度先增大后减小，其他关节角度变化不大，结合视频录像可知，马龙的上臂在还原阶

第四章 马龙、樊振东反手拧的运动学研究

段先向右再向后运动直至还原结束时刻右肩髋角度最小。其他关节角度变化不大,说明主要是上臂带动前臂、手腕运动,至还原结束时刻。

（2）非执拍侧上肢的运动特征

表 4-3-55　樊振东非执拍侧上肢各关节角度($n=10$)　　单位：°

动作对应时刻		左肩髋关节角度	左肩臂关节角度	左肘关节角度	左腕关节角度
还原开始时刻	1.09 s	58.0	102.6	161.5	110.8
还原结束时刻	1.36 s	26.1	101.4	163.3	159.9

表 4-3-56　樊振东非执拍侧上肢各关节角速度($n=10$)　单位：m/s

动作对应时刻		左肩髋关节角速度	左肩臂关节角速度	左肘关节角速度	左腕关节角速度
挥拍开始时刻	0.97 s	−0.21	0.39	0.09	0.17
击球时刻	1.61 s	−0.09	0.06	0.01	0.12

从上表可知,非执拍侧上肢各关节角度中,左肩髋角度变化最大,角度变化了 21.9°,其他关节角度变化均在 2°左右;非执拍侧上肢各关节角速度一直减少至还原结束时刻达到角速度最小。

左肩髋角度和角速度的变化说明,左臂还原阶段的运动轨迹都是向后运动,并且越来越靠近躯干。

表 4-3-57　马龙非执拍侧上肢各关节角度($n=10$)　　单位：°

动作对应时刻		左肩髋关节角度	左肩臂关节角度	左肘关节角度	左腕关节角度
随挥开始时刻	0.97 s	46.5	88.9	89.6	159.2
随挥结束时刻	1.61 s	31.1	97.7	95.4	175.1

表 4-3-58　马龙非执拍侧上肢各关节角速度($n=10$)　单位：m/s

动作对应时刻		左肩髋关节角速度	左肩臂关节角速度	左肘关节角速度	左腕关节角速度
挥拍开始时刻	0.97 s	−0.07	−0.04	0.02	−0.13
击球时刻	1.61 s	−0.02	−0.01	−0.01	−0.02

从上表可知,非执拍侧上肢各关节角度中,左肩髋、肘、腕角度变化均增大,左肩臂角度减小;非执拍侧上肢的各关节角速度均减小。

还原阶段,左肩髋、肘、腕角度增大,左肩臂角度减小,说明马龙左臂的运动轨迹从上向下运动而不是与右臂反向协调的向左运动。

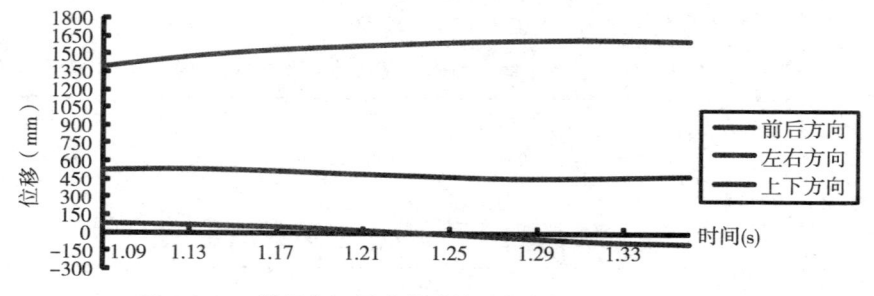

图 4-3-37　樊振东还原阶段球拍三个方向上的运动轨迹图

2. 球拍的运动学特征

从图 4-3-37 可知,球拍运动轨迹很短,随挥制动结束后,右臂直接向后,沿直线还原至准备姿势。球拍回到准备姿势的拍形。说明优秀运动员的还原路径很短,目的是是为了以最快的速度最放松的状态还原至准备姿势。

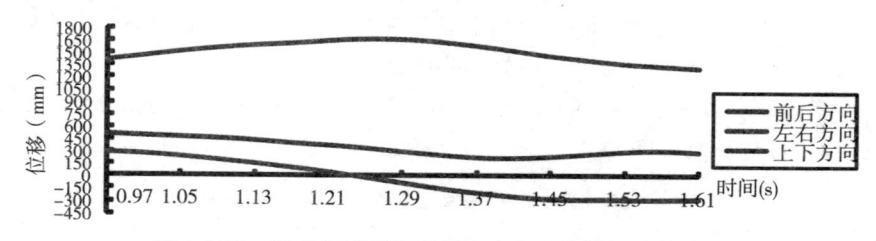

图 4-3-38　马龙还原阶段球拍三个方向上的运动轨迹图

从图 4-3-38 可知,还原阶段,球拍运动轨迹像在"画圆",继续顺延者挥拍击球、随挥阶段的动作方向,增大了还原的动作轨迹,这样的动作轨迹是为了能提高挥拍击球的力量,所以还原阶段也顺延了挥拍、随挥阶段的动作——继续"画圆"做弧线还原动作。

第四节　结论与建议

一、结论

(1)从樊振东、马龙横拍台内反手拧技术的使用率对比来看,五场比赛

第四章　马龙、樊振东反手拧的运动学研究

中樊振东台内反手拧的使用率均高于马龙,从心理和技战术的使用上樊振东的台内反手拧技术优于马龙。从樊振东、马龙横拍台内反手拧技术直接得分和拧后得分情况对比来看,五场比赛中樊振东台内反手拧的得分率均高于马龙,台内反手拧技术是樊振东能为比赛取得有利形势的重要因素。樊振东台内反手拧技术优于马龙。

(2)引拍阶段,先选位再引拍,选位结束后右肩上提,上臂抬起(与水平面几乎平行)向前顶(与冠状面几乎平行),前臂加速内收,手腕加速屈至腕关节角度达到最小,在来球的上升期引拍结束。两人在引拍动作、时间、幅度、距离、时机上都有显著差异,樊振东先选位再引拍而马龙是在选位的同时引拍,樊振东引拍幅度大,引拍结束时刻球拍离乒乓球比马龙更近,樊振东在乒乓球的上升期引拍结束而马龙在高点期引拍结束,樊振东的重心比马龙更高,马龙重心有些后坐,樊振东引拍更加充分,动作更为合理。

(3)挥拍阶段,球拍主要向左前上方加速运动击球,以肘关节为轴前臂、手腕加速向前伸,并带动大臂和右肩稍下沉,躯干向左扭转至击球前而后加速向右扭转,下肢蹬伸发力,非执拍侧上肢与执拍侧上肢反方向加速运动,在来球下降前期击球。两人在挥拍时间、击球时机没有显著差异,马龙的挥拍时间长于樊振东,樊振东和马龙都是在乒乓球的下降前期击球,但马龙比樊振东击球晚。两人在挥拍的动作速度和路程上有显著的差异,马龙击球时刻球拍速度大于樊振东,樊振东挥拍方向主要向前挥拍,马龙主要向左挥拍。

(4)随挥阶段,击球后球拍和手臂向右前上方减速运动,躯干放松向右扭转,下肢蹬伸,重心由右脚向左脚移动,非执拍侧上肢与执拍侧上肢反方向运动。两人在随挥动作、时间上有显著差异,樊振东的制动能力比马龙强,在随挥结束时刻樊振东的手腕由于惯性向左后方运动,马龙手腕向右前方运动,樊振东的手腕更加放松,击球瞬间手腕集中发力比马龙强。

(5)还原阶段,重心、上肢、球拍、躯干、下肢向上运动回到准备姿势,逐渐全身放松,准备下一次击球。两人在还原动作、时间上没有显著差异,马龙还原时间久于马龙,动作轨迹大于樊振东,樊振东还原动作右臂向后下方沿直线运动,马龙右臂向右后下方弧线运动。

二、建议

(1)马龙在今后的比赛中一定谨慎地选择台内反手拧技术的使用,抓准机会上手,不要强制使用台内反手拧技术,一定要注意台内反手拧技术与下一板技术的衔接以及台内反手拧技术结合其他技术的技战术使用。

（2）马龙在今后的训练中，一定要注意提高横拍台内反手拧的技术动作，多加进行台内反手拧技术训练，引拍阶段注意改进引拍动作，增加引拍时间，引拍幅度和加快引拍速度；挥拍阶段，注意挥拍击球方向和身体各关节加速协调发力运动；随挥和还原阶段注意身体的放松和运动轨迹。多加进行乒乓球专项的力量训练，尤其是对手腕和前臂的力量以及增加肩关节的稳定性的训练。

（3）在教学训练中教练员和运动员要注意对横拍台内反手拧动作的训练以及该技术和其他技术的衔接训练，引拍阶段的重心转换，右肩、肘、腕关节的运动轨迹，以及引拍幅度，引拍时机；挥拍阶段的击球时间，挥拍击球方向，躯干、上臂、前臂、手腕和非执拍侧上肢的运动轨迹；随挥阶段的重心转换，身体放松和制动；还原阶段的上臂运动轨迹。

（4）注意横拍台内反手拧技术的运用，台内反手拧技术是处理正手位不出台下旋球，因此一定要对来球的落点、长短、旋转有准确的判断。

（5）本文以实验的方式对顶尖的横拍乒乓球运动员台内反手拧技术动作进行合理的分析，运用定量数据对身体各关节运动进行研究，顶尖运动员的技术动作可以进行参考，但乒乓球技术只有根据实际情况和个人身体条件而做出更合理的技术动作，没有绝对的标准动作，也不是必须达到该技术的参数数据。

第五章 乒乓球步法的运动学研究

第一节 乒乓球步法垫测试系统的研制

一、乒乓球步法垫测试系统组成

步法垫测试系统是与中科院合肥智能机械研究所共同研制开发的。该系统由三个部分组成:柔性薄膜开关阵列垫、信号采集仪、分析软件(图5-1-1)。

柔性薄膜开关阵列垫用于感应运动员的脚部与地面的接触情况。

信号采集仪用来采集柔性薄膜开关阵列垫上的感应信号,经过适当处理,传送给计算机后台软件。

分析软件要实现数据采集、分析、调试和统计的功能。

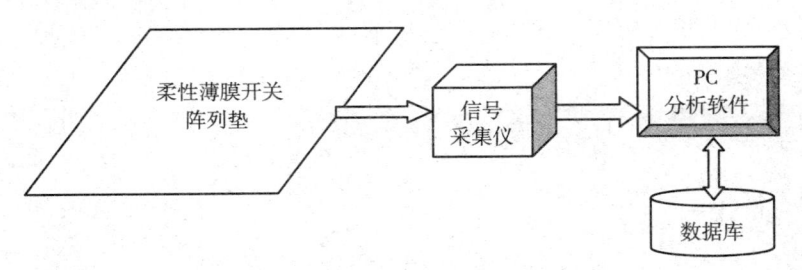

图 5-1-1 系统结构示意图

二、乒乓球步法垫测试系统硬件原理

柔性薄膜开关阵列垫采用微触开关工艺加工制作,只需轻微的压力就可以使其导通,可以准确探测运动员在其上的步法移动(图5-1-2)。

信号采集系统基于单片微处理器设计,配合高速切换开关,实现对柔性薄膜开关阵列的高速扫描和信号采集。微处理器选用 Silicon Laboratories 公司的 C8051F040 型单片机,它基于 8051 改进型设计,工作频率可达

图 5-1-2 柔性薄膜开关阵列垫

25MSPS,资源丰富,I/O 端口最多 64 个,64K FLASH/4K RAM。

信号采集系统与计算机之间通过串口连接,通信速率为 115 200 bps。

三、乒乓球步法垫测试系统软件原理

1. 软件构成

分析软件部分包括四个模块:数据采集模块、数据分析模块、数据调试模块、统计模块。

数据采集模块实现与信号采集仪之间的数据通信,向信号采集仪发送控制指令,从信号采集仪获取实时采集数据,并进行数据的预处理、存储,以便分析(见图 5-1-3)。

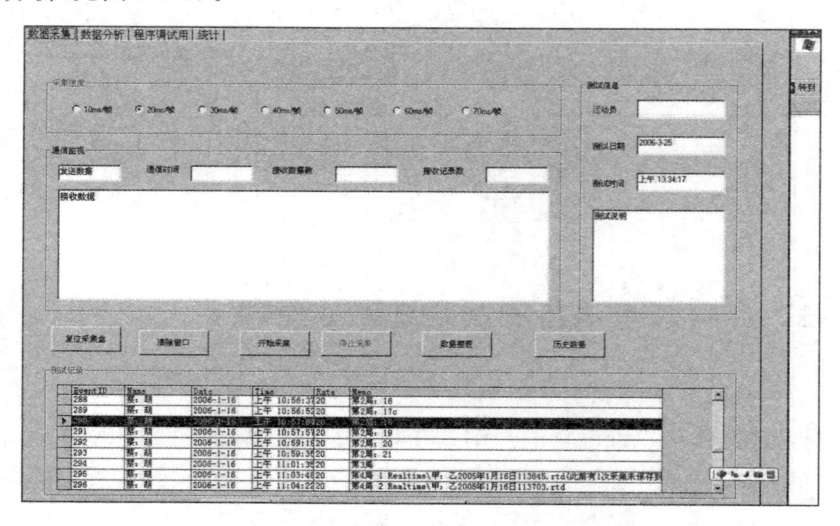

图 5-1-3 数据采集模块

第五章　乒乓球步法的运动学研究

数据分析模块根据采集模块采集处理的数据，实现步法移动轨迹的重构，并结合高速影像记录，实现对采集信号左、右脚区分，以实现对各参数的计算、统计（见图 5-1-4）。

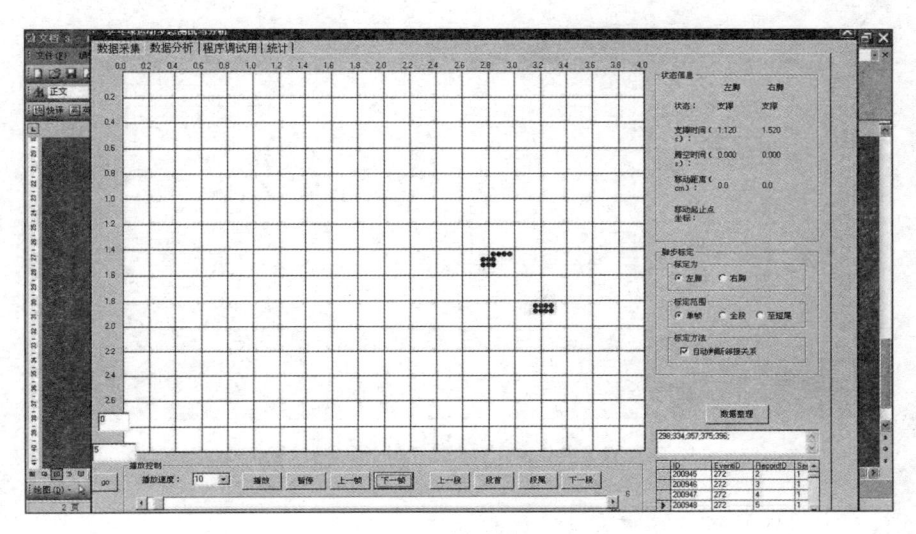

图 5-1-4　数据分析模块

数据调试模块用于对原始数据的显示，与分析统计相对应，以及时校正处理的数据（见图 5-1-5）。

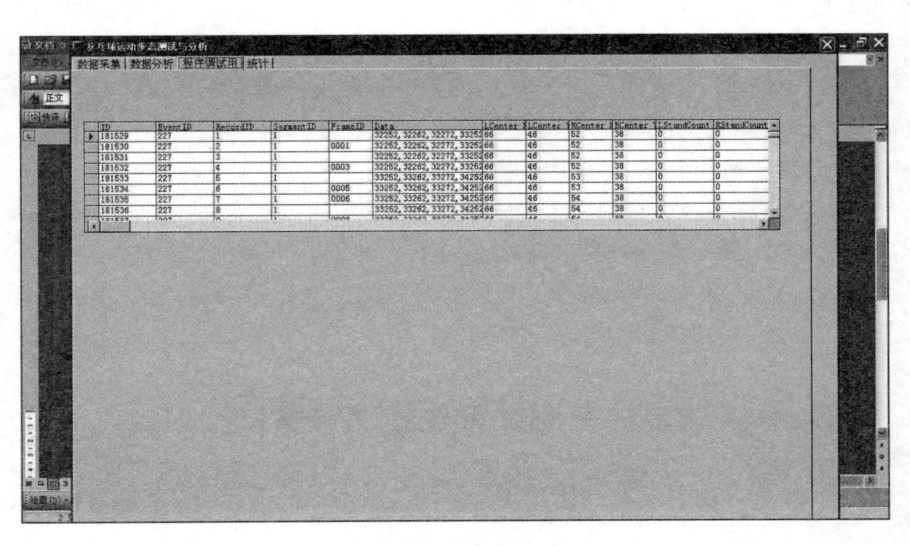

图 5-1-5　数据调试模块

统计模块根据数据分析模块的左右脚分析，计算给出各时间段内的左、右脚的支撑时间、腾空时间、移动路程等参数（见图5-1-6）。

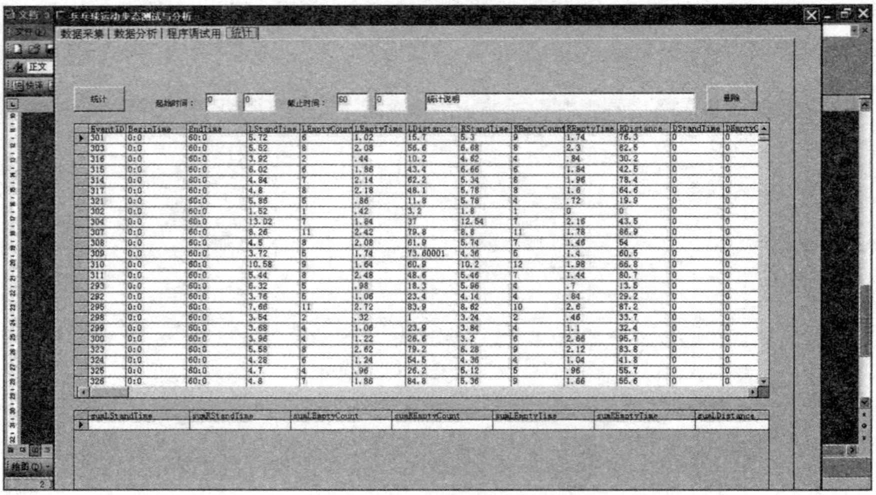

图 5-1-6 数据统计模块

2. 软件算法中时间偏差的说明

虽然乒乓球步法垫测试系统和录像拍摄是同步的，但是得到的数据两者在时间上有一点小差异，存在着偏差。步法垫的采集时间比录像采集时间要少一些，总的偏差不超过5%。有如下偏差：

（1）实际时间算法的误差

在程序中出于统计处理的需要，实际时间＝（左脚腾空时间＋左脚支撑时间）－（左脚腾空次数＋左脚支撑次数－1）×0.02 s

（2）对于腾空和落地规定的误差

以1分球为一个区段进行实际时间与累加时间比较时，1分球结束时所处的腾空（或支撑）并没有结束，必须要等到下一个落地（或腾空）产生时才计算这段时间，时间已超出1分球的时间段。同样，开头的第一段也包含了上1分的一些时间。

四、乒乓球步法垫测试系统技术参数

（1）柔性薄膜开关阵列面积：300×400(cm×cm)。

（2）阵列分布：4×4(cm×cm)。

（3）采样频率：50 Hz。

（4）厚度：0.3 cm。

五、对步法垫测试精度的检验

在进行步法垫测试前我们对步法垫的精度进行了检验。因为在测量实践中,测量仪器的重复性、再现性和稳定性对量测结果有较大的影响,所以对精度的估算,都需要用样本数据来估计测量总体的标准差。误差能反映测量结果与真值的差异,差异小,俗称精度高,差异大则称精度低,评价仪器精度的高低有多种方式和指标,常用的有精度范围、重复性与线性度。

针对精度范围的评估一般有两种情形。在已知真值的情况下,可以把所测量的数据与真值相减以得到一组偏离真值的误差样本,对于这些样本数据,可用贝塞尔(Bessel)公式计算样本的标准差进而对精度值进行检验。

其二是在相同条件下(相同测量方法、相同操作人员、相同测量器具、相同地点和相同使用条件等),在短时间内对同一个量进行多次测量所得结果之间的一致程度。样本数据的标准差可反映仪器的重复性如何。

线性度是指随着自变量的增加因变量变化的线性程度。

本实验中,由于柔性薄膜开关的制作技术已比较完备,因此有关柔性薄膜开关本身的精度问题可认为符合实验要求。现主要问题是将柔性薄膜开关制成步法垫时,由于面积增大和线路增多,应对步法垫进行检验。在本实验中,通过两种方法来确定步法垫的精度范围:一种方法是单点测试;其二是对步法垫上铺上不同厚度的物体进行测试。通过单点测试,反映出此仪器有良好的精度,精度约为 1.73 ± 0.06 mm,已经满足本实验所需精度;重复测量数据的数据误差约为 0.76 mm,具有良好的重复性;由于线性度的检测没有很直观的检测方法,因此,没有对其进行线性度的检测,但由于整个仪器的制造及组装都是由中科院合肥智能研究所来完成,在仪器运出前对其进行了调试,反映精度、重复性、线性度良好。

第二节 对步法垫测试系统的验证及测试结果分析

一、研究方法

1. 测试对象

本次实验为对乒乓球步法的初步研究,该步法测试系统在硬件测试和软件分析上还有许多不成熟的地方,数据后期分析的工作量很大。故此次选取的测试对象人数为1名运动员和1名陪练,系北京体育大学运动系优秀乒乓球运动员(表5-2-1)。

表 5-2-1　测试者与陪练基本情况

	性别	年龄（岁）	训练年限	身高（m）	体重（kg）	运动等级	执拍手	球拍类型	打法类型
测试者	男	19	12	1.76	65	一级	右手	横拍	弧快
陪练	男	23	15	1.83	98	一级	右手	直拍	弧快

2. 实验仪器

(1)乒乓球步法垫测试系统(包括乒乓球步法垫、信号反射器、信号接收器、数据采集与分析软件等)。

(2)一台 Panasonic M9500 录像机。

(3)外同步装置。

(4)乒乓球台、乒乓球拍和乒乓球。

3. 实验方法

应用与中科院合肥智能机械所合作研制开发的乒乓球步法垫测试系统,同时与录像同步测试,对运动员在一场比赛中的步法移动特征进行研究。在北京体育大学生物力学实验大厅进行。

摄像机置于运动方向的右前侧方,与实验对象运动区域中心的距离约为 10 m,主光轴距地面的高度 0.8 m,拍摄频率为 50 幅/s,在拍摄之前调整摄像机焦距并使之达到最清晰,然后锁定。

乒乓球步法垫测试频率为 50 Hz,置于球台前的地板上,表面铺上一层乒乓球比赛专用地板胶。

乒乓球步法测试垫和摄像机之间用外同步装置(发光二极管)相连,由步法测试垫数据采集系统开关的同时,来控制外同步装置中发光二极管的亮与灭,以此从录像的画面上找到与步法垫测试同步的时刻,从而达到两个测试系统的外同步。

4. 实验过程

进行了一场5局3胜制(比分为3∶2,测试者胜)的比赛。基本按平时正常比赛进行。只是双方运动员在每局结束以后无须换边,以保证受试者一直站在步法测试垫上。受试者在每1分球前准备发球或准备接球时,开始采集数据,待1分球结束时,停止采集。

5. 数据分析与处理

利用乒乓球步法垫中的数据分析模块获取原始数据,采集时间13.64 min,共获取了整场比赛中双脚步法移动的各6万余个数据点,对两只脚的所有数据进行了分析与处理。后期运用 Microsoft office Access 2003、Microsoft office Excel 2003 进行数据处理与统计分析。

二、乒乓球步法的测试结果与分析

1. 对比赛的描述

整场比赛共打满5局。比分为3∶2,测试对象胜。整场比赛中测试对象始终在步法测试垫上。经赛后询问,与平常打球时的地面感觉相似,步法测试垫未影响运动员的正常打球。每局比分、擦网球数及采集球数见表5-2-2。本论文对全部102分球(包括8个擦网发球)中的所有步法进行了分析与统计。

表 5-2-2 整场比赛基本情况

局数	比分(测∶陪)	发球擦网次数(个)	共采集球数(个)
1	8∶11	1	20
2	8∶11	5	24
3	11∶5	2	18
4	11∶5	0	16
5	13∶11	0	24
一场球共计		8	102

以下行文中按1分球、一局球和一场球,从微观到宏观对比赛中的步法移动的运动学特征进行描述与分析。当进行1分球详细分析时,以第4局第1分为例;当进行一局球具体分析时,以第4局或第5局为例。

对具体1分球步法特征的描述,可以从微观对每一次脚步移动进行详细的描述;当选取一局球时,是将1分球作为一个最小单位对步法特征进行描述的;选取一场球时,是以一局球为单位,从较为宏观的角度对步法特征进行分析与描述的。

第4局第1个球基本情况为,测试对象发球,共进行了3个回合,净时

143

间为 11.22 s,测试对象输。净时间是指从运动员准备发球到这 1 分比赛结束为止的时间,排除了比赛中拣球和休息的时间。

第 4 局总比分为 11:5,共有 16 分球,测试对象胜,净用时共 2 min。
第 5 局比分为 13:11,共有 24 个球,测试对象胜,净用时共 2.97 min。

2. 比赛中运动员步法的时相特征

在乒乓球比赛中,运动员的双脚与地面的关系有四种状态:左脚单脚支撑(同时右脚腾空)、右脚单脚支撑(同时左脚腾空)、双脚支撑和双脚腾空。对于一侧脚而言,该侧脚与地面的关系有两种状态:该侧脚支撑或该侧脚腾空。每次腾空视为一次步法移动。

(1) 一分球中步法的时相特征

表 5-2-3 第 4 局第 1 分球的时相参数表

	左脚支撑	左脚腾空	右脚支撑	右脚腾空	双脚支撑	双脚腾空
次数	11	10	8	8	13	4
时相最小值(s)	0.04	0.16	0.18	0.12	0.08	0.10
时相最大值(s)	1.94	0.40	3.24	0.44	1.38	0.12
时相平均值(s)	0.70	0.29	0.96	0.27	0.44	0.11
时相标准差(s)	0.56	0.09	1.14	0.11	0.46	0.01
总计(s)	8.50	2.72	8.62	2.60	5.68	0.44
时相百分比	75.76%	24.00%	76.83%	22.08%	50.62%	3.92%

测试结果显示了单脚时相的特征(见表 3-3-2)。在用时 11.22 s 的一分球中,左脚腾空了 10 次,右脚腾空了 8 次。左脚在 1 分球的 24.00% 的时间(2.72 s)内处于腾空状态,右脚在 1 分球的 23.00% 的时间(2.60 s)内处于腾空状态,其余时间为该侧脚的支撑时间。每次平均腾空时间为:左脚 2.72 s,右脚 2.60 s。其中右脚腾空的最长时间为 0.44 s,左脚为 0.40 s。最短时间分别为:左脚 0.16 s,右脚 0.12 s。

在 1 分球比赛中,双脚腾空次数为 4 次,双脚支撑次数为 13 次。在一分比赛中有一半左右的时间双脚处于双支撑状态,而其余一半时间双脚处于非双支撑状态,双脚的腾空状态有三种,双脚腾空、左脚腾空和右脚腾空,一侧脚腾空的同时另一侧脚处于单支撑状态。其中双脚腾空的时间仅占一分时间的 3.92%,平均每次为 0.11 s,在其他 44.08% 时间内,处于单脚腾空状态(其中,右脚 24%,左脚 22.08%)。

第五章 乒乓球步法的运动学研究

（2）一局中步法的时相特征

表 5-2-4　第 5 局步法的时相参数表

球数	1分球时间(s)	双脚腾空次数(次)	左脚支撑时间(s)	左脚腾空次数(次)	左脚腾空时间(s)	右脚支撑时间(s)	右脚腾空次数(次)	右脚腾空时间(s)
1	9.46	1	7.62	7	1.84	7.66	8	2.10
2	7.62	2	5.96	8	1.66	5.92	8	1.64
3	6.84	1	4.70	7	2.14	5.34	8	1.96
4	8.30	1	6.44	6	1.86	6.66	6	1.84
5	5.70	0	5.26	2	0.44	4.62	4	0.84
6	6.98	3	4.80	8	2.18	5.78	8	1.60
7	6.46	0	4.78	6	1.68	4.70	5	1.86
8	4.90	2	3.58	4	1.32	3.78	6	1.44
9	9.32	0	7.12	8	2.20	7.34	6	1.48
10	6.44	0	5.58	5	0.86	5.78	4	0.72
11	6.42	3	4.62	6	1.80	4.86	7	1.74
12	8.30	5	5.68	8	2.62	6.28	9	2.12
13	5.34	1	4.10	6	1.24	4.36	4	1.04
14	5.82	1	4.86	4	0.96	5.12	5	0.96
15	6.80	2	4.94	7	1.86	5.36	9	1.66
16	7.76	2	5.58	7	2.18	5.56	8	1.64
17	9.20	0	8.22	6	0.98	8.12	5	1.12
18	8.82	0	7.56	6	1.26	8.18	4	0.84
19	7.00	2	5.02	7	1.98	5.98	5	1.14
20	9.54	2	5.90	14	3.64	7.02	10	2.48
21	10.56	2	9.26	9	1.30	9.04	6	1.34
22	5.42	3	3.62	6	1.80	3.92	6	1.52
23	6.94	1	5.60	4	1.34	5.64	4	1.06
24	8.00	3	5.82	6	2.18	5.58	9	2.52
最小值	4.90	0	3.58	2	0.44	3.78	4	0.72
最大值	10.56	5	9.26	14	3.64	9.04	10	2.52
平均值	7.41	1.54	5.69	6.54	1.72	5.94	6.42	1.53
标准差	1.53	1.28	1.41	2.25	0.66	1.38	1.91	0.50
总计	177.9	37	136.6	157	41.32	142.6	154	36.66
百分比			76.78%		23.22%	80.14%		20.60%

表 5-2-4 显示了第 5 局中的时相参数特征,对 24 个球的所用净时间、支撑、腾空时间进行了详细统计。第 5 局比赛总用时为 177.94 s(2.97 min),每一分球平均净用时为 7.41 s,每分球用时最长 10.56 s,最短 4.90 s。双脚腾空次数共 37 次,每分平均为 1.54 次,一分中双脚腾空最多是 5 次,最少的是没有一次双脚腾空。左脚腾空的总时间占一局时间的 23.22%,为 41.32 s,每一分球平均为 1.72 s,最长时间 3.64 s,最短时间 0.44 s。右脚腾空时间占一局时间的 20.60%,总时间为 36.66 s,在一分比赛中用 1.53±0.50 s。

右脚腾空次数和腾空时间略比右脚的腾空次数和腾空时间多,经 T 检验,差异不显著,可以认为左右脚腾空时间基本相同。

(3) 一场比赛步法的时相特征

如表 5-2-4 所示,测试的这一场比赛的净用时为 13.64 min,每局平均净用时为 2.73 min。一场比赛中运动员双脚共腾空了 132 次,左脚腾空了 730 次,右脚腾空了 707 次,左脚的腾空次数和腾空时间及右脚的腾空次数和腾空时间相似,略高一些,经 T 检验差异不显著。

在一局中,双脚腾空最多为 37 次,最少为 18 次,平均为 26 次;左脚腾空最多为 162 次/局,最少为 110 次/局,平均为 146 次/局;右脚腾空次数的最大值 159 次/局,最小值为 112 次/局,平均次数为 141 次。

从左右脚的腾空总时间、支撑总时间和时相百分比上可以看到,左脚和右脚的腾空总时间分别为 3.06 min 和 2.89 min,时间百分比分别为 22.43% 和 21.19%,即一场比赛中有将近一半的时间,两脚处于移动状态。

表 5-2-5 对整场比赛的步法移动参数表

局数	双脚腾空次数(次)	平均净时间(min)	左脚支撑总时间(min)	左脚腾空总次数(次)	左脚腾空总时间(min)	右脚支撑总时间(min)	右脚腾空总次数(次)	右脚腾空总时间(min)
第1局	21	2.54	2.03	143	0.51	2.05	136	0.49
第2局	28	2.91	2.27	158	0.63	2.32	146	0.58
第3局	18	3.23	2.45	162	0.78	2.45	159	0.78
第4局	28	2.00	1.55	110	0.44	1.57	112	0.43
第5局	37	2.97	2.28	157	0.69	2.35	154	0.61
最小值	18	2.00	1.55	110	0.44	1.57	112	0.43
最大值	37	3.23	2.45	162	0.78	2.45	159	0.78
均数	26	2.73	2.12	146	0.61	2.15	141	0.58
标准差	7	0.48	0.35	21	0.13	0.70	19	0.14
总计	132	13.64	10.58	730	3.06	10.75	707	2.89
时相百分比			77.57%		22.43%	78.81%		21.19%

第五章　乒乓球步法的运动学研究

(4) 小结

综上所述，测试的这一场比赛的净用时为 13.64 min，每局平均净用时为 2.73 min。一场比赛中运动员共出现双脚腾空 132 次，左脚腾空 730 次，右脚腾空 707 次。在乒乓球比赛中，有大约一半的时间运动员处于移动状态，乒乓球步法的移动以单脚的移动为主，以双脚的同时移动为辅。左脚和右脚的移动次数和移动时间基本相似。

3. 比赛中步法的空间特征

(1) 步法移动的区域特征

如图 5-2-1 所示，显示了该名运动员乒乓球比赛中 1 分、1 局、1 场中每一步的位置点分布，从中可以看出该运动员的移动范围的大致区域分布特点。本文采用步法移动范围的计算方法是用步法在左右最远端的距离与前后最远端距离的乘积。

在第 4 局第 1 分的比赛中，运动员步法在左方最远端一点的横坐标值为 1.68 m，右方最远端一点的横坐标为 3.28 m；运动员步法在前后最远端一点的纵坐标分别为 0.56 m、2.52 m，所以这 1 分的步法移动范围为：

$$(3.28-1.68)\times(2.52-0.56)=3.14 \text{ m}^2;$$

同样，算得一局比赛中，该运动员移动的范围大约是：

$$(3.92-0.80)\times(2.56-0.48)=6.49 \text{ m}^2;$$

在一场比赛中，该运动员移动的区域范围为：

$$(3.92-0.68)\times(2.56-0.08)=8.04 \text{ m}^2。$$

在第 4 局第 1 分球中，运动员先在球台的左侧侧身发球后，右脚向右前跨一小步，紧接着双脚小跳步，正手弧圈球技术；后两脚向左后跳步，反手拨球，球失误，同时，双脚又小跳步，站稳，1 分球结束。从图 5-2-1 的一分球图中可以看到在这 1 分球中，该运动员步法移动大致区域在中远台，偏左边。

从第 5 局和整场比赛的步法分布区域来看，该名运动员的步法为不对称分布，大部分分布在中远台偏左的地方，在步法垫的偏右侧，即球台右边侧向右 1m 以外，以及步法垫右后侧，几乎没有见步法的分布。

从乒乓球技战术来看，在乒乓球比赛中，双方运动员总是从反手位开始比赛，在比赛进行中也通常以压对方反手位为主。从本论文对乒乓球运动员比赛步法分布图上也可以证实乒乓球这一技战术特点。

第4局第1分　　　　　　　　　　第5局

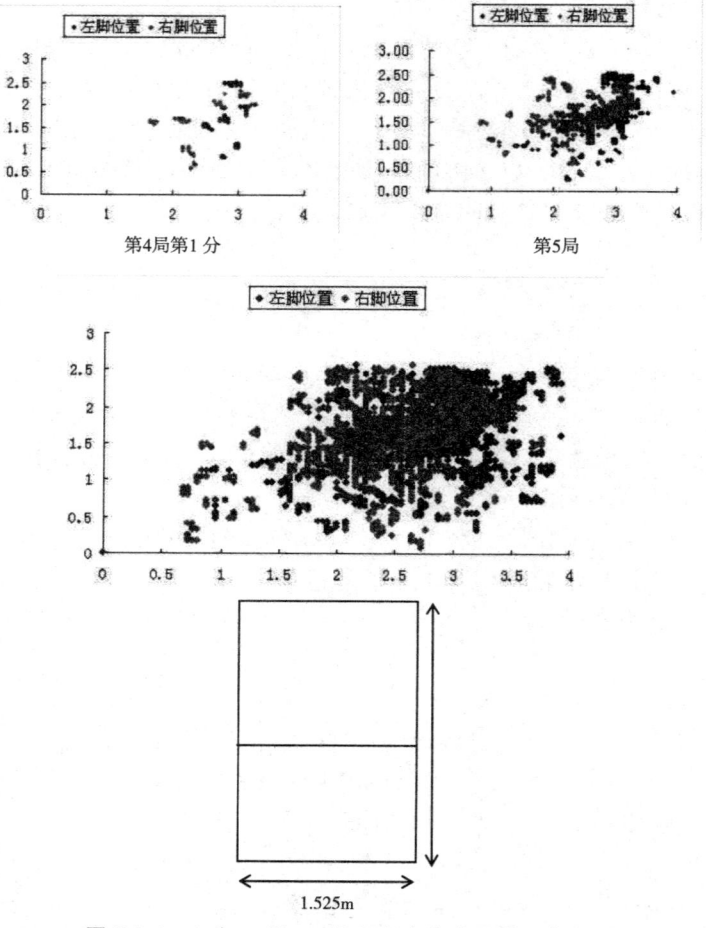

图 5-2-1　1 分、1 局、1 场中步法移动区域示意图

（2）步法的移动距离

①1 分球中步法移动特征

表 5-2-6　1 分中双脚移动距离　　　　　　　　单位:cm

	左脚步幅	右脚步幅
次数（次）	11	8
最小值	1.00	4.10
最大值	16.40	19.20
平均值	8.39	9.86
标准差	5.48	5.08
合计	83.90	88.70

第五章　乒乓球步法的运动学研究

在第4局第1分球中,左脚移动了83.90 cm,右脚移动了88.0 cm,每一步最大的移动距离,左脚为16.40 cm,右脚为19.20 cm。每一步最小的移动距离左脚为1cm,右脚为4.10 cm。左右脚的平均移动距离分别为8.39 cm 和9.86 cm。

②1局球中步法移动特征

表 5-2-7　1局球中双脚移动的距离　　　单位:cm

球数	左脚移动距离	右脚移动距离	双脚共移动距离
1	58.40	85.10	143.50
2	38.20	70.10	108.30
3	62.20	78.40	140.60
4	43.40	42.50	85.90
5	10.20	30.20	40.40
6	48.10	64.60	112.70
7	49.10	52.30	101.40
8	45.60	44.20	89.80
9	82.50	37.60	120.10
10	11.80	19.90	31.70
11	53.00	75.00	128.00
12	79.20	83.80	163.00
13	54.50	41.80	96.30
14	26.20	55.70	81.90
15	84.80	55.60	140.40
16	94.70	69.90	164.60
17	10.50	35.20	45.70
18	16.00	37.70	53.70
19	48.20	41.00	89.20
20	104.60	90.80	195.40
21	39.10	71.20	110.30
22	84.40	75.70	160.10
23	23.90	52.70	76.60
24	92.60	106.10	198.70
每分平均	52.55	59.05*	111.60
标准差	28.38	21.78	46.01
最大值	104.60	106.10	198.70
最小值	10.20	19.90	31.70
1局总计	1261.20	1417.10	2678.30

注: * $p<0.05$,代表经 T 检验差异显著(下同)。

表5-2-7详细列举了在第5局中每一分左右脚移动的距离情况。在第5局中,左脚共移动了12.61 m(1261.20 cm),右脚共移动了14.17 m(1417.10 cm),左右脚共移动26.78 m(2678.30 cm)。经T检验,发现每一分中右脚移动的距离59.05±21.78 cm,长于左脚的52.55±28.38 cm。右脚在1分中的最大距离为106.10 cm,最小距离为19.90 cm,均大于右脚的最大距离104.60 cm和最小距离10.20 cm,左右脚在1分中平均移动1.12 m(111.60 cm)。

③1场球步法移动特征

表5-2-8　1场球中双脚移动的距离　　　　　　　　单位:m

局数	左脚移动距离	右脚移动距离	双脚共移动距离
第1局	9.35	11.12	20.47
第2局	10.50	12.44	22.94
第3局	13.75	14.62	28.37
第4局	7.12	9.86	16.98
第5局	12.61	14.17	26.78
总计	53.33	62.20	115.54
均数	10.67	12.44*	23.11
标准差	2.63	2.01	4.63
最大值	13.75	14.62	28.37
最小值	7.12	9.86	16.98

经研究发现,在一场比赛中,该名运动员左右脚共移动了115.54 m,其中左脚移动了53.33 m,右脚移动了62.20 m,在一局比赛中,运动员移动的平均总距离为23.11±4.63m。经T检验,每局右脚的移动距离(12.44±2.01 m)大于左脚(10.67±2.63 m)在1局中的移动距离,差异显著。

(3)步法的步幅

①步幅的大小

对一场比赛中所有的步法的步幅(左脚730次,右脚707次)进行了分析与统计,见表5-2-9。两脚共移动了1437次,每一步平均移动8.02±7.28 cm。右脚一步最大的距离为59.40 cm,而左脚最大一步的步幅是53.00 cm。左右脚的最小步幅为0,说明腾空以后又几乎在原地落下。右脚一步的步幅是8.80±7.61cm,左脚一步是7.31±7.00 cm,右脚的步幅明显大于左脚的步幅,经检验,$p<0.05$,差异显著。

第五章　乒乓球步法的运动学研究

表 5-2-9　一场比赛中每一步步幅的统计

	左脚	右脚	两脚合并
移动次数(次)	730	707	1437
最小值(cm)	0.00	0.00	0
最大值(cm)	53.00	59.40	59.40
均值(cm)	7.31	8.80*	8.02
标准差(cm)	7.00	7.61	7.28

② 步幅的频率分布

表 5-2-10　一场比赛中步法的步幅分布频率表

	左脚 次数	左脚 频率(%)	右脚 次数	右脚 频率(%)
5 cm 以内的次数	344	47.15	251	35.52
5～10 cm 的次数	185	21.17	221	31.19
10～20 cm 的次数	155	25.40	170	24.03
20 cm 以上的次数	46	6.28	64	9.25

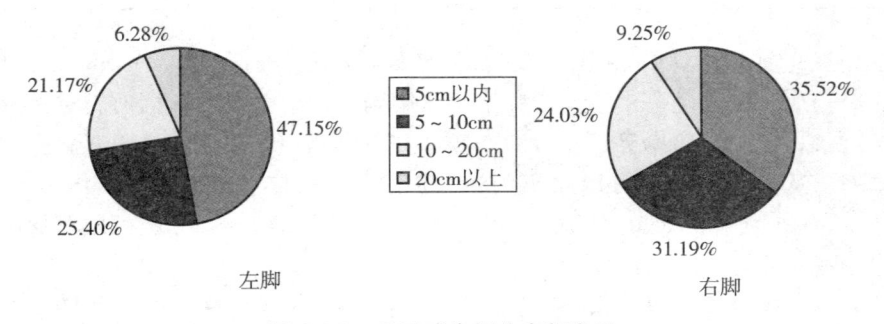

图 5-2-2　乒乓球步幅分布频率图

对步幅的大小分布进行了统计,见表 5-2-10 和图 5-2-2。按 5 cm 以内、5～10 cm,10～20 cm 和 20 cm 以上进行分类统计。可以明显地看到,无论左脚和右脚,5 cm 以内的小步法最多,分别占 25.40% 和 31.19%。20 cm 以上的步幅占了很小的比例,左脚只有 6.28%,右脚为 9.25%。也就是说,在乒乓球的步法移动中,以步幅为 20 cm 以内的步法为主,5 cm 以内的小碎步占了很大比例,左脚的小碎步比例大于右脚的小碎步比例。

(4)小结

比赛中该运动员乒乓球步法的空间特征表现为:该运动员步法移动的

范围为 8.04 m²;一场比赛中运动员移动的总距离为 115.54 m;在一局比赛中运动员移动的总距离 23.11±4.63 m;每一步平均移动的距离是 8.02±7.28 cm;步法移动中最远一步的移动距离为 59.40 cm。

步法范围呈不对称分布,大部分分布在中远台偏左的地方;在一局比赛、一分比赛及每一步中,右脚的移动距离均大于左脚的移动距离;乒乓球的步法移动以 20 cm 以内的步幅为主,左脚以小碎步移动更多。

4. 比赛中步法的时空特征

(1)移动频率

表 5-2-11　一场比赛中步法移动频率表　　　　单位:次/s

	左脚腾空频率	右脚腾空频率	双脚腾空频率	总腾空频率
第 1 局	0.94	0.89	0.14	1.69
第 2 局	0.91	0.84	0.16	1.58
第 3 局	0.84	0.82	0.09	1.56
第 4 局	0.92	0.94	0.23	1.62
第 5 局	0.88	0.87	0.21	1.54
一场平均	0.89	0.86	0.16	1.59
标准差	0.04	0.04	0.05	0.05

在乒乓球比赛中,无论是左、右脚单脚,或是双脚,每腾空一次,可以看作是一次步法移动。由于左脚腾空和右脚腾空中包含了双脚同时腾空的情况,所以,总腾空频率等于左脚腾空频率和右脚腾空频率之和减去双脚腾空频率。从表 5-2-11 中可以得出,在一场中左脚的腾空频率为 0.89±0.04 次/s,右脚为 0.86±0.04 次/s,双脚腾空频率为 0.16±0.05 次/s,总的腾空频率为 1.59±0.04 次/s。

从以上分析可以看出,乒乓球运动员在比赛中步法移动的频率特点是移动的频率很高,为 2 s 要移动 3 次,其中多为左右脚的单脚移动,而双脚同时移动的频率比较低。

(2)移动速度

对乒乓球比赛中每一步移动的速度进行了分析,见表 5-2-12 和图 5-2-3。这个移动速度指的是每一步在地面上移动的平均速度。左、右脚单脚移动的最小速度为 0,因为有的小碎步是腾空之后又几乎落在了原地。左脚的最大移动速度为 2.32 m/s,右脚为 2.80 m/s。右脚的移动速度(0.40±0.36 m/s)大于左脚水平移动速度(0.30±0.28 m/s),经检验,p<0.01,差异显著。单步的总平均速度为(0.34±0.31 m/s)。

第五章　乒乓球步法的运动学研究

表 5-2-12　步法移动速度表　　　　　　　单位：m/s

	左脚	右脚	两脚合并
次数（次）	730	707	1437
最小值	0.00	0.00	0.00
最大值	2.32	2.80	2.80
平均值	0.30	0.40**	0.34
标准差	0.28	0.36	0.31

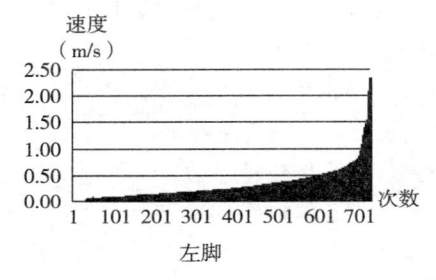

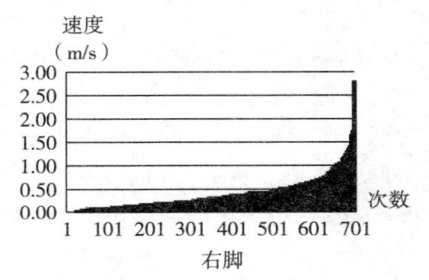

图 5-2-3　步法移动速度分布示意图

通过以上分析，可以得出乒乓球运动员在比赛中步法移动的特点是移动较小，右脚的移动速度大于左脚的移动速度。

（3）小结

乒乓球步法的速度特征为以 1.59±0.04 次/s 的高频率移动，移动速度较小为 0.34±0.31 m/s，右脚的移动速度大于左脚的移动速度。

5. 乒乓球步法运动学特征总结

通过上述对乒乓球比赛中运动员步法移动的时间特征、空间特征和时空特征的结果与分析，可以对乒乓球运动员步法移动的总体运动学特征概括为：运动员在偏左台的 8.04 m² 的区域里，以 1.59±0.04 次/s 的高频率，每步以 8.02±7.28 cm 的小步幅进行步法移动；在比赛中，运动员有大约一半的时间处于移动状态，乒乓球步法的移动以单脚的移动为主，以双脚的同时移动为辅；运动员在一场比赛中共进行了 1437 次移动，移动距离为 115.54 m；右脚的每步移动距离、每局移动距离大于左脚。

三、对乒乓球步法研究的讨论

1. 对乒乓球步法特征的讨论

按教科书上对乒乓球步法技术的分类共有六种类型：单步、跨步、并步、交叉步、小碎步和小跳步技术。从本论文对乒乓球步法的研究中可以看到，在比赛中运用小范围碎步技术更多，大范围的步法移动，如跨步、交叉步技术运用得较少。

当以右手为执拍手时，可以把身体的左方看作是闭合区，身体的右方看作是开放区。由于右手击球和身体解剖结构的缘故，移动时左脚以小碎步移动，配合右脚的移动，将身体调整到合适位置，让开右手位，为上肢合理击球保证适当的空间。从本论文的数据分析中可以看到右脚移动次数与左脚移动次数几乎相同（且略少），但步幅和总移动距离均大于左脚，本论文的研究从定量角度揭示和验证了乒乓球步法的这一特点。

乒乓球步法的这种高频率、短时间小步法的移动特点，保证了运动员重心的稳定，避免重心大幅度的上下起伏，为运动员在快速移动中保证高质量的击球提供了稳定的身体支撑。同时也为运动员快速启动、快速制动提供了保障，因为在每次击完球，运动员对下一次击球的方向和落点，处于未知的高度警惕状态，于是体现在步法上就是快速对上次步法进行制动，同时准备快速向来球方向移动。

2. 对乒乓球步法训练和体能训练的启示

本实验运用新研制的用于乒乓球专项的乒乓球步法测试垫，对比赛中乒乓球运动员的步法进行了测试，对乒乓球步法的定量研究作出了一些尝试。本文的研究结果与发现不但补充与丰富了乒乓球步法的原理，而且对乒乓球步法的教学与训练及运动员的体能训练都有重要的指导与参考作用。

在进行步法训练时，要选择与这种高频率、小步幅的步法特征相适应的训练方法和手段。在进行乒乓球体能训练时，训练的内容上也可以考虑与乒乓球步法特征相一致的训练内容，要选择以提高运动员爆发力、快速反应能力，能够提高相适应的神经中枢和肌肉快速力量的训练内容。

3. 步法特征的后续研究

由于时间和实验仪器的限制，只对一名一级运动员比赛中的步法进行了研究，今后可以对不同级别、年龄的乒乓球运动员的步法特征进行研究。通过对我国国家队优秀运动员的步法特征进行研究，建立乒乓球基本步法模型；在此基础上，分析不同级别、年龄的乒乓球运动员在训练、比赛过程中的步法移动方面的特点与不足，以帮助教练员进行制订针对性的训练方案，提高运动员的乒乓球竞技水平。

第六章 乒乓球运动员完成主要步法时膝关节负荷特征研究

第一节 前言

乒乓球作为一项适合全民运动的项目，在全国各地受到越来越多的人的喜爱。众所周知，乒乓球的最重要的制胜因素是"快""转""狠""准""变"。不难看出，"快"在所有制胜因素中占据首位，当然大众所了解的"快"就是乒乓球球速快，然而往往忽视了乒乓球步法在乒乓球运动中的作用。步法是指乒乓球运动员为选择合适的击球位置所采用的移动方法，它是乒乓球击球环节的一个重要组成部分，也是一名优秀运动员必须具备的重要技术，随着乒乓球技术的快速发展，步法也越来越显示出它的重要性，快速、准确的步法能够帮助运动员及时地到位，继而做出准确的相应的动作反应。乒乓球步法是乒乓球专项训练和比赛非常重要的一部分。

大多数参与乒乓球运动的人会认为乒乓球运动的运动量小、运动范围小、运动员之间没有身体接触、缺乏对抗，不易发生运动损伤，然而却不是这样。乒乓球的步法要求运动员的膝关节经常在半屈曲位时进行起动、移动、制动、扭转和蹬伸等技术动作，而半屈曲位是膝关节生理解剖薄弱的位置。乒乓球运动员在进行训练和比赛时膝关节半月板、周围的韧带经常抽到磨损和过度牵拉，因此乒乓球运动员是膝关节损伤的高危人群。尤其是乒乓球的步法动作，要求运动员根据来球方向判断，然后起动、再急停落下。在乒乓球快速的运动下，要求运动员的步法也要迅速准确，此时膝关节就在不断地调整弯曲角度、旋内旋外角度、内收外展角度，以保证运动员用最快和最准确的动作击球，此时膝关节还要承受来自地面的反作用力。可想而知，步法对膝关节的损伤是一个重要因素。

膝关节是人体结构中最复杂的一个关节，它由股骨下断关节面、胫骨上端关节面及髌骨关节面组成。它主要用来承受身体的质量。膝关节是大腿和小腿的连接，所处位置在活动功能和身体承受力量上扮演着非常重要的角色，起着分散、传递力量和减震的作用。膝关节除能做弯曲、伸直运动外，还允许部分的内外旋转、内外翻,由于膝关节承受较大的应力,并处于身体很长的两个杠杆臂之间,所以较容易受伤。

大量研究文献表明,膝关节损伤在乒乓球运动员中是一个具有普遍性的重大健康问题。这类损伤在运动员当中不仅发病率高,而且后果严重,可导致其短期运动训练中断,甚至运动生涯终止,并可能因为较易罹患膝关节炎等继发性损伤而严重影响退役后的生活质量。Noyes FR 通过调查研究总结出前交叉韧带急性断裂之后,31% 的患者独自行走的能力受到影响,44% 的患者日常生活行动受到影响,77% 的患者的体育运动能力受到影响。

国内外大量的文献资料表明在乒乓球运动员膝关节损伤中关于解剖学的研究已经有了很大的进步,但是大部分对于乒乓球运动员损伤的研究都采取了调查问卷的形式,都有很大的主观性。并且对于膝关节的受力情况分析只有很少量的研究资料,这些还有待于我们继续努力。通过对上述文献的总结发现,现有研究对于乒乓球运动损伤的预防做出了一定的贡献,但是很多措施只是具有共性的一些预防措施,而针对乒乓球运动员膝关节的损伤这一特殊的部位并没有提出与之受力特点相呼应的预防措施。

通过查阅文献,我们知道了乒乓球运动员膝关节受伤的一些原因,但是这些原因都是围绕着膝关节的解剖因素展开的,至于乒乓运动员在完成主要步法时膝关节的受力特征并不清楚。有关乒乓球运动员完成主要步法的过程中膝关节损伤的文献很少,而只有进一步了解乒乓球运动员完成主要步法时膝关节的负荷特点才能准确判断导致损伤的危险因素,从而制定相应预防和康复手段。

因此,本课题采用生物力学的研究方法,对北京体育大学优秀乒乓球运动员在完成主要乒乓球步法(并步、跳步、跨步)动作过程中下肢运动学、动力学数据进行采集,通过分析不同性别乒乓球运动员完成不同步法时的运动学特征以及膝关节三维力和力矩峰值等指标,初步了解乒乓球运动员在完成主要步法时膝关节负荷特征及影响因素,并提出相应的预防乒乓球运动员膝关节损伤的训练措施。本课题的结果将对预防乒乓球运动员膝关节损伤,延长运动员的运动寿命,提高成绩,以及提高运动员停训后的生活质量有非常重要的意义。

第二节 研究对象与研究方法

运用 Motion 红外光点运动分析系统和三维测力台系统同时测量运动

第六章　乒乓球运动员完成主要步法时膝关节负荷特征研究

员在完成乒乓球主要步法(并步、跨步、跳步)时的动力学的数据,并且对数据进行处理后选取合适的数据进行分析。

一、研究对象

1. 测试对象

本次试验选取了北京体育大学优秀乒乓球运动员,男、女各 10 名,运动等级均在二级或者以上(见表 6-2-1)。所有参加测试的运动员均没有膝关节损伤史,并且在测试当天没有任何的下肢关节疼痛和运动障碍。

表 6-2-1　本研究受试者基本情况

人数	性别	年龄（岁）	身高(cm)	体重(kg)	训练年限	运动等级
10	男	20.5±3.5	179±6	72±19	11.5±3.5	二级
10	女	21±3	167.5±7.5	53.5±11.5	11±6	一级(4人) 二级(6人)

2. 测试的技术动作

本研究根据对文献资料查阅和对运动员的调查,确定了乒乓球运动中常用的三种步法——并步、跳步、跨步,作为本研究的测试步法动作。本研究选取正手方向的步法动作,即支撑发力腿脚为右脚,辅助脚为左脚,所以在本研究的论述中以左脚、右脚来分析步法动作。另外,为保证测试数据的一致性,完成三种步法动作时发球者都发不转球。

(1)并步:在移动时没有腾空动作,重心起伏较小,有利于保持身体的平衡和稳定。并步的移动方法和跳步相似,区别在于没有腾空动作。移动时,一脚先向另一脚并半步或者一小步,另一脚在并步脚落地后随即向来球方向移动一步。实际运用:快攻选手在左右移动中攻球或拉球;削球选手正反手削球、并步侧身攻,多用于拉削球,右脚先向左脚后并一步,以便转体,随之左脚向侧跨一步。

(2)跳步:跳步移动时,通常会有短暂的腾空时间,身体重心变换很快,移动前后双脚距离基本相等,可以连续回击来球,适合来球离身体较远时使用。跳步步法通常是依靠膝关节的缓冲来减少重心的上下起伏。跳步是以来球异方向的脚用力蹬地为主,是两脚同时或几乎同时离地向来球的方向跳动,蹬地用力大的脚先落地,另一脚跟着落地,然后挥臂击球。实际运用:

快攻选手左右移动击球,常与跨步结合起来用;弧圈类打法由中台向左、右移动时常用;跳步侧身攻球或拉球,但在空中需要完成转腰;削球选手在接突击球时常采用,但以小跳步来调整站位用的较多。

(3)跨步:跨步的移动速度快,幅度较大,常会降低身体重心的高度,不宜连续使用。移动方法是来球异侧方向的一脚蹬地,另一只脚向移动方向跨一大步,蹬地脚随后跟上半步或一小步,然后挥臂击球,大多时候,手脚几乎同时动,跨步脚落地的同时,完成击球动作。实际运用:近台快攻打法,用来对付离身体稍远的来球;削球打法,左右移动;跨步侧身攻,当来球速度较慢,但离身体稍远时,左脚向左前上方跨出一大步,右脚随即跟上一小步,同时配合腰部右转动作,完成侧身移步。

二、动作阶段的划分

本次试验选取了并步、跳步、跨步三种步法动作,三种步法动作虽然各有不同,但是在动作要领上有一致性,三种步法动作都要求根据来球方向调整身体重心,支撑发力腿向来球方向跨步一大步,然后再蹬地发力挥拍击球。本次实验数据选取乒乓球运动员在完成步法时,支撑发力腿向来球方向移动一步后脚部落地缓冲结束以前的膝关节负荷特征,对于运动员后续的蹬地发力挥拍击球的过程的膝关节负荷特征在三种技术动作中进行分析。

本次试验选取支撑发力腿为研究对象,所以在选取数据时,主要选取支撑发力腿脚步接触测力台瞬间到支撑发力腿缓冲结束时刻的膝关节受力分析。据支撑发力腿与测力台的接触时所受的地面反作用力的变化情况划分动作阶段。

如图 6-2-1 所示,为步法移动的一个动作技术周期,包括 4 个特征画面、3 个动作阶段。a 点支撑发力腿接触地面瞬间,判断依据为此时右脚在左右、前后、垂直方向上的地面支撑反作用力接近为 0;b 点为支撑发力腿完全接触测力,判断依据为此时地面垂直反作用力有最大峰值;c 点缓冲结束时刻,判断依据为此时在支撑发力腿三个方向的力下降到一个谷值;d 点为支撑发力腿离开测力台瞬间,判断依据为此时地面反作用力接近 0。

4 个特征画面构成了 3 个动作阶段。a～b 阶段为着地阶段,步法移动中支撑发力腿接触测力台,此时地面反作用力迅速增加;b～c 阶段为缓冲阶段,即支撑发力腿落地后的缓冲阶段;c～d 阶段为蹬伸阶段,即运动员蹬地发力挥拍击球阶段。

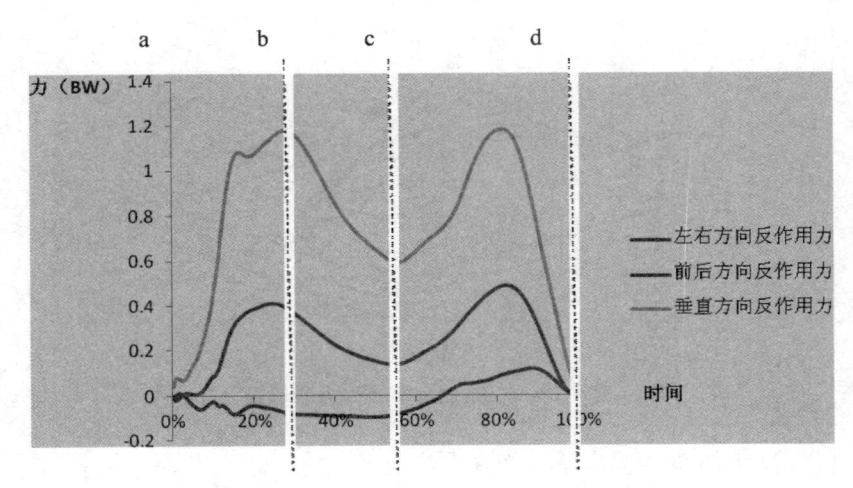

第六章　乒乓球运动员完成主要步法时膝关节负荷特征研究

图 6-2-1　步法动作阶段划分示意图

由于本部分研究主要是针对步法移动中膝关节的负荷特征进行分析，所以我们选取数据时选择支撑发力腿接触测力台，然后运用缓冲结束阶段，即 a～b 着地阶段和 b～c 缓冲阶段的数据来进行分析。

三、实验仪器

1. 三维测力系统

KISTLER9281CA 型测力台，产自瑞典，属于以压电晶体为传感器的测力平台，内置电荷放大器。每个传感器是由三组环状的石英压电晶体叠加在一起形成圆柱形，这三组压电晶体由于其从单晶硅上切割方向各不相同，分别沿平行于 X、Y、Z 轴 3 个不同方向切割(见图 6-2-2)，所以 3 个方向的力对每一组压电晶体产生压电效应也各不相同。由于电荷量和力的大小成比，通过对电荷量的测定，就可以得到相应方向力的数值。该数值不仅反应弹性力，还反应惯性力，这就是压电式测力平台能更精确地测试动态力不需要速度或加速度补偿的基本原理。所以说压电式测力平台是一种很好的测动态力的装置。

三维测力台测试中常用的力学参数为不同瞬间的力值、力矩、压力中心等。测力台能够直接给出的力学参数有：X 方向的力(F_x)；Y 方向的力(F_y)；垂直力(F_z)；相对于 X 轴的力矩(M_x)；相对于 Y 轴的力矩(M_y)；相对于 Z 轴的力矩(M_z)；扭矩(T_z)；压力中心 X，坐标(A_x)；压力中心 Y，坐标(A_y)。在本研究中主要选取 X、Y、Z 方向的力。

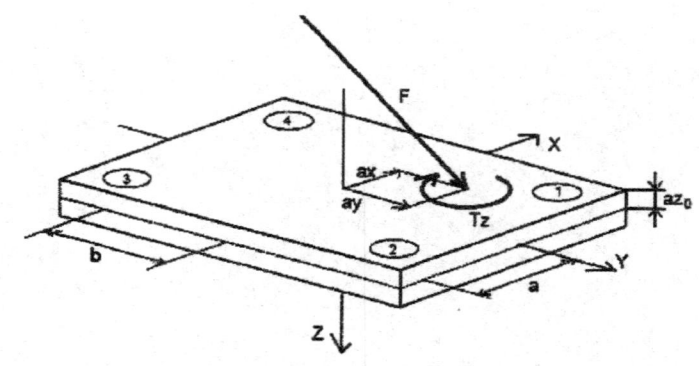

图 6-2-2　三维测力平台受力原理图

2. Motion 红外光点运动捕捉系统

本研究应用产自瑞典的 Motion 红外光点高速运动捕捉测试系统对乒乓球运动员完成三种步法动作过程进行拍摄,与传统的高速摄影(录像)与解析方法相比,红外光点测试系统不但可以对测试结果快速反馈,还能省却人工进行逐帧、逐点解析的繁重工作,从而避免人工判读测量点所产生的人为误差。Motion 红外光点测试系统是由反射标志物、计算机及相关软件组成。它的基本工作原理为:红外光由 MCU 的红外发光二极管发射,将反射标志物置于红外光环境中,镜头将捕捉由标志物反射的红外光线,并计算标志物在空间的位置。反射标志物表面是一种特殊的反光材料,如果有一束光向标志物射去,其反射光中相当大的部分将沿着入射的方向发射回来。MCU 集红外光线发射、图像获取、图像处理和数据传输为一体,是该系统的核心部分。一个 MCU 可以获取图像的二维坐标,两个以上的 MCU 获取的二维坐标经过合成就可以得到图像的三维数据。本系统可配置多台MCU,它们依次串联就可以进行同步测量。在进行测试过程中,只要某个反射标志物反射的红外光在某个瞬间能够被两个以上的 MCU 捕捉,该标志物的三维坐标就可以准确地获得。因此该系统能够方便、快捷、准确地获得复杂运动的三维运动信息。通过 Motion 红外光点测试系统能够得到膝关节的三维力、三维力矩、膝关节角度等数据。

3. 其他器材

(1)摄像机

还需要 1 台 Panasonic M9500 的摄像机,运用录像机配合 Motion 红外远射测试系统同步拍摄。Motion 红外光点运动捕捉系统虽然能够方便、快捷、准确地获得复杂运动的三维运动信息,但它的缺点是只能对红

第六章　乒乓球运动员完成主要步法时膝关节负荷特征研究

外光点进行拍摄,无法对真实人体及实物运动信息进行采集,例如它无法采集到乒乓球的运动。所以用一台录像机配合拍摄,以方便获得更多的动作技术信息。

(2)乒乓球台、乒乓球拍和乒乓球

有一名专门的发球员在球台的另一侧根据三种步法(并步、跳步、跨步)的要求发球,发球速度和平时训练一样,这样使运动员在测试时保持跟平时训练和比赛一样的环境和状态,尽量使测试数据更加准确。

四、数据采集

首先统计运动员的基本信息,包括姓名、身高、体重、运动等级、训练年限等。然后调试三维测力台系统和红外光点运动捕捉系统,并进行连接。

1. 调试实验仪器

对红外光点运动捕捉系统的六个摄像头高度、俯仰角度和焦距进行调整,让坐标框架位于每个镜头中的中下部,并且光点的大小合适。然后对测试空间进行标定。标定时,实验人员在运动员技术动作可能会达到的空间内不断晃动手中标定杆,以对测试空间进行标定。Motion 红外光点运动捕捉系统采集频率为 200 Hz。系统自动计算 6 个镜头的标定参数,并对是否通过标定进行判定。

将一台摄像机置于运动方向的右前方,距实验对象运动区域中心的距离大约为 3 m,主光轴距地面的高度 0.8 m,拍摄频率为 50 幅/s,在拍摄之前进行摄像机焦距的调整并使之达到最清晰,然后锁定。

调整四块测力台的量程及精度,并对三个方向上的力进行校正。设置三维测力系统的采集频率为 1000 Hz。

调整完实验仪器后就对其进行连接,将 Motion 和三维测力系统进行连接,并设置采集时间。运动学与动力学数据的采集由 Motion 红外光点运动捕捉系统进行同步触发。

2. 测试过程

测试时要求运动员穿紧身运动短袖上衣和短裤,进行三分钟的热身活动,然后由技术人员在运动员身体关节部位贴反射标志点。为了减少误差,所有运动员标志点的设置均由一人完成。标志点位置图见表 6-2-2。

表 6-2-2　标志点名称及固定位置

名称	位置
左、右肩	肱骨大结节最向外突出的部位
左、右肘	肱骨外上髁
左、右腕	桡骨茎突外下缘
左、右髋	大转子最高点
髂后上棘中点	第4、5腰椎中间
左、右大腿	股骨中间
左、右内膝	胫骨内侧髁
左、右外膝	胫骨外侧髁
左、右小腿	胫骨中间
左、右踝	外踝最高处
左、右足跟	足跟最远处
左、右足尖	脚大拇趾最前端

贴完反光标志点以后，运动员持球持拍站上测力台，然后由发球员按照步法移动位置给运动员喂球。运动员根据来球，调整重心，依次完成并步、跳步、跨步三个步法动作以及正手攻球、正手拉弧圈球、反手拉弧圈球三个进攻技术。每个步法动作分别重复完成10次，然后保存文件数据，根据技术人员的要求，准备下一个步法动作的测试。

对不同的步法动作进行测试前，应调整好受试者与测力台的相对位置，使受试者移动时击球动作的主要发力脚（即支撑发力腿）能够完整地落在测力台上。每组步法动作测试时应得到受试者至少三次满意，动作技术质量较高，红外反光标志物的识别及测力台的数据均为完整的动作。

受试运动员中有一人是左手执拍，为了研究方便，在处理数据时将左手执拍运动员的左侧关节作为右侧关节处理，右侧关节作为左侧关节处理。由于选用的人体模型是对称的，这样的处理对结果无影响。

运动员在做并步、跳步、跨步步法和正手攻球、正手拉弧圈球、反手拉弧圈球时，要根据发球者发球方向调整步法，并且尽全力去挥拍击球，要跟平时训练和比赛的状态保持一致，以此保证测试数据的准确性。正手拉弧圈球和反手拉弧圈球时来球都是下旋球，并且要求受试者击球后是斜线位落点。

五、数据处理

三维测力台上获得了运动员在完成每个步法动作过程中地面对人体前后、左右、上下的支撑反作用力。

Motion 红外光点运动捕捉系统共采集了 20 个人的三种步法动作,每个步法动作分别重复 10 次,获得了运动员身体各部位的坐标点原始数据,再对这些坐标点处理计算从而获得分析所需的膝关节角度、膝关节力以及力矩等数据。

录像获取了运动员的三种步法的 10 次重复动作。根据录像找出每个步法中最好的动作,然后对这次动作的数据进行处理分析。数据通过 Motion Analysis 自带软件 Cortex2.1.0.1103 以及 Microsoft Office Excel 2007 等软件进行处理。

1. 动力学数据的处理

运用 KISTLER 数据分析软件对原始数据进行处理,后用 Microsoft Excel 软件进行分析和处理。根据测力台坐标系在大地坐标系中的位置关系,将所有测力台数据转换到大地坐标系中进行分析。膝关节三维力矩通过逆动力学方法计算获得(MS3D 7.0 版,MotionSoft,Inc. Chapel Hill,NC 2006)。地面反作用力和膝关节力矩被投影到小腿坐标系。为了排除体重对地面反作用力、膝关节三维力和膝关节力矩的影响,并使不同受试者的数据结果具有一定的可比性,本研究对地面反作用力值、膝关节三维力和膝关节力矩数据进行了标准化处理,地面反作用力和膝关节的三维力标准化为体重的倍数,单位是 BW;膝关节力矩标准化为身高与体重乘积的倍数,单位是 BW×BH。

2. Motion 运动学数据的处理

运用 Motion 系统中的软件获得个标志点的空间三维坐标。应用 Excel、Origin 等软件对原始三维坐标数据进行平滑与计算,得到用于分析的运动学数据。数据平滑采用低通滤波方法,截断频率是 8Hz。并根据采集的运动学和动力学数据计算每次动作中下肢关节中心的三维坐标、小腿与地面的三维角度、膝关节三维角度、地面三维反作用力矢量等学指标,再根据逆动力学方法计算获得膝关节三维力和力矩。

3. 膝关节角度的处理

根据测试和计算的标志点坐标建立大腿坐标系和小腿坐标系。大腿坐标系由股骨内侧髁、股骨外侧髁以及髋关节中心得到。膝关节中心即股骨内外侧髁中点。小腿坐标系由外踝点、内踝点以及膝关节中心得到。踝关节中心即内、外踝中点。

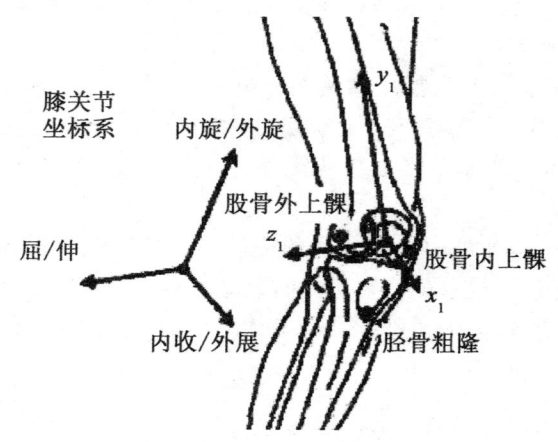

图 6-2-3　膝关节角度示意图

膝关节角度定义为大腿坐标系和小腿坐标系之间的欧拉角,第一次转动围绕 x 轴,获得屈伸角(正角为屈),第二次转动围绕 y 轴,获得内收外展角(正角为内收,负角为外展),第三次转动围绕 z 轴,获得旋内旋外角(正角为旋内,负角为旋外)。

六、数据的统计分析

采用方差分析方法确定性别、技术这两个自变量对膝关节生物力学指标影响。使用独立样本 T 检验对男女之间的差异进行检验,其因变量包括受试者右腿接触地面后第一次地面反作用力峰值时刻的上、下方向的最大值、地面垂直反作用力最大值时的膝关节的角度、三维力、力矩。整个统计分析中将 $p<0.05$ 作为有显著性差异的标准。

第三节　结果与分析

一、膝关节三维角度分析

1. 膝关节屈角

乒乓球运动员在完成动作技术时膝关节始终保持在弯曲的状态,但是,

第六章　乒乓球运动员完成主要步法时膝关节负荷特征研究

随着乒乓球步法动作的来回移动,膝关节角度会不断的变化。膝关节屈角是围绕水平轴转动,正值为屈,膝关节伸直时为 0°。

表 6-3-1　受试者膝关节角度极值　　　　　　　　单位:°

		男	女
并步	膝关节屈角最大值	59.78±7.46b	60.15±6.17
	膝关节屈角最小值	17.81±8.63 ab	22.17±5.89
	膝关节内收角最大值	17.95±15.33	13.03±5.92
	膝关节外展角最大值	0.80±3.87	−2.12±3.20
	膝关节旋内角最大值	43.63±15.57* ab	31.12±7.52
	膝关节旋外角最大值	−8.08±12.90* a	−17.96±11.42
跳步	膝关节屈角最大值	61.93±8.75c	66.82±7.90
	膝关节屈角最小值	21.56±6.42	18.46±7.28
	膝关节内收角最大值	15.50±11.13	11.30±5.11
	膝关节外展角最大值	1.97±3.86	−1.24±2.75
	膝关节旋内角最大值	35.90±17.14	26.91±7.98
	膝关节旋外角最大值	5.88±15.53* c	−8.52±11.23
跨步	膝关节屈角最大值	71.30±10.33*	64.31±6.11
	膝关节屈角最小值	18.71±5.56	8.19±29.69
	膝关节内收角最大值	17.80±13.22	13.32±4.17
	膝关节外展角最大值	−0.39±4.19	−2.57±3.44
	膝关节旋内角最大值	38.10±15.83	28.97±6.24
	膝关节旋外角最大值	−8.14±9.74*	−18.22±10.61

注:(1) * 表示男性与女性比较,差异显著,$p<0.05$;a 表示并步与跳步比较,差异显著,$p<0.05$;b 表示并步与跨步比较,差异显著,$p<0.05$;c 表示跳步与跨步比较,著性差异,$p<0.05$。

(2)膝关节内收外展角,内收为正,外展为负;膝关节旋内旋外角,旋内为正,旋外为负;膝关节所受地面垂直反作用力,向上为正,向下为负;膝关节所受地面前后方向反作用力,向后为正,向前为负;膝关节所受地面左右方向反作用力,向左为正,向右为负;膝关节受力,向左为正,向右为负,向后为正,向前为负,向上为正,向下为负。(后同)

表 6-3-2　地面垂直反作用力最大时膝关节角度　　　单位：°

		男	女
并步	膝关节屈角	55.19±8.09*	48.22±6.45
	膝关节内收外展角	10.79±9.88	6.59±5.40
	膝关节旋内旋外角	25.23±14.18	12.52±7.51
跳步	膝关节屈角	43.56±5.50	41.19±9.97
	膝关节内收外展角	9.28±5.80	5.08±4.12
	膝关节旋内旋外角	16.76±10.21	8.76±8.12
跨步	膝关节屈角	48.09±6.05	47.56±13.78
	膝关节内收外展角	12.06±8.36	6.22±5.56
	膝关节旋内旋外角	19.96±13.46	14.36±8.89

(1) 并步步法

并步步法时膝关节的屈角度最大值为男 59.78±7.46°, 女 60.15±6.17°。并步步法时膝关节的极值并没有表现出性别的差异。而当地面垂直反作用力最大时膝关节的屈角为男 55.19±8.09°, 女 48.22±6.45°, 进行比较时发现, 男女运动员的膝关节屈角有显著的性别差异, 这与男女运动员的身高有很大关系, 男运动员的身高通常比女运动员高, 在完成步法动作时, 要保持较低的身体重心, 所以往往男运动员的膝关节屈角度数会大于女运动员。

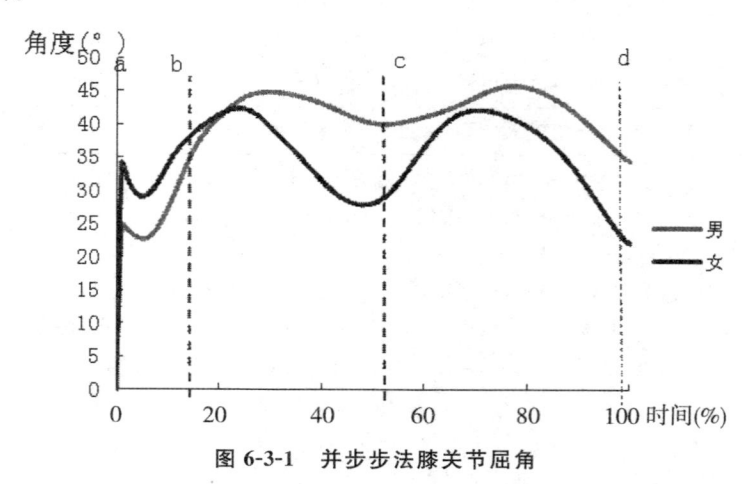

图 6-3-1　并步步法膝关节屈角

从曲线图上可以看出 a～b 支撑发力腿着地阶段, 膝关节屈角在迅速地

第六章　乒乓球运动员完成主要步法时膝关节负荷特征研究

增大,在 b 点时刻左右膝关节屈角到达一个峰值后开始减小。在 b~c 缓冲阶段,膝关节在做缓冲运动,支撑发力腿刚接触测力台时膝关节屈角没有达到峰值,然后做缓冲运动,此时膝关节的角度在逐渐变大到达一个峰值,然后膝关节屈角逐渐变小到一个谷值,到达 c 点时刻,缓冲结束。

(2)跳步步法

跳步步法时,膝关节的屈角度最大值为男 61.93±8.75°,女 60.82±7.90°,屈角度最小值为男 21.56±6.42°,女 18.46±7.28°。当地面垂直反作用力最大时刻膝关节的屈角度为男 43.56±5.50°,女 41.19±9.97°。通过 T 检验发现,跳步步法时男女运动员膝关节屈角并没有表现出性别的差异。从曲线图上可以看出:b~c 之间有一个峰值和谷值,峰值时刻膝关节屈角度数最大,此时支撑发力腿膝关节参与缓冲过程,膝关节屈角达到最大,之后缓冲后半段膝关节屈角变小。然后准备后续的蹬地发力挥拍击球过程。

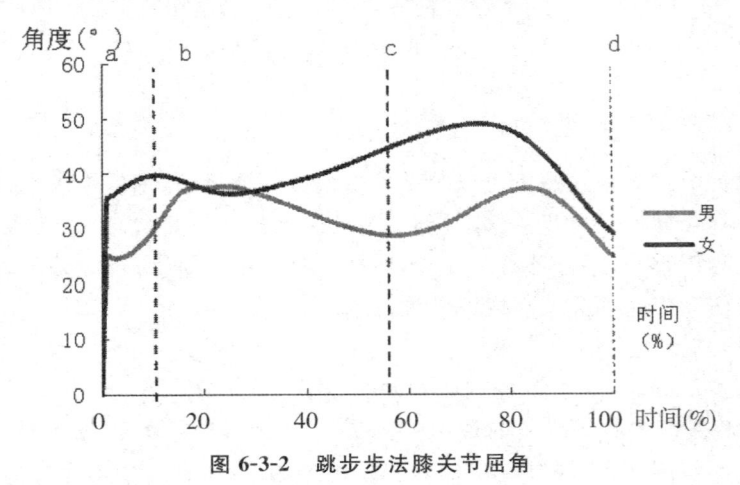

图 6-3-2　跳步步法膝关节屈角

(3)跨步步法

跨步步法时膝关节的屈角度最大值为男 71.30±5.33°,女 64.31±6.11,屈角度数最小值为男 18.71±5.56°,女 8.19±2.69°。地面垂直反作用力最大时刻膝关节的屈角度数为男 48.09±6.05°,女 47.56±13.78°。通过 T 检验发现膝关节屈角的最大值表现男女的性别差异,跨步步法过程中男受试者膝关节屈角明显大于女性受试者。这也与男女运动员的身高差异有关,男性受试者的身高高于女性,乒乓球运动要求降低身体重心,所以男乒乓球运动员想要获得更低的身体重心就要使膝关节的屈角度数更大。从曲线图上可以看 a~b 段,膝关节屈角在逐渐增大,此时支撑发力腿刚接触地面膝关节屈角逐渐增大。b 点时刻膝关节屈角在逐渐变大,到达一个峰值,后开始减小,在 b~c 段,膝关节在做缓冲运动,支撑发力腿刚接触测力台时膝关节屈角没有达到峰值,然后做缓冲运动,此时膝关节的角度再逐渐变大到达一个峰值,之后膝关节屈角逐渐变小到一个谷值,到达 c 点时刻,缓冲结束。

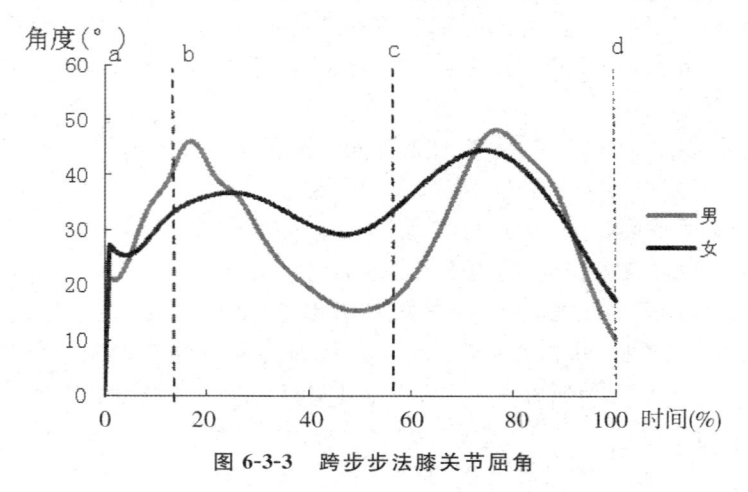

图 6-3-3 跨步步法膝关节屈角

2. 膝关节内收外展角

膝关节在屈角状态下可以被动地做内收外展运动,正值为内收,负值为外展。乒乓球运动员步法移动,膝关节始终保持在弯曲状态,并且需要来回地移动身体重心,不停地移动脚步,在整个过程中有跳、跨等大幅度动作,所以在步法动作时膝关节有内收外展运动。

(1) 并步步法

并步步法时,膝关节的内收角最大值为男 17.95±15.33°,女 13.03±5.92°;膝关节内收外展角的最小值为男 0.80±3.87°,女 2.12±3.20°。地面垂直反作用力最大时膝关节最内收动作,膝关节的内收角度为男 10.79±9.88°,女 6.59±5.40°。通过数据可以看出,并步步法时膝关节的内收角度大于外展角度。通过 T 检验发现,男女运动员在完成并步步法时膝关节内收外展角并没有表现出性别的差异。地面垂直反作用力最大时刻膝关节做内收运动。从曲线图上看出,并步步法时,膝关节旋内角在 a～b 段增加,此时支撑发力腿刚接触地面,膝关节在弯曲状态下被动做内旋运动;然后膝关节内旋角度迅速增大,再减小,参与缓冲工作,到 c 时刻缓冲结束。

(2) 跳步步法

跳步步法时,膝关节的最大内收角值为男 15.50±11.13°,女 11.30±5.11°;膝关节内收外展角的最小值为男 1.97±3.86°,女 −1.24±2.75°。地面垂直反作用力最大时膝关节最内收运动,膝关节的内收角度为男 9.28±5.80°,女 5.08±4.12°。通过对数据的对比分析得知,跳步步法时膝关节围

第六章 乒乓球运动员完成主要步法时膝关节负荷特征研究

绕矢状轴主要做内收运动,但是也有较小范围的外展运动。地面垂直反作用力最大时刻膝关节做内收运动。通过 T 检验男女运动员膝关节内收外展角并没有表现出性别的差异。从曲线图上可以看出,跳步支撑发力腿接触测力台瞬间膝关节内收角逐渐增大,这是由身体重心和惯性力量丢失向右移动,所以膝关节被动做内收运动;b~c 段是膝关节参与缓冲过程,所以膝关节旋内角度会减小。

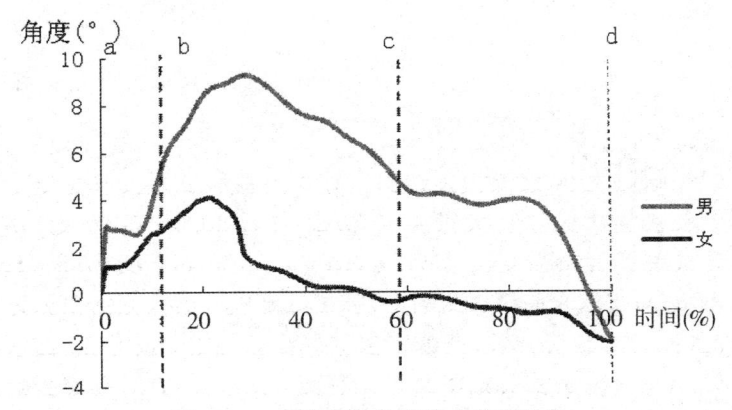

图 6-3-4 并步步法膝关节内收外展角

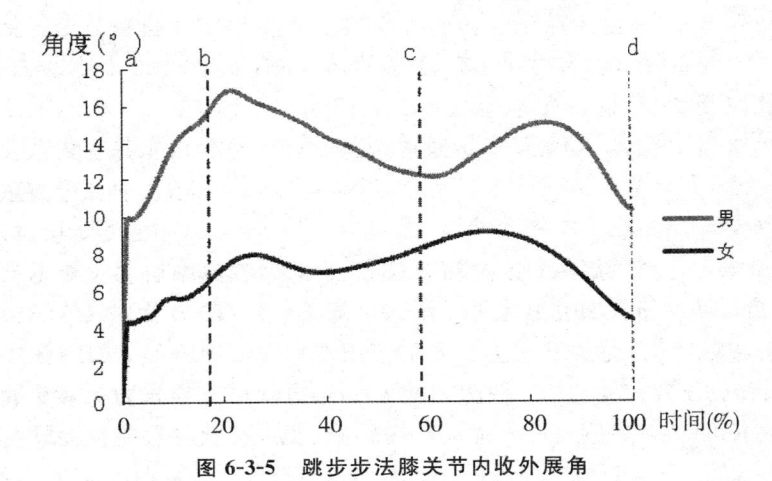

图 6-3-5 跳步步法膝关节内收外展角

(3)跨步步法

跨步步法时,膝关节的最大内收角值为男 17.80±13.22°,女 13.32±4.17°;膝关节最大外展角为男－0.39±4.19°,女－2.57±3.44°。地面垂直反作用力最大时膝关节做内收运动,膝关节内收角度为男 12.06±8.36°,女 6.22±5.56°。通过 T 检验,跨步步法时男女运动员膝关节的内收外展角度并没有表现出性别的差异。跨步步法动作幅度相对于并步和跳步来说要大一些,在 a~b 段支撑发力腿膝关节刚接触测力台,由于右脚跨出一大步,身体中立和惯性力量都具有转移,所以支撑发力腿膝关节内收角在 a~b 段增加,在 b~c 段支撑发力腿缓冲,膝关节内收角变小。

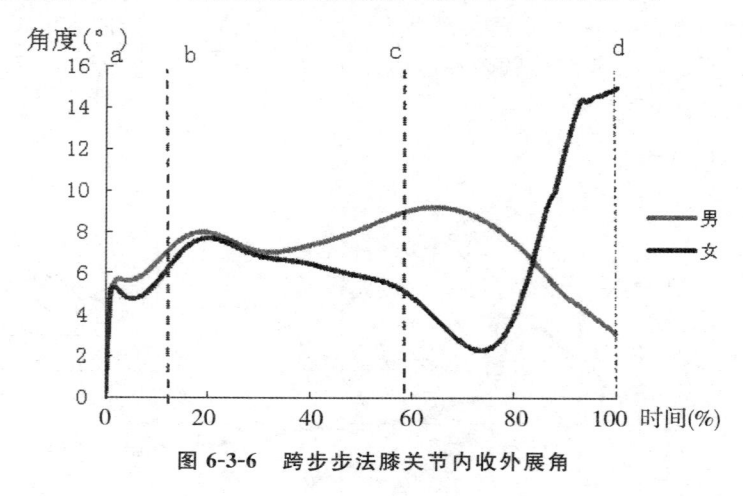

图 6-3-6　跨步步法膝关节内收外展角

3. 膝关节旋内旋外角

膝关节由于其特殊的解剖结构,不能主动做旋内旋外运动,膝关节在屈角状态下可以被动做旋内旋外运动,旋内为正,旋外为负。

(1)并步步法

并步步法膝关节的旋内角最大值为男 43.63±15.57°,女 31.12±7.52°,旋外角最大值为男－8.08±12.90°,女－17.96±11.42°;地面垂直反作用力最大时膝关节做旋内动作,旋内角为男 25.23±14.18°,女 12.52±7.51°。通过 T 检验发现,并步步法时膝关节的最大内旋角度表现出了性别差异,男运动员的膝关节内旋角显著大于女运动员,说明男运动员的动作幅度比女运动员大。但是在地面垂直反作用力最大时刻膝关节的内旋角度并没表现出性别的差异。从曲线图上可以看出,并步时支撑发力腿落地瞬间膝关节旋内角变小,然后由旋内运动变成旋外运动,这是因为并步支撑发力腿落地后开始缓冲,身体重心压在右腿上,所以右腿膝关节被动做旋外运动。

(2)跳步步法

跳步步法膝关节的最大旋内角度为男 35.90±17.14°,女 26.91±7.98,最大旋外角度为男 5.88±15.53°,女－8.52±11.23°;地面垂直反作用力最大时膝关节做旋内运动,膝关节的旋内角为男 16.76±10.21°,女 8.76±8.12°。通过 T 检验发现跳步步法时男女运动员膝关节的最大内旋角度并没有表现出性别的差异,但是外旋角度表现出了性别的差异,男运动员

第六章 乒乓球运动员完成主要步法时膝关节负荷特征研究

外旋角度小于女运动员。从曲线图上可以看出,跳步时支撑发力腿落地瞬间膝关节旋内角变小,然后由旋内运动变成旋外运动,这是因为并步支撑发力腿落地后开始缓冲,身体重心压在右腿上,所以右腿膝关节被动做旋外运动。

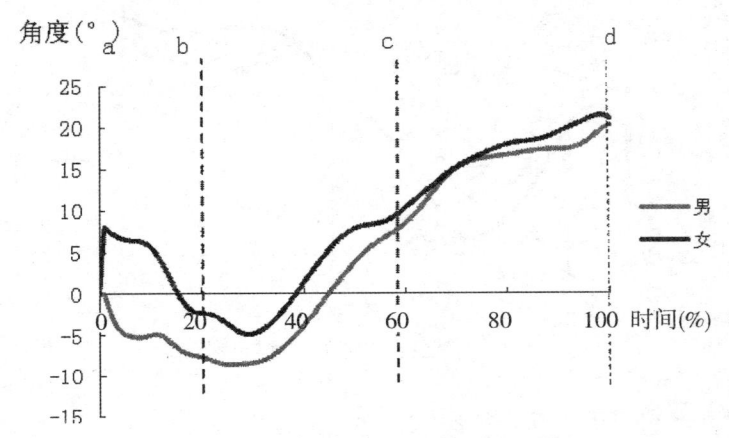

图 6-3-7 并步步法膝关节旋内旋外角

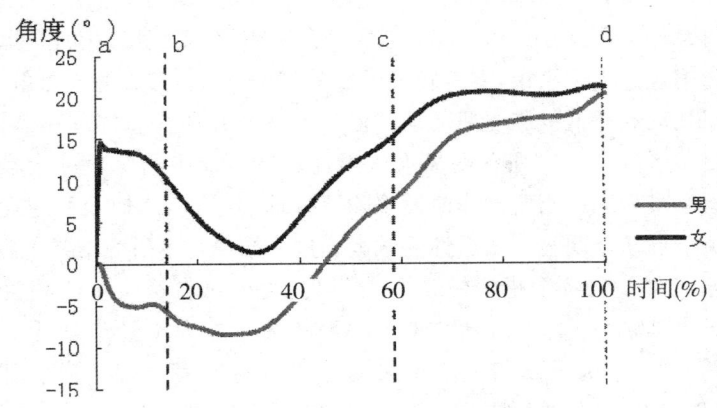

图 6-3-8 跳步步法膝关节旋内旋外角

(3)跨步步法

跨步步法膝关节的旋内角最大值为男 $38.10\pm15.83°$,女 $28.97\pm6.24°$,旋外角最大值为男 $-8.14\pm9.74°$,女 $-18.22\pm10.61°$;地面垂直反作用力最大时膝关节做旋内运动,膝关节旋内角为男 $19.96\pm13.46°$,女 $14.36\pm8.89°$。通过 T 检验发现跨步步法时男女运动员膝关节内旋角最大值并没有表现出性别的差异。但是外旋角表现出了性别的差异,男运动员膝关节外旋角度小于女运动员。从曲线图上可以看出,跨步在 a~b 段膝关节旋内角逐渐增加,因为此时支撑发力腿刚接触测力台,由于惯性和身体重量向右移动,膝关节被动做内旋;b~c 段膝关节旋内角逐渐变小并下降达

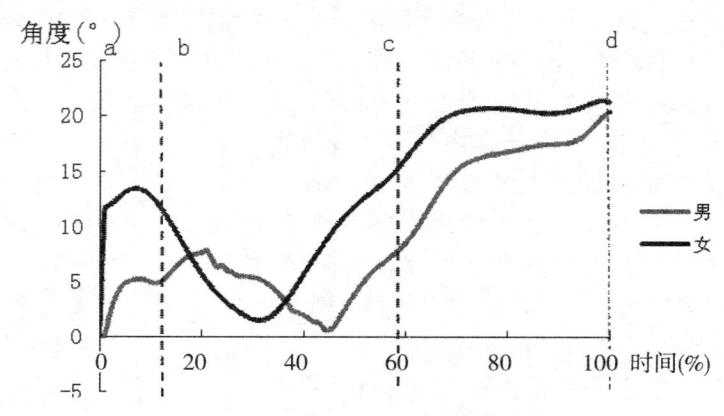

一个谷值,然后由于膝关节参与缓冲,膝关节旋内角变小。

图 6-3-9 跨步步法膝关节旋内旋外角

4. 三种动作技术对比分析

从本次试验男、女运动员膝关节屈角部分数据表现出了差异,男受试者膝关节屈角大于女受试者。Malinzak 等的研究表明,在完成特定动作时,女性运动员相比男性运动员来说,有着较大的膝外展角、较小的膝关节屈角、较大的股四头肌活动和较低的腘绳肌活动。但是苏玉林在研究急停起跳落地时,发现女性受试者的膝关节屈角明显大于男性受试者。张美珍通过让不同运动项目的运动员做同一指定动作时发现除了排球运动员,其他项目的女性受试者的膝关节屈角要明显大于男性受试者。这一结论与本研究结果一致。

通过三种步法各个指标做 T 检验发现,男受试者跨步步法膝关节屈角显著大于并步步法;男受试者跳步步法的膝关节旋内旋外角显著小于并步步法和跨步步法,女受试者跳步步法的膝关节旋内旋外角显著小于并步步法,这与三种步法的动作要领有关,跳步步法时双脚几乎同时起跳和落地,膝关节的旋转变化较小,而并步步法和跨步步法两只脚一前一后移动,在移动过程中,膝关节需要不断地被动做旋内旋外运动。

二、地面反作用力分析

1. 地面左右方向反作用力

（1）并步步法

运动员在完成并步步法时膝关节所承受的向左反作用力最大值力为男 0.54±0.19BW,女 0.49±0.16BW,乒乓球运动员在完成步法时支撑腿膝

第六章　乒乓球运动员完成主要步法时膝关节负荷特征研究

关节主要受到向左方向的反作用力。在完成步法时,右脚蹬地发力挥拍击球时,身体重心要向左移动,这就需要通过膝关节向左传递力量以达到使整个身体向左带动挥拍。从曲线图上可以看出,a点时刻男女膝关节所受的左右方向的力为0,支撑发力腿接触测力台前一瞬间;b点时刻是地面向左方向反作用力峰值时刻,支撑发力腿膝关节在接触地面瞬间由于惯性和身体重心向右腿转移,此时右腿膝关节向左方向的反作用力最大;c时刻,是右腿膝关节落地缓冲结束,所以会有一个谷值出现。c点以后的时刻就是右腿蹬地发力挥拍击球时刻。

表6-3-3　受试者膝关节所受地面反作用力极值　　　　单位:BW

		男	女
并步	向左反作用力最大值	0.54±0.19b	0.49±0.16
	向后反作用力最大值	0.21±0.18	0.14±0.05
	向前反作用力最大值	−0.23±0.02*b	−0.16±0.09b
	向上反作用力最大值	1.41±0.22	1.55±0.22
跳步	向左反作用力最大值	0.54±0.24c	0.59±0.10
	向后反作用力最大值	0.14±0.06	0.15±0.06
	向前反作用力最大值	−0.22±0.08	−0.30±0.09c
	向上反作用力最大值	1.68±0.44	1.52±0.20
跨步	向左反作用力最大值	0.71±0.28*	0.48±0.22
	向后反作用力最大值	0.19±0.10	0.18±0.08
	向前反作用力最大值	−0.28±0.06*	−0.20±0.09
	向上反作用力最大值	1.63±0.38	1.57±0.26

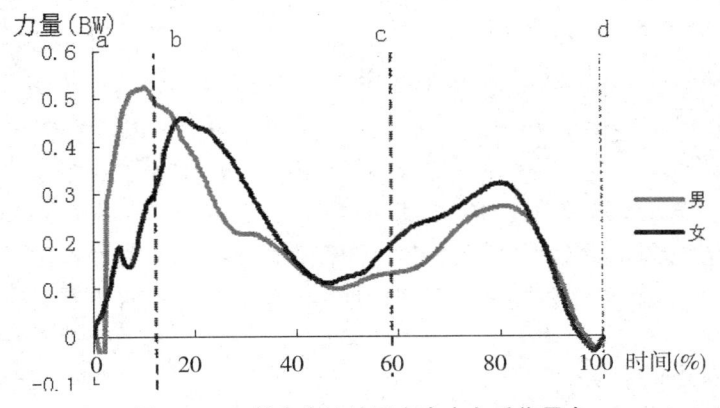

图6-3-10　并步步法地面左右方向反作用力

(2)跳步步法

乒乓球运动员完成跳步步法时膝关节所受的地面向左方向反作用力最大值是男 0.54±0.24 BW，女 0.59±0.10BW，跳步步法时膝关节所受的左右方向的反作用力只是向左方向的反作用力。在完成跳步步法时，双脚几乎同时起跳和落地，在支撑发力腿落地瞬间，膝关节承受的不仅有来自身体的重量，还要承受来自地面的反作用力，此时膝关节承受的地面左右方向的反作用力达到最大，即 b 时刻。支撑发力腿膝关节落地后，地面向左方向的力达到峰值，然后缓冲结束，地面向左反作用力下降到一个谷值。由于本次试验跳步步法选取右腿为支撑发力腿，所以膝关节承受的主要是向左方向的地面反作用力。

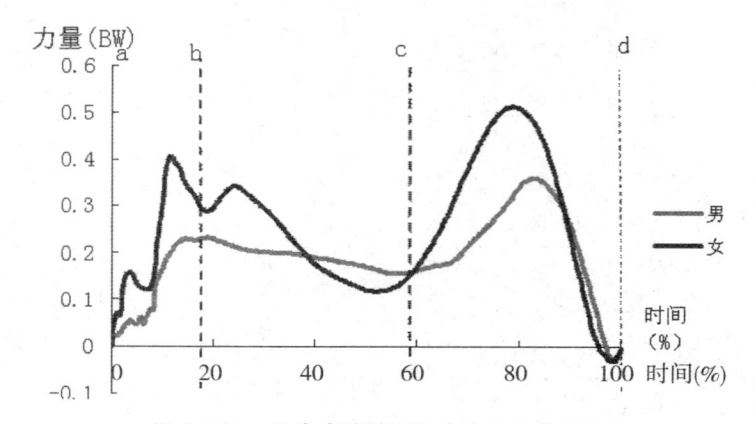

图 6-3-11　跳步步法地面左右方向反作用力

(3)跨步步法

乒乓球运动员完成跨步步法时膝关节所承受的向左方向反作用力最大值是男 0.71±0.28BW，女 0.48±0.22BW。跨步步法时，膝关节在这个步法中前后方向的地面反作用力主要是向左方向的反作用力。通过 T 检验跨步步法时膝关节承受左右方向反作用力的最大值表现出男女的性别差异，男受试者显著大于女受试者。从曲线图 6-3-12 上看出，a 点是支撑发力腿落地前一瞬间，此时支撑发力腿膝关节的受力为 0；b 时刻支撑发力腿落地后由于身体重心转移和落地惯性，地面向左反作用力达到最大峰值；然后落地后缓冲，膝关节所受向左方向的地面反作用力下降到 c 时刻。

第六章　乒乓球运动员完成主要步法时膝关节负荷特征研究

图 6-3-12　跨步步法地面左右方向反作用力

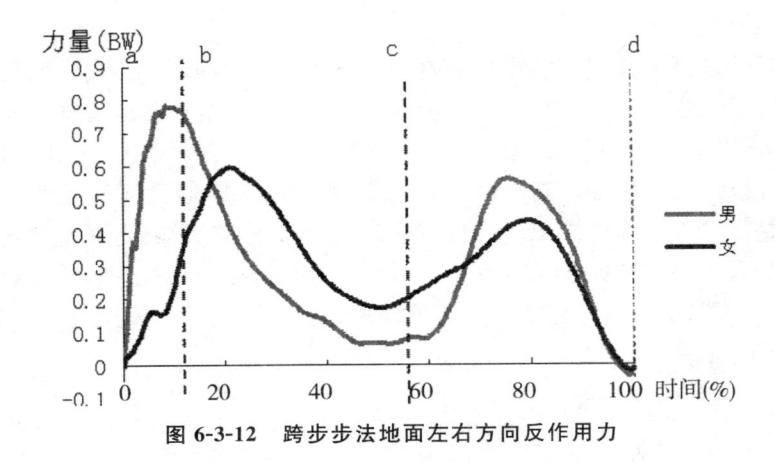

2. 地面前后方向反作用力

(1) 并步步法

运动员在完成并步步法时支撑腿膝关节还要承受前后方向的反作用力，向后方向的反作用力最大值为男 0.21±0.18BW，女 0.14±0.05BW；向前方向的反作用力最大值为男 -0.23±0.02 BW，女 -0.16±0.09 BW。T 检验得知并步步法时向前方向的最大值表现性别的差异，男受试者显著大于女受试者。从曲线图 6-3-13 上看出并步步法时，在支撑发力腿落地瞬间，膝关节所受的是地面向后反作用力，即 a~b 段受地面向后反作用力。支撑发力腿落地后缓冲，此时身体重心移动到右腿，在前脚掌，地面前后方向的反作用力由向后变为向前方向的反作用力，即缓冲阶段 b~c 膝关节受向前方向反作用力。

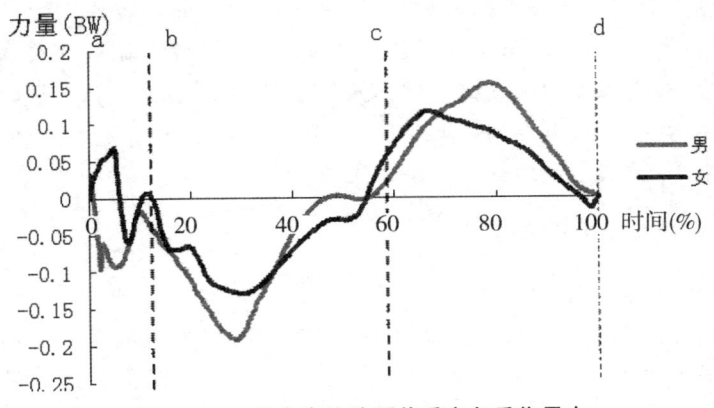

图 6-3-13　并步步法地面前后方向反作用力

(2)跳步步法

乒乓球运动员完成跳步步法时膝关节所受的地面向后方向反作用力最大值为男 0.14±0.06BW，女 0.15±0.06BW；向前方向反作用力最大值为男－0.22±0.08 BW，女－0.30±0.09 BW。跳步步法是快速来回的不停跳动，跳步步法时，保持基本站位时身体重心在前脚掌，此时膝关节所受的主要是向前方向的反作用力，然手双脚几乎同时起跳和落地，在支撑发力腿接触测力台瞬间膝关节受向后反作用力，然后支撑发力腿缓冲，从 b 点时刻开始，膝关节受向前反作用力。缓冲结束和参与蹬地发力挥拍击球。

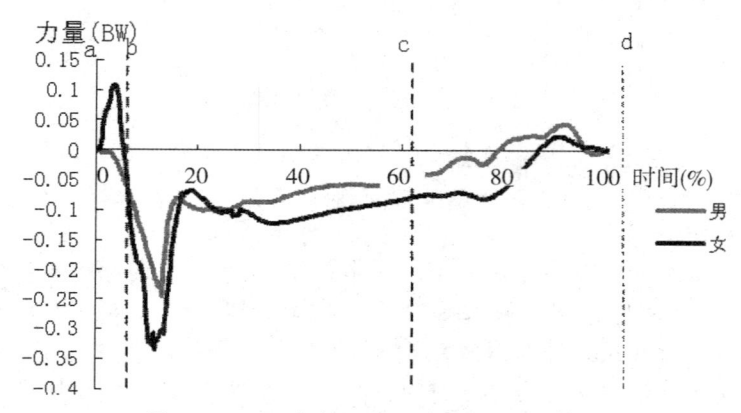

图 6-3-14 跳步步法地面前后方向反作用力

(3)跨步步法

乒乓球运动员完成跨步步法时膝关节所受地面向后方向反作用力最大值是男 0.19±0.10BW，女 0.18±0.08BW；向前方向反作用力最大值为男－0.28±0.06 BW，女－0.20±0.09 BW。通过 T 检验，跨步步法时向前方向的反作用力表现出性别的差异，男受试者向前方向的反作用力显著大于女受试者。乒乓球运动员在完成跨步步法时，支撑发力腿根据来球方向跨出一大步，在支撑发力力腿接触地面瞬间支撑发力腿所受的都是向后方向的反作用力，然后从 b 点时刻开始缓冲，膝关节弯曲角度变大，身体重心落到前脚掌上，膝关节受地面向前反作用力。

3. 地面垂直反作用力

(1)并步步法

乒乓球运动员在完成并步步法时，膝关节所承受的地面反作用力标准化后为最大值为男 1.41±0.22BW，女 1.55±0.22BW，男女运动员膝关节所受的地面反作用力没有差异。但是膝关节所受的地面垂直反作用力转化为重量单位后，就相当于运动员自身体重的 1.8 倍左右。并步步法时，辅助

第六章 乒乓球运动员完成主要步法时膝关节负荷特征研究

脚先向支撑发力脚方向移动一步,支撑发力脚随后向来球方向移动一步,蹬地发力腿在落地瞬间受到了很大的地面垂直反作用力的冲击,再加上惯性力的作用,膝关节承受的地面反作用力达到最大值即 b 点时刻,然后落地缓冲,膝关节所受的地面垂直反作用力逐步下降到 c 点时刻。

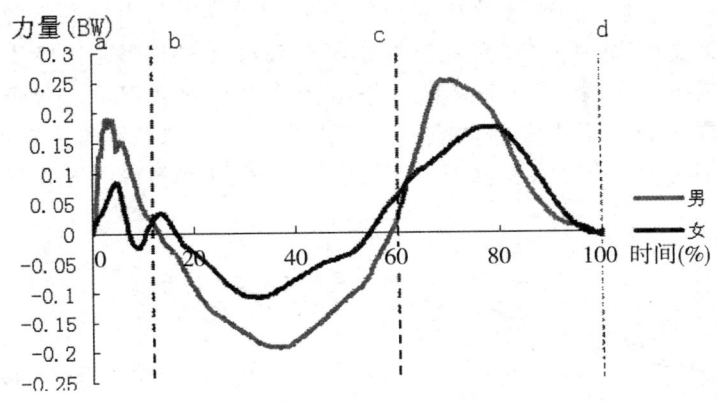

图 6-3-15 跨步步法地面前后方向反作用力

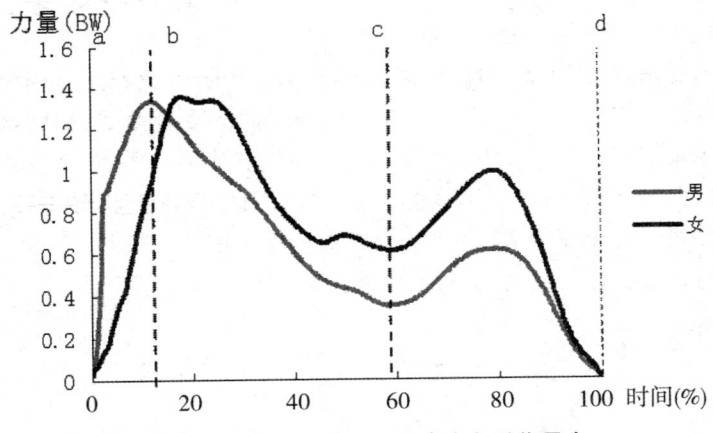

图 6-3-16 并步步法地面垂直方向反作用力

(2)跳步步法

乒乓球运动员在完成跳步步法时,膝关节所受的地面垂直反作用力标准化后最大值是男 1.68±0.44BW,女 1.52±0.20BW。T 检验得知男女运动员在做跳步法时膝关节所受的地面垂直反作用力没有差异。跳步步法时,右脚为蹬地脚首先蹬地发力,接着双脚离地跳步,右脚落地缓冲,需要承受自身体重的重量。不同于并步和跨步,跳步步法时双脚同时起跳和落地,所以落地瞬间垂直方向的反作用力增加得更加迅速,到达 b 点峰值,然后支撑发力腿缓冲,地面垂直反作用力下降到谷值 c 点时刻。

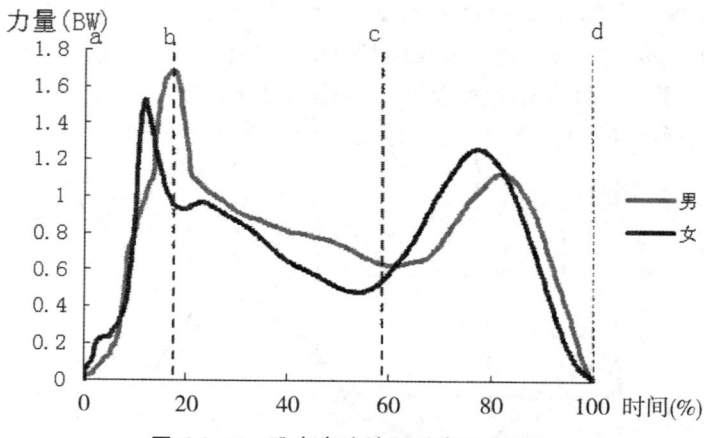

图 6-3-17 跳步步法地面垂直反作用力

(3)跨步步法

乒乓球运动员在做跨步步法时,蹬地发力腿膝关节所承受的地面垂直反作用力,最大值为男 1.63±0.38BW,女 1.57±0.26BW,通过 T 检验男女运动员膝关节所受的地面垂直反作用力没有差别。受试者做跨步动作时,击球发力脚先根据来球方向跨出一大步,支撑发力腿脚落地后身体重心随即移动到击球发力脚上,然后重心调整到适合击球的位置,击球发力脚开始主动蹬伸发力参与完成击球动作,并在击球后迅速还原到初始位置。根据动作要领,蹬地发力脚的膝关节在完成并步步法的过程中,首先跨出一大步,落地后身体重心跟着移动,此时膝关节受到地面垂直反作用力值增大,即在曲线图上 b 时刻,跨步腿落地后缓冲,地面垂直反作用力下降到谷值 c 点时刻的影响。然后后面的阶段就是蹬地发力挥拍击球阶段。

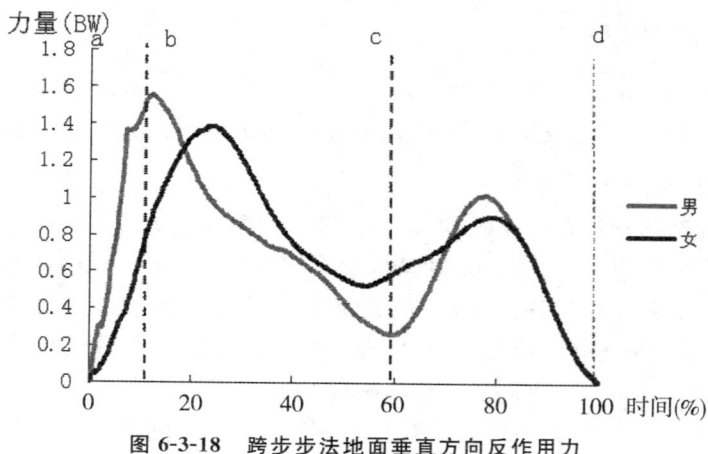

图 6-3-18 跨步步法地面垂直方向反作用力

第六章　乒乓球运动员完成主要步法时膝关节负荷特征研究

4. 三种动作技术对比分析

通过 T 检验,跨步步法时膝关节所承受的向左方向的反作用力,男受试者显著大于女受试者,男女之间有差异。男受试者跨步步法水平向左方向的反作用力显著大于并步步法和跳步步法。男受试者跨步步法时膝关节所受的水平向前的反作用力显著大于并步步法和跳步步法时膝关节所承受地面反作用力,并且女受试者也表现出这样的差异。可以说,说明跨步步法时膝关节所承受地面反作用力大于并步步法和跳步步法时膝关节所承受地面反作用力。

三、膝关节受力分析

在完成步法的过程中,膝关节的三维力有三个方向,X 轴即左右方向,Y 轴即前后方向,Z 轴即垂直方向。其中,向左为正,向右为负;向后为正,向前为负,向上为正,向下为负。

1. 左右方向

(1)并步步法

乒乓球运动员在完成并步步法过程中膝关节所承受的向左方向力的最大值为男 0.35±0.16BW,女 0.34±0.09BW,向右方向力最大值为男 －0.15±0.07 BW,女 －0.22±0.23 BW。通过检验发现男女运动员左右方向的力的最大值并没有表现出性别的差异。从数据表 6-3-4 上可以看出,支撑发力腿膝关节所受的左右方向的力的最大值都是正,即在 X 轴上支撑发力腿膝关节所受的最大力是向左方向的。由于我们都是以右手持拍,并步步法时往右侧移动,所以支撑发力腿就是右腿,在右腿跨步一步后,蹬地发力,在此过程中右腿膝关节所受的最大力都是向左方向的力。

表 6-3-4　受试者膝关节受力极值　　　　　单位:BW

		男	女
并步	向左力最大值	0.35±0.16	0.34±0.09
	向右力最大值	－0.15±0.07	－0.22±0.23
	向后力最大值	0.63±0.22	0.70±0.12
	向前力最大值	－0.16±0.06	0.14±0.07
	向上力最大值	1.51±0.22	1.53±0.16
	向下力最大值	－0.12±0.05	－0.11±0.02

续表

		男	女
跳步	向左力最大值	0.47±0.22	0.22±0.17
	向右力最大值	−0.16±0.10	−0.11±0.04
	向后力最大值	0.76±0.22	0.80±0.11
	向前力最大值	−0.17±0.08	−0.12±0.04
	向上力最大值	1.53±0.41	1.46±0.10
	向下力最大值	−0.12±0.06	−0.14±0.07
跨步	向左力最大值	0.25±0.09	0.53±0.92
	向右力最大值	−0.15±0.07	−0.14±0.06
	向后力最大值	0.70±0.14	0.73±0.25
	向前力最大值	−0.18±0.11	−0.14±0.08
	向上力最大值	1.65±0.25	1.56±0.18
	向下力最小值	−0.14±0.07	−0.12±0.02

(2)跳步步法

跳步步法时支撑发力腿膝关节所承受的向左方向力的最大值为男 0.47±0.22BW，女 0.22±0.17BW，向右方向力的最大值为男 −0.16±0.10BW，女 −0.11±0.04BW。通过对极值的对比分析得知跳步步法时膝关节的在 X 轴上的力主要是向左方向的。男女运动员并没有表现出性别的差异。运用跳步步法时，辅助腿和支撑发力腿几乎同时落地和起跳，并且膝关节也是一直处于半屈位置，跳步的幅度小速度快，支撑发力腿落地时承受身体的重力，还要蹬地发力挥拍击球，在支撑发力腿落地缓冲刻膝关节在 X 轴上的力达到最大。

(3)跨步步法

跨步步法过程中支撑发力腿膝关节所承受的向后方向的力最大值为男 0.25±0.09BW，女 0.53±0.92BW，向右方向的最大值为男 −0.15±0.07BW，女 −0.14±0.06 BW。通过对极值数据的对比分析得出跨步步法时膝关节在 X 轴上的力主要是向左方向的力。男女受试者在跨步步法时膝关节在 X 轴上的最大值没有表现出性别的差异。跨步步法时支撑发力腿向来球方向跨出一步，由于惯性原因，膝关节受力在支撑发力腿落地瞬间迅速增长到峰值。然后支撑发力腿蹬地发力，挥拍击球，由于受试者都是右手执拍，跨步步法也是向右方向，所以膝关节在 X 轴上所受的力是向左方向的力。

2. 前后方向

(1)并步步法

并步步法时支撑发力腿膝关节所受的向后方向的最大力为男 0.63±0.22BW,女 0.70±0.12BW,向前方向的最大值为男－0.16±0.06 BW,女 0.14±0.07 BW。通过 T 检验,男女受试者膝关节前后方向的力并没有表现出性别的差异。从数值上,膝关节前后方向的最大力大于左右方向的最大力值。并步步法时,辅助推先向支撑发力腿靠近,然后支撑发力腿向来球方向跨出一步,蹬地发力,在这个过程中每个受试者支撑发力腿在 Y 轴上膝关节所受的受力不断增大。

(2)跳步步法

跳步步法过程中支撑发力腿膝关节所受向后后方向力的最大值是男 0.76±0.22BW,女 0.80±0.11BW,向前方向力的最大值为男－0.17±0.08 BW,女－0.12±0.04BW,男女运动员膝关节前后方向的负荷并没有表现出性别的差异。跳步步法过程中支撑发力腿需要快速地起跳和落地,幅度小频率快,还需要蹬地发力,膝关节长期保持半屈位状态,所以膝关节所受的前后方向的力较大。

(3)跨步步法

跨步步法过程中支撑发力腿膝关节所受向后方向的力最大值为男 0.70±0.14BW,女 0.73±0.25BW,向前方向力的最大值为男－0.18±0.11 BW,女－0.14±0.08 BW。检验结果显示,跨步步法时膝关节在矢状轴上的最大值没有表现出性别差异。跨步步法时,支撑发力腿膝关节向来球方向跨步一大步,然后身体重心向右腿转移,膝关节始终是弯曲状态,此时膝关节在前后方向的最大力主要是向后方向的。

3. 垂直方向

(1)并步步法

乒乓球运动员在完成并步步法时膝关节垂直方向的最大力是男 1.51±0.22BW,女 1.53±0.16BW;最小力是男－0.12±0.05 BW,女－0.11±0.02 BW。通过 T 检验,男女对比发现并步步法时膝关节垂直方向的力的最大值并没有表现出男女的性别差异。从数据表 6-3-4 上可以看出,并步步法的过程中膝关节所受的垂直方向的力最大值男女均是自身体重的 1.5倍;可以看出乒乓球运动员在完成并步步法时膝关节的三维力主要是垂直方向的力,其次是前后方向的力,最小的是左右方向的力。在完成并步步法时,辅助腿先向支撑发力腿靠近一步,然后支撑发力腿向来球方向跨步一步,在支撑发力腿落地后身体重心向支撑发力腿转移,然后迅速蹬地发力挥拍击球。在支撑发力腿接触测力台瞬间,膝关节所受的垂直方向的力达到最大。

(2)跳步步法

跳步步法过程中支撑发力腿膝关节所受的垂直方向的最大值是男 1.53 ± 0.41BW,女 1.46 ± 0.10BW,最小值为男 -0.12 ± 0.06 BW,女 -0.14 ± 0.07 BW。垂直方向的膝关节最大值也没有表现出男女性别的差异。完成跳步步法时辅助腿和支撑发力腿几乎同时起跳和落地,但是支撑发力腿在落地后还要蹬地发力。支撑发力腿膝关节脚接触测力台瞬间在垂直方向的力达到最大值。从数据表 6-3-4 上可以看出,跳步步法过程中膝关节在三个方向所受的力主要是垂直方向的力,其次是前后方向的力。在跳步步法过程中支撑发力腿和辅助腿几乎同时起跳和落地,但是落地后身体重心要向支撑发力腿移动,然后支撑发力腿蹬地发力。支撑发力腿膝关节不仅要承受来自体重的压力,还要承受脚步落地时的惯性力。

(3)跨步步法

跨步步法过程中支撑发力腿膝关节所受的垂直方向的力最大值为男 1.65 ± 0.25BW,女 1.56 ± 0.18BW,最小值为男 -0.14 ± 0.07 BW,女 -0.12 ± 0.02 BW。男女受试者在垂直方向上的最大值没有表现出性别的差异。跨步法时,支撑发力腿需要向来球方向跨出一步,然后迅速蹬地发力挥拍击球,然后辅助腿跟上,在蹬地发力的时候膝关节所受的垂直方向的力达到最大值。跨步步法时,支撑发力腿膝关节所受的垂直方向的力达到自身体重的 1.5 倍左右。在跨步步法过程中,与并步步法和跳步步法一样,膝关节在垂直方向的力是最大的。

4. 三种动作技术对比分析

通过 T 检验得知,在左右方向上,男受试者跨步步法时膝关节受力小于并步步法和跳步步法时膝关节的受力。在 Z 轴上,女受试者跳步步法膝关节的受力小于并步步法和跨步步法时膝关节的受力。

四、膝关节力矩分析

膝关节力矩的三个方向 X 轴、Y 轴、Z 轴,绕 X 轴(水平轴)所对应的是屈伸膝力矩,绕 Y 轴(矢状轴)所对应的是膝关节内收外展力矩,绕 Z 轴(垂直轴)对应的是膝旋内旋外力矩。其中,屈膝力矩为正,伸膝力矩为负;内收

第六章　乒乓球运动员完成主要步法时膝关节负荷特征研究

力矩为正,外展力矩为负;旋内为正,旋外为负。

表 6-3-5　受试者膝关节力矩极值　　　　单位:BH * BW

		男	女
并步	屈膝力矩最大值	0.05±0.01	0.05±0.02
	伸膝力矩最大值	−0.12±0.05	−0.10±0.02
	内收力矩最大值	0.04±0.01	0.06±0.08
	外展力矩最大值	−0.08±0.05	−0.08±0.03
	旋内力矩最大值	0.05±0.02	0.05±0.02
	旋外力矩最大值	−0.02±0.00	−0.03±0.04
跳步	屈膝力矩最大值	0.04±0.01	0.04±0.01
	伸膝力矩最大值	−0.12±0.03	−0.11±0.03
	内收力矩最大值	0.04±0.01*	0.03±0.01
	外展力矩最大值	0.16±0.08*c	−0.05±0.05c
	旋内力矩最大值	0.07±0.05	0.03±0.04
	旋外力矩最大值	−0.02±0.01	−0.01±0.00c
跨步	屈膝力矩最大值	0.06±0.03	0.06±0.03
	伸膝力矩最大值	−0.12±0.02	−0.09±0.03
	内收力矩最大值	0.04±0.02	0.09±0.17
	外展力矩最大值	−0.08±0.04	−0.09±0.04
	旋内力矩最大值	0.05±0.03	0.05±0.02
	旋外力矩最大值	−0.01±0.00	−0.02±0.00

注:(1) * 表示男性与女性,差异显著,P<0.05;a 表示并步跳步比较,差异显著,P<0.05;b 表示并步与跨步比较,差异显著,P<0.05;c 表示跳步与跨步比较,差异显著,P<0.05(后同)。

(2)力矩做了相对化处理,BH(Body Height)指力臂/下肢长,BW(Body Weight)指力值/体重,以消除运动员下肢长与体重对结果的影响。

1. 膝关节屈膝伸膝力矩

(1)并步步法

并步步法时支撑发力腿膝关节屈膝力矩的最大力矩为男 0.05±0.01 BH * BW,女 0.05±0.02 BH * BW,伸膝力矩为男 −0.12±0.05 BH *

BW,女－0.10±0.02 BH＊BW。男女运动员并没有表现出性别的差异。从数据表6-3-5上可以看出,并步步法时男女运动员的伸膝力矩非常接近。并步步法时,辅助腿向支撑发力腿靠近,然后支撑发力腿向来球方向跨步一步,然后蹬地发力,膝关节保持弯曲状态,此时股四头肌主动产生一个伸肌力矩,以控制在支撑早期膝屈幅度,也控制在支撑阶段膝伸幅度。

(2)跳步步法

跳步步法过程中膝关节支撑发力腿膝关节的屈膝力矩最大值为男0.04±0.01BH＊BW,女0.04±0.01 BH＊BW,最小力矩最大值为男－0.12±0.03 BH＊BW,女－0.11±0.03 BH＊BW。通过T检验,男女受试者的伸膝屈膝力矩没有表现出性别差异。跳步步法时,膝关节保持弯曲状态,此时膝关节周围的肌肉要产生一个伸膝力矩,以控制膝关节的弯曲保持在一定的角度。

(3)跨步步法

跨步步法过程中支撑发力腿膝关节的屈膝力矩最大值为男0.06±0.03 BH＊BW,女0.06±0.03 BH＊BW;最小力矩最大值为男－0.12±0.02 BH＊BW,女－0.09±0.03 BH＊BW。通过T检验,跨步步法膝内收力矩并没有表现出男女性别差异。跨步步法时,支撑发力腿向身体右侧跨出一大步,然后身体重心向支撑发力腿移动,这时膝关节弯曲,产生一个防止膝关节过度屈的伸膝力矩。

2. 膝关节内收外展力矩

(1)并步步法

并步步法时膝关节支撑发力腿膝关节内收力矩最大值为男0.04±0.01 BH＊BW,女0.06±0.08 BH＊BW,外展力矩最大值为男－0.08±0.05 BH＊BW,女－0.08±0.03 BH＊BW。通过T检验,膝关节前后方向的力矩并没有表现出性别的差异。并步步法时,辅助腿向支撑发力腿靠近,然后支撑发力腿向来球方向跨出一步,此时膝关节被动做外展运动。

(2)跳步步法

跳步步法过程中支撑发力腿膝关节内收力矩最大值为男0.04±0.01 BH＊BW,女0.03±0.01 BH＊BW,外展力矩最大值为男0.16±0.08＊BH＊BW,女－0.05±0.05BH＊BW。通过T检验,男女受试者的膝最大内收力矩没有表现出性别差异。但是外展力矩表现出了性别的差异,女运动员的膝关节外展力矩显著大于男运动员。跳步步法时,支撑发力腿落地,然后膝关节被动做内收外展运动。

第六章 乒乓球运动员完成主要步法时膝关节负荷特征研究

(3)跨步步法

跨步步法过程中支撑发力腿膝关节的内收力矩最大值为男 0.04±0.02 BH*BW,女 0.09±0.17 BH*BW,外展力矩最大值为男－0.08±0.04 BH*BW,女－0.09±0.04 BH*BW。通过 T 检验,跨步步法膝内收力矩并没有表现出男女性别差异。跨步步法同并步步法一样,身体重心向支撑发力腿转移,然后向右转腰,降低重心,膝关节被动做外展运动。

3. 膝关节旋内旋外力矩

(1)并步步法

并步步法时支撑发力腿膝关节内旋最大力矩最大值为男 0.05±0.02 BH*BW,女 0.05±0.02 BH*BW,外旋最大力矩最大值为男－0.02±0.00 BH*BW,女－0.03±0.04 BH*BW。男女受试者的膝关节内旋力矩没有表现出性别差异。并步步法时,支撑发力腿向来球方向移动一步,脚步接触地面,由于脚步接触地面瞬间速度较快,并且伴随惯性落地,然后膝关节强制性缓冲,所以支撑发力腿膝关节被动做旋运动。

(2)跳步步法

跳步步法过程中支撑发力腿膝关节旋内力矩最大值为男 0.07±0.05 BH*BW,女 0.03±0.04 BH*BW,膝关节旋外力矩最大值为男－0.02±0.01 BH*BW,女－0.01±0.00BH*BW。通过 T 检验,男女受试者的膝内旋力矩没有表现出性别差异。从数据表 6-3-5 上可以看出,膝关节的旋内力矩大于旋外力矩。

(3)跨步步法

跨步步法过程中支撑发力腿膝关节的内旋力矩最大值为男 0.05±0.03 BH*BW,女 0.05±0.02 BH*BW,外旋力矩最大值为男－0.01±0.00 BH*BW,女－0.02±0.00 BH*BW。通过 T 检验,跨步步法膝内收力矩并没有表现出男女性别差异。从数据表 6-3-5 上可以看出,跨步步法时膝关节的内旋力矩大于外旋力矩。

4. 三种动作技术对比分析

通过 T 检验得知,男受试者并步步法左右方向的力矩显著大于跳步步法时向前方向的力矩。女受试者跨步步法时向前方向的力矩大于跳步步法时向前方向的力矩,女受试者跨步步法垂直方向的力矩大于跳步步法垂直方向的力矩。

第四节 讨论

一、膝关节三维角度

研究发现,膝关节的屈角在 0°～45°时,股四头肌的收缩力能对前交叉韧带产生较大的拉力,当膝关节角度超过 60°时,股四头肌的收缩力对前交叉韧带的影响并不明显。而已有研究表明,较小的膝关节屈角是非接触性前交叉韧带损伤的重要因素,从本次试验的结果中,可以看出运动员做动作时地面垂直反作用力最大时刻的膝关节屈角都在 20°到 70°。有研究表明,当下肢运动学和动力学条件相同时,膝关节屈角的减小会使膝关节前交叉韧带负荷增加。这是由于髌腱——胫骨纵轴夹角和前交叉韧带倾斜角增大的原因,Nunley(2003)的研究证明,随着膝关节屈角的减小,髌腱——胫骨纵轴夹角增大,进而会使髌腱向前剪切力增加,从而使胫骨向前的剪切力和前交叉韧带负荷增加,特别是当膝关节屈角度很小时。Fleming(1999)研究了爬楼梯运动时机体内前交叉韧带的应力,他们报道了当膝关节屈曲较小时前交叉韧带则更加容易受损伤。

综合上述文献,可以推断出本研究结果中运动员膝关节的屈角是造成乒乓球运动员的膝关节损伤的重要因素。乒乓球运动员在平时的训练和比赛中膝关节始终处于弯曲状态,这对膝关节的损伤是很大的。运动员在完成一次训练或比赛时,膝关节在做动作的过程中始终处于弯曲的位置,并且根据来球方向不断调整位置,此时脚步就要不断地移动,膝关节就要经受住来回反复的旋转摩擦。长时间的弯曲、摩擦才是造成膝关节损伤的最重要因素。

Hewett 的流行病学研究得出,受试者在做垂直跳跃的动作时,使膝关节处于外展状态的外展力矩容易使膝关节的前交叉韧带受伤。由于女性受试者在完成三种步法时膝关节外展角大于男性受试者,因此可以推测出女乒乓球运动员膝关节的损伤率高于男性运动员。膝关节在受到较大的向前剪切力的同时外展,那就会使前交叉韧带的负荷增加,导致前交叉韧带的损伤。而乒乓球运动中,在支撑腿调整重心落地,并且紧接着参与蹬地发力挥拍击球,在这个过程中,膝关节所受的力既向前也有向外展的力,此时前交叉韧带的负荷就增加,损伤的概率也增加。

膝关节由于其特殊的解剖结构,只有在膝关节屈位时才能做旋内旋外运动。并且膝关节的旋内旋外角对膝关节前交叉韧带负荷的影响是有限

第六章　乒乓球运动员完成主要步法时膝关节负荷特征研究

的。但是乒乓球运动员的支撑发力腿在调整重心落地后,紧接着参与蹬地发力挥拍击球,支撑腿蹬地发力使地面反作用力向上传递,同时身体向左转,由于支撑腿的小腿来不及随着上身转动,膝关节就形成旋外的角度,同时膝关节还受到来不及转移的身体自重的重量,此过程中膝关节的侧副韧带和半月板都会受到牵拉和磨损,对膝关节的损伤也是较严重的。因此,可以推测膝关节旋内旋外角也是影响膝关节损伤的一个因素。

本研究中跳步步法膝关节旋内旋外角显著小于并步步法和跨步步法,说明在完成并步步法和跨步步法时膝关节的内部拧转和摩擦,要大于跳步步法,膝关节也更容易损伤。

二、地面反作用力

并步、跳步、跨步三种步法的动作有差别,但是它们也有共同点,都是根据来球方向调整重心、蹬地发力,移动步法,支撑腿落地,随即支撑腿蹬地发力参与挥拍击球的过程。

乒乓球运动员在完成步法时,支撑发力腿在落地并蹬地发力的过程中,所受的地面垂直反作用力是自身体重的1~2倍。De Morat G(2004)等的研究发现地面反作用力是前交叉韧带损伤的重要机制。Yu(2006)的研究发现在完成急停起跳的过程中,垂直地面反作用力的增加与前交叉韧带损伤负荷的增加有关,地面垂直反作用力越大,股四头肌的收缩力就越大,从而使前交叉韧带所受的负荷越大。张美珍的研究结果也显示出地面垂直反作用力是膝关节损伤的重要因素。综合考虑,可以证明乒乓球运动员在完成步法动作和技术动作时,膝关节所受的地面垂直反作用力对膝关节的损伤有着重要的影响。这与本研究假设三种的膝关节所受的地面垂直反作用力是乒乓球运动员膝关节损伤的重要因素相一致。

从数据上可以看出,乒乓球运动员的支撑发力腿膝关节所受的地面左右和前后方向的反作用力明显小于地面垂直反作用力,这说明乒乓球运动员的支撑发力腿膝关节主要受地面垂直反作用力,对膝关节的影响也更为明显。但是左右和前后方向的反作用力也不能忽视,他们虽然对支撑发力腿的膝关节的反作用力较小,但是乒乓球运动员长期处于半屈状态,并且在训练和比赛中需要不停地来回运用步法,日积月累,时间一长对膝关节的损伤慢慢显现出来了。

本研究中三种步法所承受的地面反作用力表现出了跨步大于并步和跳步的趋势,所以在乒乓球运动中跨步步法膝关节较容易损伤。

三、膝关节受力

从前面的数据结果可以发现,三种步法动作时,膝关节三维力主要是Z轴即垂直方向的力。乒乓球运动员在做技术动作时,膝关节所受的垂直方向的力都在自身体重的1倍左右,有的达到1.5倍。膝关节垂直受力是胫骨和股骨之间压力的问题,垂直方向的压力在正常情况下脚步落地都不足以导致膝关节损伤,但是有垂直压力的同时又伴随有拧转和切向的滑移的摩擦力动作,这一动作过程对软骨和半月板损伤有很严重的影响,而膝关节左右和前后方向的力是膝关节做出拧转和侧向滑移的动作。半月板是在胫骨和股骨中间,半月板损伤的条件是膝关节半屈位挤压和旋转,这三个条件缺一不可。单独的垂直方向挤压并不能对膝关节造成损伤,但是在挤压的同时还有拧的动作,就会对膝关节半月板造成损伤。

通过前面的曲线图可以明显地看出,乒乓球运动员在完成步法动作时,膝关节始终保持在半屈状态,并且膝关节的旋内旋外和内收外展运动在大部分时间都存在,尤其是在步法运动支撑发力腿着地瞬间和技术动作时支撑发力腿蹬伸发力瞬间,膝关节的内收外展和旋内旋外角度达到最大值,此时对于膝关节的损伤是很严重的。本文文献综述中须晓东的调查结果乒乓球运动员的半月板损伤发病率为17.6%占所有损伤中的第二位,与本文研究结果一致。

另外,通过数据可以看出膝关节左右和前后方向的力都比较小,但是乒乓球运动员长期处于半屈状态,膝关节由于其特殊的解剖结构,不能主动做内收外展和旋内旋外,只有在膝关节保持半屈状态时才能做。在完成乒乓球运动时,膝关节长期处于半屈状态,并且根据来球方向不断地移动和调整身体重心,左右和前后方向的力对于膝关节的一次性影响倒是不大,但是长期的半屈状态时的膝关节长期被动做拧转,膝关节的髌骨和半月板不断地摩擦,长期积累下来对于膝关节的损伤影响不容忽视。这也是为什么在许多调查研究中发现,乒乓球运动员膝关节的损伤主要以慢性损伤为主的原因。

四、膝关节力矩

乒乓球运动员在完成步法和动作技术时,膝关节一般都保持在半屈位置,此时伸膝力矩产生。伸膝力矩是股四头肌跨过髌骨作用在胫骨上的力矩,伸膝力矩越大意味着伸膝力大,意味着对髌骨的压迫要大。在伸膝力矩

第六章 乒乓球运动员完成主要步法时膝关节负荷特征研究

比较大的情况下还做伸动作的时候,髌骨被向下压,同时拧、磨髌骨和股骨接触面,对其造成损伤;如果还伴随着翻、收等动作,那么髌骨正常的上下移动就被动变成旋转移动的状态,就会导致髌骨下半部软化,导致髌骨劳损。对于膝关节内部的半月板和软骨,垂直压力不是最主要的问题,但是压力很大的同时还有侧面和来回的内收外展和旋内旋外,就会对膝关节内部不利。刘卉的研究也表明,膝关节的内收外展和旋内旋外力矩能够单独对膝关节的损伤产生影响。乒乓球运动过程中膝关节始终保持半屈状态,膝关节的内收力矩和旋内力矩使膝关节被动做拧转和摩擦动作,这对支撑发力腿的膝关节损伤有很大影响。

已有研究表明单纯的膝关节伸展力矩,在跳跃落地的时候伸展力矩大容易导致前交叉韧带损伤,因为跳跃落地时胫骨有前移的趋势,所以前交叉韧带就会被拉扯坏。但是乒乓球运动时膝关节始终保持在屈膝状态,此时前交叉韧带会松一些,所以伸展力矩的变大对于乒乓球运动员膝关节前交叉韧带没有影响,但是由于肌肉力的增加导致股骨关节和髌骨关节的接触面碾磨增加,导致髌骨软化症。另外,伸膝力矩过大,使髌腱下缘的位置经常被拉扯,所以伸膝力矩大可能会导致髌腱末端病。在本文文献综述中,对于乒乓球球运动员膝关节损伤的调查,排在第一位的就是髌腱末端病,其次是髌骨软化,这都与膝关节的力矩有关。另外,刘国正曾经在比赛过程中髌骨骨折,这与膝关节伸膝力矩有很大关系,伸膝力矩过大,再加上内收外展和旋内旋外力矩对膝关节进行拧转、碾磨,膝关节内部接触面摩擦都有可能导致髌骨骨折。

五、运动员自身因素分析

乒乓球的动作技术都有一个模板,但是在学习和长期的训练和比赛中,由于每一个运动员对动作的理解和掌握程度不一样,所以导致乒乓球运动员在完成相同的动作技术过程中有很大的不同,所以,在训练和比赛中膝关节的受力、角度等各个方面都会有很大的不同。在加上乒乓球运动员在完成训练或比赛时膝关节需要反复不停地来回蹬伸、旋转,对膝关节的损伤就是在这样一点一点反复摩擦中产生的。并且,每一次训练或比赛持续的时间都在一个小时左右,在这个时间段中,运动员的膝关节不仅有损伤产生,而且长时间的训练或比赛加剧了运动员的膝关节疲劳程度,从而导致膝关节损伤得更加严重。

另外,本研究中在膝关节的受力分析时,为了排除男女之间因体重差异对膝关节的影响,所以在对膝关节受力时都进行了标准化。但是,在研究过

程中我们发现体重对于膝关节的负荷可能有影响,于是我们做了膝关节受力和运动员体重的相关性分析,如图6-4-1所示:

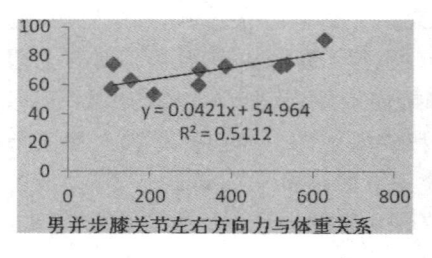

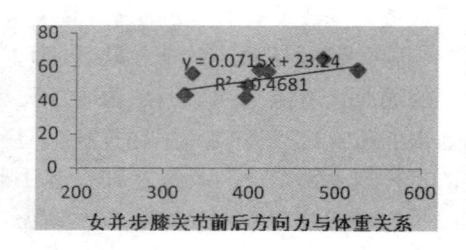

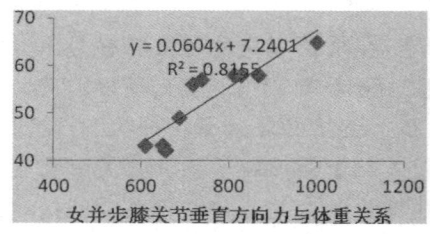

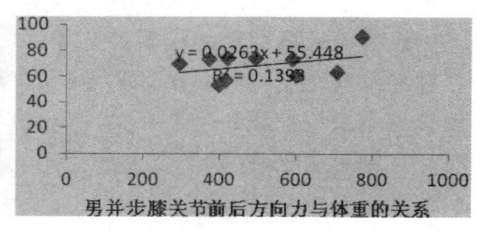

图 6-4-1　运动员膝关节受力与体重相关关系

图 6-4-1 是选取了其中的一部分相关分析图展现出来,但是本实验中的所有测试的部分和动作都做了相关性分析,线性图都呈正相关,即体重越大,运动员膝关节的受力越大。所以,运动员的体重也是影响运动员膝关节损伤的一个自身原因。

第五节　结论与建议

一、结论

(1)乒乓球运动员在完成步法时膝关节负荷垂直方向的力最大,是自身体重的 1.5 倍;膝关节左右和前后方向的负荷最大值约为自身体重的 0.5 倍。膝关节受力并没有表现出男女的性别差异。膝关节所受力矩伸膝力矩和内收外展力矩最大值为 0.05BH * BW 左右,而旋内旋外力矩最大值为 0.02BH * BW 左右。跳步步法内收力矩、外展力矩表现出了男女的性别差异。

(2)乒乓球运动员在完成并步、跳步、跨步三种步法中,膝关节所受的垂直力表现出了跨步大于并步和跳步的趋势。膝关节力矩在完成三种步法动作时膝关节力矩没有明显动作之间的差异。从膝关节角度来看,跳步步法

第六章 乒乓球运动员完成主要步法时膝关节负荷特征研究

膝关节活动范围小于并步和跨步。三种法的膝关节旋外角有性别的差异,女性受试者大于男性。

(3)膝关节的负荷单纯有垂直方向的力对于膝关节损伤的影响不明显,但如果同时伴有左右和前后方向的力,导致膝关节在被压迫的同时伴有拧转和摩擦的动作,对于膝关节的损伤很严重;膝关节三维力矩也是三个方向的力矩同时作用于膝关节,对膝关节的损伤造成影响。乒乓球运动要求运动员膝关节长期处于弯曲位置,在训练和比赛过程中来回的跳动和左右移动,膝关节要不停地来回转动、摩擦,长期积累下来就对膝关节产生慢性损伤。

(4)运动员体重与乒乓球运动员膝关节负荷呈正相关。体重越大,膝关节负荷也就越大,就增加了膝关节损伤的概率。

二、建议

(1)乒乓球运动员的击球发力脚在落地缓冲阶段和主动蹬伸阶段都受到较大的垂直方向的力。所以运动员在完成步法动作的过程中要学会利用缓冲或者穿具有适当减震缓冲功能的运动鞋,以缓解乒乓球运动员膝关节所受的垂直方向的力。

(2)乒乓球运动员做动作技术时要尽量降低身体重心,使膝关节屈角保持在较大的角度,既方便步法移动速度,也能减少膝关节损伤。

(3)在保证动作准确到位的情况下,使膝关节的旋内旋外角、内收外展角尽量小,以减小对膝关节的损伤。

(4)乒乓球运动员在训练和比赛中要注意训练方法,也要安排好训练和休息时间,不要使膝关节一直处于半屈状态,一旦发现膝关节有损伤要尽早治疗和调整,以免长时间的拖拉导致膝关节损伤更加严重。

(5)乒乓球运动员的体重不宜过重,要适当地控制体重。

第七章 乒乓球正手台内进攻技术的创新
——正手撇拉技术的可行性研究

第一节 前言

目前,世界乒乓球运动正朝着凶狠、主动、变化的方向迅猛发展,其中反手拧拉已由一种立足上手进攻的辅助技术,演变成了得分、得势的主要进攻利器。随着反手台内拧拉技术的日趋成熟及广泛、有效地运用,使得反手技术体系已逐渐完成。

然而在正手技术体系中,像反手拧拉这样在台内既是能先发动得分,又是能更好地衔接相持与防反中强势对抗的正手台内技术还是空白。这与正手进攻使用区域大、移动范围大、球性变化多、精准掌握难度大、训练的周期长等特点有关,但正手台内技术始终是技术体系中需要突破的关键技术,还有一定的技术创新空间。

对于回接对方发球或打到本方球台台内短球技术可分两种,一是控制技术,二是进攻技术。控制技术有正手摆短、劈长、撇、推。正手台内进攻性技术,以前只有正手挑打技术,其优点是动作小、速度快、落点变化灵活,但旋转和杀伤力不足,易被对手反拉造成被动,正手挑打技术优异的运动员有马琳、马龙、许昕等;近几年随着反手拧技术的日趋成熟,正手台内进攻技术又增加了正手位反手拧的技术,以张继科、樊振东等所具特长,在比赛中这两位运动员在接发球时,控制技术占的比例很小,接发球手段几乎变成了全台反手拧拉,直接进入上旋强强对抗,该技术对于反手能力突出的运动员有利。比如,对于最早使用该技术的张继科而言,由于这一技术的创新与使用使得他快速成为了"大满贯"得主。同时,对于正手能力突出的运动员若过多使用反手拧技术,会影响其整个进攻体系,但以往的挑打技术与反手拧拉技术相比已显得被动、落后与陈旧,有必要对正手台内进攻技术进行创新。

就此,近期我们提出了正手台内进攻技术的创新技术——正手撇拉技术,其预期目的是要结合撇和拉的技术,能够像反手拧技术那样制造旋

第七章　乒乓球正手台内进攻技术的创新——正手撇拉技术的可行性研究

转。该技术效果如何？是否优于正手挑打技术？是否可以达到反手拧的质量？可行性如何？什么是撇拉技术最合理的动作技术结构？以及其动作技术要领和生物力学原理等方面，需要我们进行科学研究和论证。

本研究拟运用运动生物力学的测试方法，对国家队新出现的正手撇拉技术的动作技术结构和击打效果进行生物力学分析与研究，并与反手拧拉技术和正手挑打技术的运动学参数相对比，对正手撇拉技术的可行性进行论证。本研究成果将有利于进一步提高乒乓球运动员的正手能力，并对于完善乒乓球正手技术体系有一定的借鉴作用。对于维持我国乒乓球技术训练先进性和推动世界乒乓球运动的发展，也具有一定的现实意义。

第二节　研究方法

一、专家访谈法

对国家乒乓球男队教练访谈，以探究正手撇拉技术、乒乓球正手进攻技术的创新，并探究其研究方法。

二、运动学测试

1. 测试地点

国家体育总局国家乒乓球队训练馆五楼。

2. 测试对象

国家乒乓球一队重点培养队员：范胜鹏、周启豪。
(1)范胜鹏，22岁，河北人，直板，右手，弧圈结合快攻打法。
(2)周启豪，19岁，广东人，横板，右手，弧圈结合快攻打法。

3. 实验仪器

(1)2台JVC高速摄像机(拍摄频率100Hz)。
(2)1套豹影高速采集系统(中科院和科研所研发)，包括高速摄像头、笔记本电脑(外星人)和豹影软件，拍摄频率500Hz左右。

(3)三维 SIMI MOTION 框架。

(4)做了标记的三星 40mm＋塑料乒乓球 20 只(图 7-2-1)。

(5)视讯动作技术分析软件。

(6)Kinovea 技术分析软件。

图 7-2-1　实验用球

4．数据采集

(1)调试实验仪器

如图 7-2-2 所示,对两台 JVC 高速摄像机的高度、俯仰角度和相机的参数进行调整,高速摄像机分别位于运动员的正前方和右侧前方,高速摄像机的拍摄频率为 100 帧/秒。豹影高速采集系统置于球网的正侧方,距离乒乓球台 1m 左右,拍摄频率为 500Hz,对摄像头的焦距、曝光时间等参数根据球台的反光程度和场馆的亮度及拍摄对象的速度都调到了最佳。然后,对测试空间进行三维标定。标定工作由生物力学专业工作人员完成,以保证以测试空间标定的准确性。

三维标定图　　　　　　　　测试人员图

图 7-2-2　实验仪器调试及场地图

第七章　乒乓球正手台内进攻技术的创新——正手撇拉技术的可行性研究

正面测试图 　　　　　　　　左侧前方测试图

三维标定图 　　　　　　　　实验场地图

图 7-2-2 （续）

（2）动作技术测试

两位运动员互发多球，发正手手侧上旋短球至对方反手位，两位运动员分别进行正手撇拉直线、正手挑直线和反手拧拉斜线三个技术动作，要求两位运动员击球时以最大的力量，且力保每次发力一致。两台高速摄像机采用声音粗略同步的方法，记录两位运动员每个技术动作连续 20～30 次。

5. 数据处理

（1）动作技术的筛选

测试完成后，由吴敬平指导对记录的动作进行筛选，选出两位运动员完成动作和拍摄效果最好的击球技术动作，每个运动员各 10 次，进行数据的处理。

（2）运动学数据的处理

运用北京体育大学运动生物力学等实验室"视讯运动视频分析系统"对运动学数据进行处理。采用寻找特征时刻点（球第一次落台时）的画面的方法，对两台高速摄像机所拍摄的同一个动作技术进行同步处理。

选取运动员上肢和躯干的 10 个关节点（两侧的肩、肘、腕、手、髋和颅顶点）、球拍及乒乓球进行识别和点点，获取原始运动学数据。

需要说明的是，在测试中，由于下肢被球台遮挡太多，不能获取脚部的完整数据,故未能对下肢关节点进行识别和点点,而是选用 Kinovea 分析软件对下肢膝关节变化进行解析,分析运动员做反手拧技术动作时下肢变化特征。

运用 QotoolS 分析软件对原始数据进行处理,得到空间位置和关节点速度、角度和角速度等数据。

运用 Excel 分析软件对 QotoolS 分析软件获得的空间位置进行处理,确定特征时刻各关键点空间位置,在 Excel 中运用公式进行计算,获得合速度等数据。

应用 Excel、Origin 等软件对原始三维坐标数据进行平滑与计算,得到用于分析的运动学数据。数据平滑采用低通滤波方法,截断频率为 10Hz。

运用豹影动作技术分析及采集系统对球的旋转进行识别。

在使用 Kinovea 分析软件对下肢进行分析时,为了使苑胜鹏、周启豪的对比画面更加直观,由于许昕是左手执拍,对许昕的画面和数据进行了镜面处理。

(3)关节角度的定义

由于在人体在运动中,肩关节、肘关节、髋关节和膝关节等大关节都在做三维空间复合运动。本实验参考国内外的有关文献资料,根据乒乓球运动中各关节的运动特点和运动生物力学和运动解剖学的有关内容,选用空间角度来描述各个关节在空间的运动和位置,对本实验中所涉及的相关概念进行了如下定义。

肩臂角:同侧肘关节标志点与同侧肩关节标志点连线,与两肩连线的夹角。

肩髋角:同侧肘关节标志点与同侧肩关节标志点连线,与同侧肩关节与同侧髋关节连线所构成的夹角。

肘角:同侧肘关节标志点与同侧肩关节标志点连线,和同侧肘关节标志点与同侧腕关节标志点连线之间的夹角。

腕角:同侧肘腕连线与腕手连线之间的夹角。

右腕角向量差:指的是击球时刻腕和手的连线相对于引拍结束时刻腕和手的连线而言,变化的角度,可大致反应撇拉技术和挑打技术手腕内收的幅度,以及拧拉技术手腕外展的幅度,即给予乒乓球向上摩擦力的大小。

躯干扭转角(转角):两侧肩关节标志点的连线与两侧髋关节标志点连线的夹角。

6. 统计方法

使用独立样本 T 检验对王皓与许昕各阶段的变化特征进行差异性检

第七章 乒乓球正手台内进攻技术的创新——正手撇拉技术的可行性研究

验,统计分析中将 $p<0.05$ 作为有显著性差异的标准。

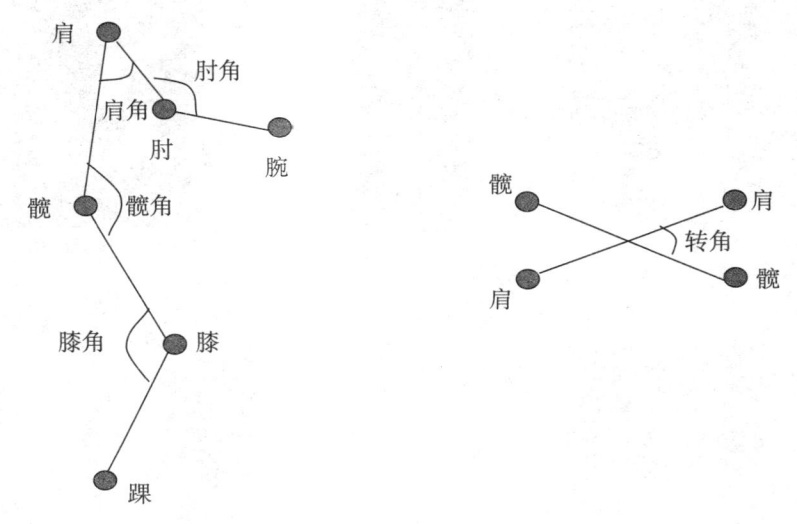

图 7-2-3 关节角度定义图

第三节 主要研究结果

一、范胜鹏(直板)撇拉、挑打、拧拉技术动作运动学特征对比

1. 动作阶段划分

多球进行定点正手撇拉技术练习时,连续击球动作可以看作周期性的运动。一个乒乓球击球动作是一个较为复杂的过程,为了便于对整体动作的分析和研究,根据动作的任务和性质,可以将一次复杂完整的击球动作划分为不同的动作阶段。在不同动作阶段的临界点,为击球的特征画面。

如图 7-3-1 所示,五个特征时刻点为还原结束时刻、引拍结束时刻、击球时刻、随势挥拍结束时刻和再次还原时刻。五个特征时刻点构成四个动作阶段分别为:引拍阶段、挥拍击球阶段、随势挥拍阶段和还原阶段。本研究重点分析了范胜鹏的引拍阶段、击球阶段和随势挥拍阶段。

图A 还原结束（准备）时刻　　图B 引拍结束时刻　　图C 击球时刻

图A~图B 引拍阶段　　图B~图C 挥拍击球阶段

图D 随挥结束时刻　　图A" 再次还原时刻

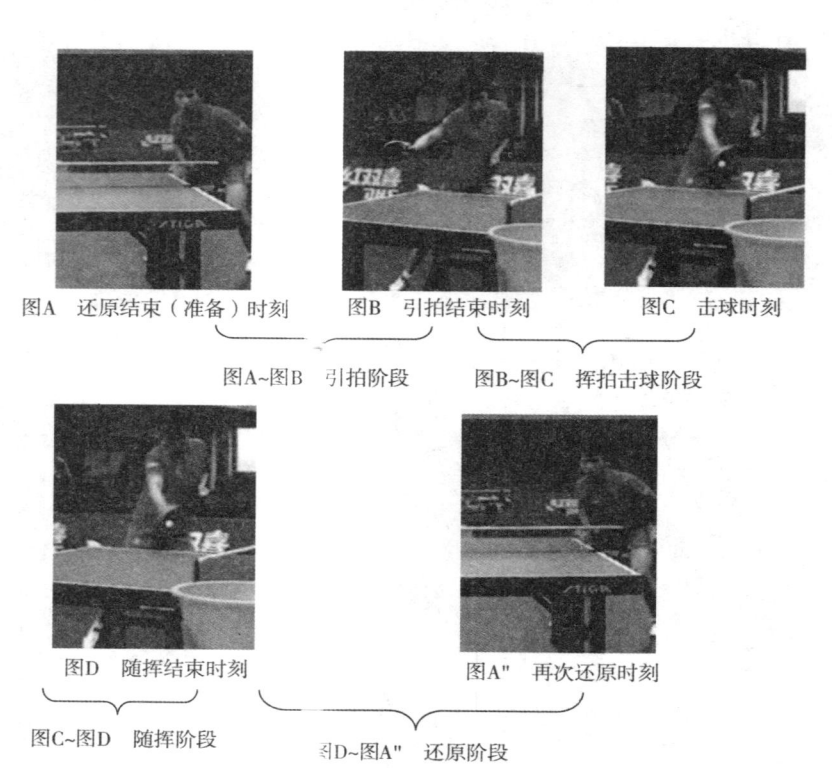

图C~图D 随挥阶段　　图D~图A" 还原阶段

图 7-3-1　范_鹏正手撇拉动作技术阶段划分

2. 引拍阶段

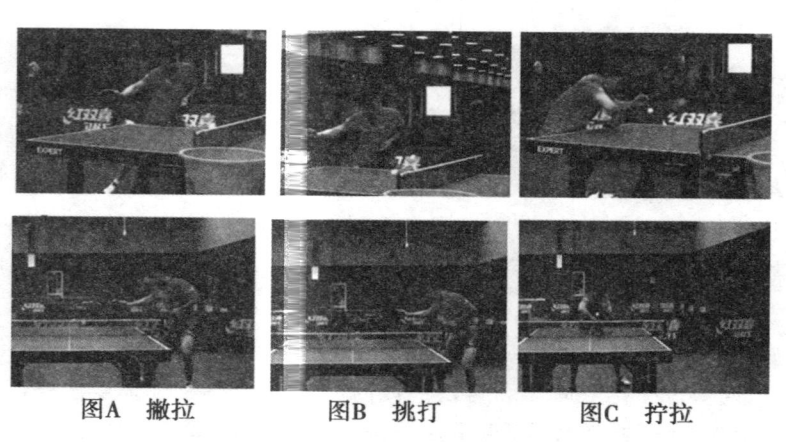

图A 撇拉　　图B 挑打　　图C 拧拉

图 7-3-_　引拍结束时刻特征画面

第七章 乒乓球正手台内进攻技术的创新——正手撇拉技术的可行性研究

表 7-3-1 引拍结束时刻身体姿态角对比表（$n=10$）　　单位：度

	撇拉（M±S）	挑打（M±S）	拧拉（M±S）
右腕角	223.3±12.7*&	201.3±10.4	133.6±5.8
引拍阶段右腕角变化幅度	-43.3±4.7*	-21.3±1.4	46.4±0.6
右肘角	133.5±9.7&	137.5±7.8	85.5±8.9
右肩臂角	163.9±11.3&	161.6±9.2	96.2±8.4
右肩髋角	102.7±10.8*&	86.0±7.9	99.5±6.6
左肘角	73.1±7.9&	69.3±7.0	92.6±9.1
左肩臂角	119.2±12.6&	117.6±10.5	126.0±12.8
左肩髋角	82.3±9.0&	84.1±8.3	73.5±7.1
躯干扭转角	10.6±1.1&	11.7±0.9	32.5±2.1

注：（1）* 代表撇拉和挑之间比较，差异显著。

（2）& 代表撇拉和拧拉之间比较，差异显著（后同）。

（3）引拍阶段右腕角变化幅度＝引拍结束时刻的右腕角－准备姿势时刻的右腕角（180°）。屈和内收为正，伸和外展为负。

引拍阶段的身体各环节和球拍的运动主要是选位引拍为下一步挥拍击球，找到最佳挥拍发力位置储蓄弹性势能。正手撇拉技术、正手挑打技术和反手拧拉技术均为台内进攻技术，其技术动作要求精细、击球时间快、击球难度大、需要很强的爆发力和各关节协同发力击球。

（1）执拍侧上肢的运动

上肢的运动是乒乓球运动技术动作中起决定性作用的组成部分，上肢运动链包括肩、肘、腕关节串联而成，而最后接触球发力的部分是球拍和手，击球质量的好坏最终都是由球拍和手触球发力的一瞬间决定的，所以研究上肢关节和球拍的运动特点是极其重要的。从图 7-3-2 可以看出，在引拍结束时刻，范胜鹏（直板）撇拉、挑打和拧拉引拍都很充分。

① 右腕

在引拍阶段，撇拉和挑打技术手腕做的是向外伸和外展的动作，而拧拉技术是做屈和内收的动作。

经 T 检验，在引拍结束时刻，撇拉技术右腕关节角度（223.3±12.7°）明显大于挑打技术（201.3±10.4°），差异明显。准备（还原）特征时刻时，手腕和前臂基本上在一条直线上，腕角大约为 180°。当侧身撇拉反手位左侧上旋短球时，引拍阶段，手腕向外伸展的角度为 -43.3±4.7°（腕角－180°），而挑打技术手腕向外伸展的角度为 -21.3±1.4°，经 T 检验，两者差异显

199

著。说明范胜鹏撇拉引拍的幅度比挑打大,与挑打相比,撇拉手腕有明显的外撇动作,这样可以增加球拍与来球的距离,增大引拍幅度,有利于加大击球时的摩擦,另外,手腕外撇动作增加了"晃骗"对手的迷惑性。

当比较引拍阶段撇拉技术和拧拉技术时,由于腕关节的运动方向不在同一个方向上,两者的右腕角差异非常显著,但其意义不大。从引拍阶段右腕角的变化幅度来看,经 T 检验,撇拉技术($-43.3\pm 4.7°$)与拧拉技术($46.4\pm 0.6°$)差异不大,即直板撇拉技术手腕伸和外展的幅度可达到拧拉、及屈和内收的幅度。

②右肘

在引拍结束时刻,右肘关节角度,撇拉技术为 $133.5\pm 9.7°$,挑打技术为 $137.5\pm 7.8°$,拧拉技术为 $85.5\pm 8.9°$。经 T 检验,撇拉技术与挑打技术差异不显著,与拧拉技术差异显著。这说明在引拍阶段,在运用撇拉技术与挑打技术时,右肘做伸和外展的动作,引拍幅度大致相当。而在运用拧拉技术时肘关节在做屈和内收的动作。

③右肩

在引拍阶段,运用撇拉和挑打技术,上臂产生不同程度地外展和伸的动作,臂的外展可以使三角肌前部和胸大肌受到拉伸,这种牵拉作用使肌肉中储存了弹性势能并刺激了牵张反射,使这些肌肉随后的收缩更加快速有力。而拧拉技术相反,上臂不同程度的内收和屈,也为后面的击球做好了空间上的准备,为随后肌肉的离心收缩储存了弹性势能。

将肩关节角度分为肩臂角和肩髋角。肩臂角指的是两肩与肩肘连线的夹角,该角可大致反映肩关节伸的动作;肩髋角指的是两肩连线与肩髋连线的夹角,可大致反映肩关节外展的运动。

在引拍结束时刻,撇拉技术、挑打技术和拧拉技术,右肩臂角分别为 $163.9\pm 11.3°$、$161.6\pm 9.2°$ 和 $96.2\pm 8.4°$。经 T 检验,撇拉技术与挑打技术差异不显著,而撇拉技术与拧拉技术差异显著。

在引拍结束时刻,撇拉技术、挑打技术和拧拉技术,右肩髋角分别为 $102.7\pm 10.8°$、$86.0\pm 7.9°$ 和 $94.5\pm 6.6°$。经 T 检验,撇拉技术与挑打技术差异显著,而撇拉技术与拧拉技术差异显著。

说明在引拍阶段,撇拉技术与挑打技术相比,外展的幅度相似,而伸的幅度大于挑打。

(2)非执拍侧上肢的运动

非执拍侧手臂的摆动不仅是为了维持身体平衡,而且还起到协调发力的作用。在引拍结束时刻,范胜鹏左侧上肢(非执拍侧)的运动,左肘关节角、左肩臂角、左肩髋肩,经 T 检验,撇拉技术与挑打技术差异不显著,而撇

第七章　乒乓球正手台内进攻技术的创新——正手撇拉技术的可行性研究

拉技术与拧拉技术差异显著。

引拍阶段撇拉技术和挑打技术的左侧上肢一直贴于身体没有很大变化，而拧拉技术的左侧上肢一直在随着右侧上肢一起运动。

（3）躯干的运动

躯干扭转角描述了整个运动技术过程中躯干绕纵轴扭转的运动幅度。躯干扭转角越大，说明躯干肌肉的拉伸程度越大，从而储存的弹性势能越大。躯干连接着上肢和下肢，下肢蹬伸产生的动量通过躯干"传送带"传向上肢。躯干动作的好坏决定着下肢动量的利用率。同时，躯干也是身体"弹簧"的一部分，自身的转动也产生角动量向上传给上肢、再传给球拍，使球拍获得更大的动量。

撇拉和挑打技术时，在引拍阶段，身体主动向右后扭转，左侧腹外斜肌和右侧腹内斜肌的收缩使运动员处于躯干扭转姿势，这个姿势拉长了运动员对侧腹内、外斜肌。而拧拉技术与之相反，身体主动向左后扭转，右侧腹外斜肌和左侧腹内斜肌的收缩使得运动员处于躯干扭转姿势。

躯干的运动，躯干扭转角中，撇拉技术为 $10.6\pm1.1°$，挑打技术为 $11.7\pm0.9°$，拧拉技术为 $32.5\pm2.1°$。经 T 检验，撇拉技术与挑打技术差异不显著，而撇拉技术与拧拉技术差异显著。

这说明在引拍过程中，撇拉和挑打动作身体转动幅度较小，而拧拉动作身体转动幅度较大，这是由于反手拧拉需要转动身体为引拍创造更大的空间。

（4）引拍距离

从引拍距离来看，结合图 7-3-2 侧面的特征画面可以看出，引拍结束时刻，球拍与球的距离，撇拉技术最远，挑打技术次之，拧拉技术最短。

（5）下肢的运动

引拍阶段，下肢主要是作屈曲下蹲动作，这是动作技术的重要组成部分，为挥拍击球时的蹬伸作时间、空间、发力条件上的准备。

由于下肢被球台遮挡，我们无法精确地计算出范胜鹏下肢关节角度的变化。但从对高速录像的仔细观察和现场观察来看，范胜鹏做撇拉和挑打时，右脚向左脚做了一跳步后，左脚向左上方跳出一步，身体呈侧身位，为正手击球让出空间。在做拧拉技术时，左脚向右脚做了一小跳步后，右脚向右前上方迈出一步。在引拍阶段，髋部和膝关节做向下的屈曲动作，范胜鹏屈曲的幅度大于撇拉和挑打。撇拉技术与挑打技术相类似。

（6）重心的变化

通过反复观看高速录像的慢放和现场观察，以及对教练员访谈可知，范胜鹏挑打技术的身体重心在两腿之间，撇拉技术的身体重心偏向左腿；台内

201

拧技术重心偏向右腿。

（7）引拍时机

从引拍时机来看，仔细观察高速录像中三个技术的引拍时机，可以发现，撇拉技术引拍最早，拧拉次之，挑打最晚。

3. 挥拍击球阶段

（1）击球时刻身体姿态特征

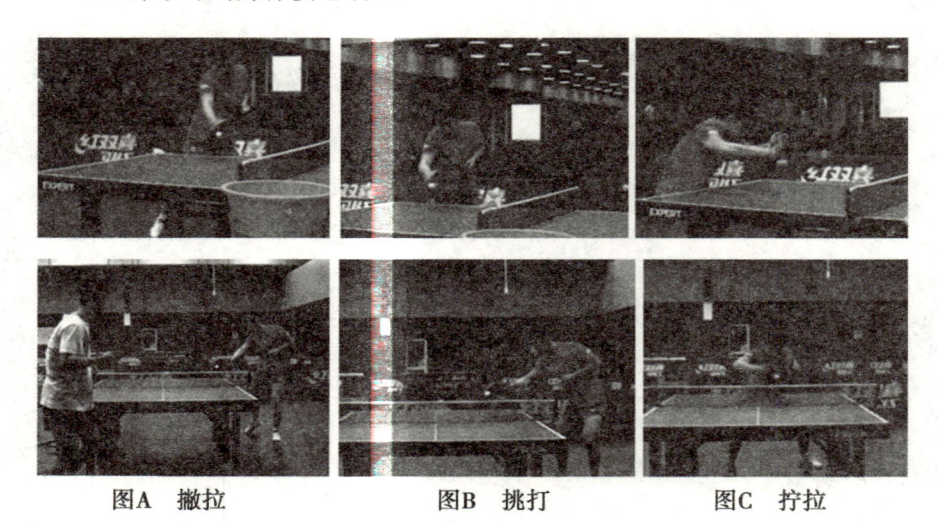

图A 撇拉　　　　　图B 挑打　　　　　图C 拧拉

图7-3-3　范胜鹏击球时刻特征画面

挥拍阶段是整个击球过程中最关键的环节，该环节涉及球拍触球，触球的瞬间决定了球的运行轨迹和质量。通过研究身体各关节的角度和角速度变化，球拍的挥拍轨迹和触球瞬间的速度、方向、击球时间得到挥拍阶段身体各环节和球拍的运动学特征。

表7-3-2　击球时刻身体姿态角及击球阶段角度变化幅度对比表（$n=10$）

单位：°

	撇拉(M±S)	挑打(M±S)	拧拉(M±S)
右腕角	191.1±1.8 &	186.4±8.6	169.4±10.1
右腕角变化幅度	32.2±2.8 **	13.9±0.9	−35.8±3.0
右腕角向量差	61.2±2.9 *	45.9±3.9	66.1±6.5
右肘角	158.2±12.3 * &	136.4±7.2	105.3±9.8
右肘角变化幅度	24.7±2.9 *	1.1±0.7	−19.8±2.1
右肩臂角	118.9±1.8 *	124.6±10.3	102.6±9.2

202

第七章 乒乓球正手台内进攻技术的创新——正手撇拉技术的可行性研究

（续）

	撇拉（M±S）	挑打（M±S）	拧拉（M±S）
右肩髋角	102.1±11.5*&	90.8±7.5	96.2±6.9
左肘角	68.9±6.2&	69.4±6.4	87.5±7.8
左肩臂角角	106.6±10.1&*	116.3±10.7	144.5±14.1
左肩髋角	70.0±7.2*	80.4±6.5	72.6±8.0
躯干扭转角	13.7±3.6&	14.6±1.6	21.7±2.0

①右腕

在挥拍击球阶段，撇拉和挑打技术执拍侧手腕做的是屈和内收的动作，腕关节角度逐渐减小，而拧拉技术相反，做的是伸和外展的动作，腕关节角度逐渐增大。

在挥拍击球时刻，范胜鹏撇拉技术、挑打技术和拧拉技术右腕角分别是191.1±14.8°、183.4±8.6°和169.4±10.1°。经T检验，撇拉技术挑打技术右腕差异不显著；由于动作结构方向不一样，撇拉与拧拉技术右腕关节角度差异显著。

当比较范胜鹏三种挥拍击球阶段右腕角的变化幅度时，可以撇拉（32.2±2.8°）与挑打（13.9±0.9°）差异非常显著，而与拧拉技术（35.8±3.0°）差异不显著。

这说明，撇拉技术与挑打技术相比，手腕由伸到屈的幅度要更大一些，撇拉技术与挑打技术在击球时刻都是击球的右侧面，球拍包裹住来球更好发力击球制造旋转。撇拉技术和拧拉技术相比较发现，手腕伸展的幅度和屈伸的幅度差不多。

右腕角向量差，指的是击球时刻腕和手的连线相对于引拍结束时刻腕和手的连线而言，变化的角度，可大致反映撇拉技术和挑打技术手腕内收的幅度，以及拧拉技术手腕外展的幅度，即给予乒乓球向上摩擦力的大小。

击球时刻，范胜鹏撇拉技术、挑打技术和拧拉技术，右腕角向量差分别为61.2±4.9°、45.9±3.9°和66.1±6.5°。经T检验，撇拉技术和挑打技术该角度差异显著，撇拉技术和拧拉技术差异不显著。

右腕角向量差这一指标的差异说明，撇拉技术手腕给与球摩擦与拧拉相似，摩擦球非常充分，大于挑打技术。

从图7-3-2和录像上可以看出，击球时刻，撇拉技术的右手手腕不再有明显的外撇，此时右手手腕的动作和挑打极为相似，但由于之前的外撇，使得撇拉技术带有一定的迷惑性。从右腕角度变化和右腕角度向量差可以推测，撇拉和拧拉以摩擦为主，可以制造出旋转性更强的球，挑打以快速的打球为

203

主,可以制造出速度更快的球。

②右肘

在撇拉和挑打技术的挥拍击球过程中,肘关节做屈曲和内收的运动,拧拉技术相反。

撇拉技术、挑打技术和拧拉技术在击球时刻的右肘角分别为158.2±12.3°、136.4±7.2°和105.3±9.8°。经T检验,撇拉技术与挑打技术差异显著,撇拉技术与拧拉技术差异显著。

引拍阶段肘关节的变化幅度方面,撇拉技术、挑打技术和拧拉技术分别为24.7±2.9°、1.1±0.1°和20.8±2.1°。经T检验,撇拉技术与挑打技术差异显著,撇拉技术与拧拉技术差异不显著。

数据反映出在击球阶段挑打技术的右肘角度变化不大,撇拉技术角度变化最大,拧拉次之,说明挥拍击球阶段撇拉技术前臂屈曲充分,拧拉技术前臂伸和外展充分,动作幅度大,为了更好地向上摩擦。而挑打技术主要以撞击为主,注重瞬间击打球的动作,小臂运动幅度较小是为了击球时的集中发力。

③右肩

右肩臂角方面,在击球时刻,撇拉技术、挑打技术和拧拉技术分别为118.9±11.8°、124.6±10.3°和102.6±9.2°。经T检验,撇拉技术与挑打技术差异不显著,撇拉技术与拧拉技术差异显著。

右肩髋角方面,在击球时刻,撇拉技术、挑打技术和拧拉技术分别为102.1±11.5°、90.8±7.5°和96.2±6.9°。经T检验,撇拉技术与挑打技术差异显著,撇拉技术与拧拉技术差异显著。

对比引拍结束时刻的右肩关节角度,撇拉技术和拧拉技术的右肩关节角度都有减小,右肩臂角角度减小幅度大于右肩髋角,说明右肩下沉幅度较大。对比引拍结束时刻的右肩关节角度,拧拉的右肩关节角度变化较小,说明肩关节一直前顶支撑发力,肩关节运动较少。从三个技术数据对比可以看出,撇拉和挑打击球时,右肩均降低,拧拉击球时,肩部稍有升高。

④重心的变化

经过反复仔细看慢放动作及图7-3-3,可以看出,击球时刻,范胜鹏的撇拉技术身体重心向前上方移动,挑打技术身体重心向前方移动但动作幅度较小。撇拉技术身体重心的移动是为了增加向上的摩擦力,同时身体移动幅度大是为了更好地增加击球的力量,增加挥拍速度。对比拧拉技术的身体重心变化可以看出,撇拉技术和挑打技术的身体重心移动幅度大于拧拉技术,撇拉技术和挑打技术能很好地运用身体的力量,全身发力击球。

第七章 乒乓球正手台内进攻技术的创新——正手撇拉技术的可行性研究

⑤躯干扭转角

躯干的运动,撇拉技术的身体扭转角为 166.3°,挑打技术的身体扭转角为 162.1°,拧拉技术的身体扭转角为 159.7°,与引拍结束时刻相比,撇拉技术在击球阶段,躯干开始第二次扭转,向引拍方向相反的方向进行扭转。

在躯干扭转方面,在击球时刻,撇拉技术、挑打技术和拧拉技术分别为 13.7±3.6°、14.6±1.6°和 21.7±2.0°。经 T 检验,撇拉技术与挑打技术差异不显著,撇拉技术与拧拉技术差异显著。

撇拉和挑打技术的身体扭转角均稍有减小,但减小的幅度不大,拧拉技术的身体扭转角较增大。

(2)击球时刻上肢各关节速度

表 7-3-3 击球时刻执拍侧各关节速度($n=10$) 单位:m/s

	撇拉(M±S)	挑打(M±S)	拧拉(M±S)
右腕	3.55±0.41	3.12±0.33	3.79±0.22
右肘	1.46±0.36	1.03±0.14	2.67±0.26
右肩	0.47±0.05	0.18±0.01	2.24±0.15
右髋	0.34±0.94	0.71±0.05	0.77±0.06

通过对比撇拉、挑打和拧拉三个技术动作击球时的速度发现,右肩的速度<右肘的速度<右腕的速度,可以推测,范胜鹏的三个动作均符合鞭打动作的技术动作原理。

(3)击球时刻手腕在 X、Y、Z 轴方向的速度

表 7-3-4 击球时刻手腕在 X、Y、Z 轴方向上的速度 n=10)

单位:m/s

	X(M±S)	Y(M±S)	Z(M±S)
撇拉	0.20±0.02	−2.98±0.15	1.91±0.11
挑打	0.64±0.06	−2.85±0.19	1.12±0.10
拧拉	−2.19±0.25	−1.12±0.09	2.85±0.21

注:击球时刻上肢关节点在 X、Y、Z 轴上的速度的正负值只是代表此刻速度的方向,并不代表速度的大小。X:与端线平行,方向由右指向左;Y:与球台边线平行,方向由球网指向端线;Z:与球台垂直,方向由下指向上。

从表 7-3-4 可以看出,手腕速度在 X 轴方向上,拧拉的速度最大,为 −2.19 m/s,撇拉和挑打速度较角分别为 0.20 m/s 和 0.64 m/s,说明拧拉

动作向右的发力较大,撇拉和拧拉向左的发力较小。在 Y 轴方向上,撇拉的速度最大,为 -2.98 m/s,挑打的速度次之,为 -2.85 m/s,拧拉的速度最小,为 -1.12 m/s,说明撇拉技术向前发力较大,挑打次之,拧拉最小;再对比三个动作在 X、Y、Z 轴方向的速度可以发现,三个动作在 Y 轴方向的发力均比较大。在 Z 轴方向上,拧拉的速度最大,为 2.85 m/s,挑打的速度次之,为 1.91 m/s,挑打的速度最小,为 1.12 m/s,说明拧拉技术向上发力较大。

通过上述分析可知,拧拉技术以向侧上方发力为主,向前的力量较少,以增大击球时的摩擦,撇拉技术以向侧上方发力的同时,向前发力也较大,以增加击球时的摩擦和速度,挑打技术以向侧前方发力为主,向上的发力较少,以增加击球的速度。

图A 撇拉　　　　图B 挑打　　　　图C 拧拉

图 7-3-- 随挥结束时刻特征画面

4. 随势挥拍阶段

从随挥结束时刻侧面的特征画面可以清晰地看出,撇拉技术和拧拉技术的随挥路径长于挑打技术的随挥路径,随挥路径长是为了增加摩擦的力量。

从随挥结束时刻正面的特征画面可以清晰地看出,撇拉技术的拍形是向左侧的,挑打技术的拍形向左的更多,拧拉技术的拍形是向右侧更多。做撇拉动作时,范胜鹏右肩低、左肩高,右肩后、左肩前。该指标说明撇拉动作身体的转动幅度较小,主要是上肢执拍手臂的发力。做挑打动作时,范胜鹏右肩低、左肩高,右肩前、左肩后,身体稍向前转动,这是由于挑打时向前的发力较多,需要身体向前稍转以维持身体的平衡。做拧拉动作时,范胜鹏右肩高、左肩低,右肩前、左肩后。

第七章　乒乓球正手台内进攻技术的创新——正手撇拉技术的可行性研究

表 7-3-5　随挥时刻身体姿态角对比表($n=10$)　　　　单位：°

	撇拉(M±S)	挑打(M±S)	拧拉(M±S)
右肘角	90.4±11.3	91.8±6.9	137.9±10.5
右肩臂角	93.9±12.5*	119.4±8.9	94.0±6.8
右肩髋角	103.2±13.0*&	94.1±5.9	94.9±6.2
左肘角	75.1±7.6&	61.3±4.7	87.7±6.6
左肩臂角	105.7±12.0&	117.8±8.6	144.1±6.5
左肩髋角	73.4±7.2&	79.6±6.3	66.2±7.0
躯干扭转角	20.3±2.0&	18.8±1.1	30.5±3.1

从表 7-3-5 可以看出，随挥结束时刻，撇拉技术右肘角最小，平均为 90.4±113°，挑打技术的右肘角为 91.8±6.9°，拧拉技术的右肘角为 137.9±10.5°，从数据可以看出，右手臂动作完成比较充分。

撇拉技术的右肩髋角为 103.2±13.0°，挑打技术的右肩髋角平均为 94.1±5.9°，拧拉技术的右肩髋角为 94.9±6.2°，从数据可以看出，撇拉和挑打技术在击球过程中，右肩始终低于左肩。拧拉技术在击球过程中，右肩始终高于左肩。

图A　撇拉技术

图B　撇拉技术

图 7-3-5　挥拍阶段＋随挥阶段挑打技术球拍运动轨迹

207

5. 球拍运动轨迹

从图 7-3-5 可以看出,撇拉技术的球拍运动轨迹像一个"勾子"在运动,挑打技术的球拍运动轨迹像一个对称的"弧线"在运动。

结合挥拍和随挥阶段的数据可以看出,挥拍阶段,球拍撇拉技术的球拍运动轨迹稍长于挑打技术,运动轨迹都是从上至下,从后至前的弧线运动,随挥阶段,撇拉技术的球拍运动长于挑打技术,撇拉技术主要是从下至上的运动轨迹,挑打技术主要是从后至前的运动轨迹。

6. 小结

（1）引拍阶段,范胜鹏（直板）在撇拉、挑打和拧拉时,引拍都很充分,撇拉技术的引拍幅度大于挑打技术,撇拉时手腕有明显的外撇动作,这样可以增加球拍与来球的距离,增大引拍的幅度,有利于加大击球时的摩擦。

（2）挥拍阶段,击球时刻撇拉技术和挑打技术的右手手腕相似,撇拉技术手腕不再外撇,但由于之前的外撇,使得撇拉技术带有一定的迷惑性。击球时刻,拧拉技术以向侧上方发力为主,撇拉技术以向侧上发发力的同时,向前发力也较大,挑打技术以向侧前方发力为主。

（3）随挥阶段,撇拉技术和拧拉技术的随挥路径长于挑打技术的随挥路径,是为了增加击球时摩擦。

（4）撇拉技术的球拍运动轨迹像一个"勾子"在运动,挑打技术的球拍运动轨迹像一个对称的"弧线"在运动。

二、周启豪（横板）撇拉、挑打、拧拉技术动作学特征对比

1. 动作阶段划分

如图 7-3-6 所示,为周启豪（横板）的五个特征时刻点为还原结束时刻、引拍结束时刻、击球时刻、随挥拍结束时刻和再次还原时刻。五个特征时刻点构成四个动作阶段分别为:引拍阶段、挥拍击球阶段、随势挥拍阶段和还原阶段。本研究重点分析了周启豪的引拍阶段、击球阶段和随势挥拍阶段。

第七章　乒乓球正手台内进攻技术的创新——正手撇拉技术的可行性研究

图A　还原结束（准备）时刻　　　图B　引拍结束时刻　　　图C　击球时刻

图A~图B　引拍阶段　　　图B~图C　挥拍击球阶段

图D　随挥结束时刻　　　图E　再次还原时刻

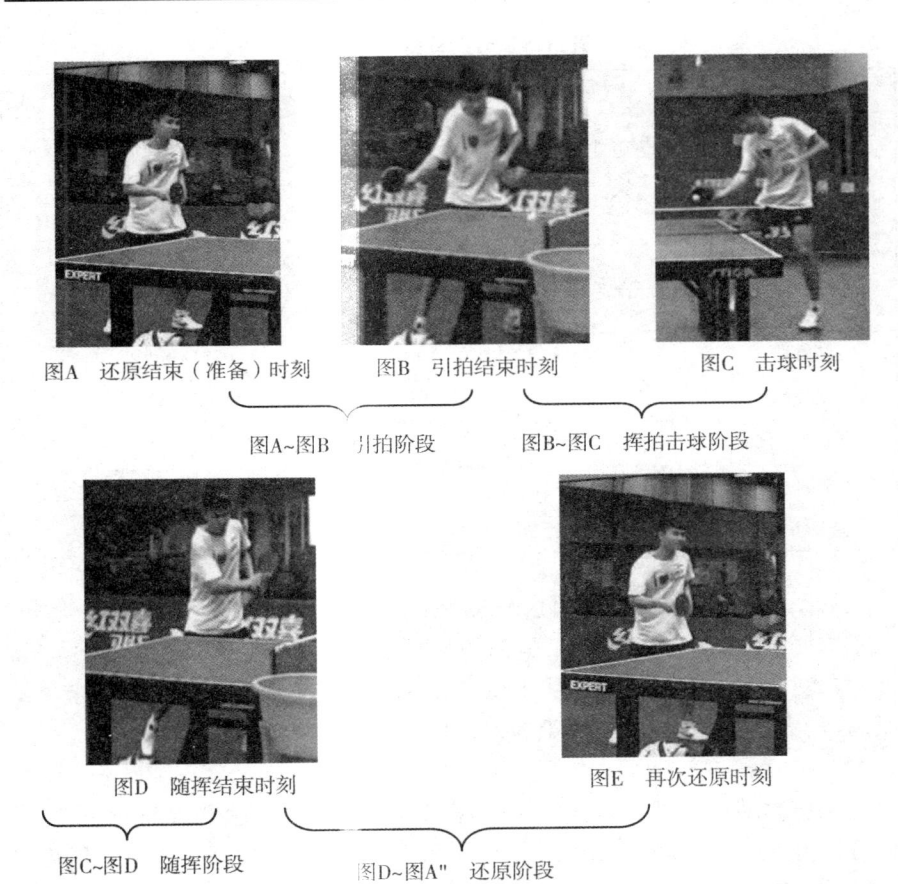

图C~图D　随挥阶段　　　图D~图A"　还原阶段

图 7-3-6　周启豪正手撇拉动作技术阶段划分

2. 引拍阶段

撇拉　　　　　　　　挑打　　　　　　　　拧拉

图 7-3-7　引拍结束时刻特征画面

209

表 7-3-6　引拍结束时刻身体姿态角对比（$n=10$）　　　单位：°

	撇拉（M±S）	挑打（M±S）	拧拉（M±S）
右腕角	215.5±14.6*&	199.5±9.5	130.9±7.4
引拍阶段右腕角变化幅度	−35.5±3.9*&	−19.5±1.8	49.1±0.6
右肘角	136.1±12.2&	128.0±8.3	101.4±6.7
右肩臂角	137.0±13.0	137.0±13.0	137.0±13.0
右肩髋角	97.8±8.9	94.1±5.3	82.2±5.9
左肘角	67.8±6.4&	59.9±4.2	86.9±5.9
左肩臂角	111.5±10.0&	112.5±6.8	150.9±9.8
左肩髋角	71.3±6.8&	74.5±4.1	84.2±5.1
躯干扭转角	10.1±1.3&	12.0±1.8	34.4±4.5

从图 7-3-7 可以看出，周启豪在撇拉、挑打和拧拉时，引拍都很充分。三者的区别在于：周启豪撇拉引拍幅度比挑打大，比拧拉引拍幅度小。另外，与挑打相比，撇拉手腕有明显的外撇动作，这样可以增加球拍与来球的距离，增大引拍的幅度，有利于加大击球时的摩擦。

（1）右腕

在引拍结束时刻，周启豪（横拍）撇拉技术、挑打技术和拧拉技术，右腕角分别为 215.5±14.6°、199.5±9.5°和 130.9±7.4°。经 T 检验，周启豪（横拍）右腕角，撇拉技术与挑打技术差异显著，撇拉技术的右腕角大于挑打技术；撇拉技术与拧拉技术差异显著。

引拍阶段右腕角变化幅度方面，周启豪（横拍）撇拉技术、挑打技术和拧拉技术，右腕角变化幅度分别为 −35.5±3.9°、−19.5±1.8°和 49.1±0.6°。经 T 检验，周启豪（横拍）右腕角变化幅度，撇拉技术与挑打技术差异显著，撇拉技术的右腕变化幅度大于挑打；撇拉技术与拧拉技术差异显著，撇拉技术右腕变化幅度小于拧拉。

从数据可以看出，挑打技术在引拍过程中手腕变化幅度不大，拍子大体与球台成平行状态，而撇拉技术向外撇开和向下沉得较多，拧拉技术引拍时，手腕下沉和内收得较多，均为后面向上摩擦球做好准备。另外，手腕外撇动作也增加了"晃骗"对手的迷惑性。

（2）右肘

在引拍结束时刻，周启豪（横拍）撇拉技术、挑打技术和拧拉技术，右肘角分别为 136.1±12.2°、128.0±8.3°和 101.4±6.7°。经 T 检验，周启豪

第七章　乒乓球正手台内进攻技术的创新——正手撇拉技术的可行性研究

(横拍)右肘角,撇拉技术与挑打技术差异不显著;撇拉技术与拧拉技术差异显著,撇拉的右肘角大于拧拉。

(3)右肩

在引拍结束时刻,撇拉技术、挑打技术和拧拉技术,周启豪右肩臂角分别为 137.0±13.0°、137.0±13.0°和 137.0±13.0°。经 T 检验,撇拉技术与挑打技术差异不显著;撇拉技术与拧拉技术差异也不显著。

在引拍结束时刻,撇拉技术、挑打技术和拧拉技术,右肩髋角分别为 97.8±8.9°、94.1±5.3°和 82.2±5.9°。经 T 检验,周启豪撇拉技术与挑打技术差异不显著,而撇拉技术与拧拉技术差异显著,周启豪撇拉技术右肩髋角大于拧拉技术。说明在引拍阶段,周启豪(横板)肩关节的运动撇拉技术与挑打技术运动轨迹相似。拧拉技术右肩髋角小于 90°,与撇拉和挑打技术不同,此时,周启豪右肩高于左肩,这样可以为拧拉时的引拍腾出更多的空间。

(4)非执拍侧上肢的运动

非执拍侧手臂的摆动不仅是为了维持身体平衡,而且还起到协调发力的作用。在引拍结束时刻,周启豪左侧上肢(非执拍侧)的运动,左肘关节角、左肩臂角、左肩髋肩,经 T 检验,撇拉技术与挑打技术差异不显著,而撇拉技术与拧拉技术差异显著。

(5)躯干的运动

躯干的运动,周启豪躯干扭转角,撇拉技术为 10.1±1.3°,挑打技术为 12.0±1.8°,拧拉技术为 34.1±4.5°。经 T 检验,撇拉技术与挑打技术差异不显著,而撇拉技术与拧拉技术差异显著,周启豪撇拉技术躯干的扭转角度小于拧拉技术。

这说明在引拍过程中,撇拉和挑打动作身体转动幅度较小,而拧拉动作身体转动幅度较大,这是由于反手拧拉需要转动身体为引拍创造更大的空间,且由于侧身,将正手位让出了一些空间,撇拉和挑打均为小技术,需要快速准备,躯干不需要较大的扭转幅度。

(6)重心

通过反复观看高速录像的慢放和现场观察,以及对教练员访谈可知,周启豪挑打技术的身体重心在两腿之间,撇拉技术的身体重心偏向左腿;台内拧技术重心偏向右腿。

(7)引拍时机

从引拍时机来看,仔细观察高速录像中三个技术的引拍时机,可以发现,撇拉技术引拍最早,拧拉次之,挑打最晚。

3. 挥拍击球阶段

图 7-3-8　击球时刻特征画面

表 7-3-7　击球时刻身体姿态角对比($n=10$)　　　单位：°

	撇拉（M±S）	挑打（M±S）	拧拉（M±S）
右腕角	189.9±13.8[&]	187.8±9.8	156.2±10.8
右腕角变化幅度	26.6±2.9**	11.7±0.9	−25.7±3.0
右腕角向量差	63.1±4.0*	44.0±4.0	67.6±7.5
右肘角	147.5±14.0*[&]	139.9±9.1	116.9±7.6
右肩臂角	111.7±1.3[&]	110.1±7.6	123.6±8.8
右肩髋角	110.7±1.5[&]	103.3±5.8	83.0±6.0
躯干扭转角	15.4±1.2[&]	15.1±1.1	23.1±2.4
左肘角	64.8±6.0[&]	59.3±3.7	92.1±6.9
左肩臂角	103.5±9.3[&]	109.8±6.0	128.6±9.1
左肩髋角	64.7±5.0[&]	68.1±4.8	82.0±3.9

（1）右腕

在挥拍击球阶段，撇拉和挑打技术执拍侧手腕做的是屈和内收的动作，腕关节角度逐渐减小，而拧拉技术相反，做的是伸和外展的动作，腕关节角度逐渐增大。

在挥拍击球时刻，周启豪撇拉技术、挑打技术和拧拉技术右腕角分别是189.9±13.8°、187.8±9.8°和156.2±10.8°。经 T 检验，撇拉技术与挑打技术右腕差异不显著；由于动作结构方向不一样，撇拉与拧拉技术右腕关节角度差异显著。

当比较周启豪三种挥拍击球阶段右腕角的变化幅度时，可以发现，撇拉（26.6±2.9°）与挑打（11.7±0.9°）差异非常显著，撇拉技术大于挑打技

212

第七章 乒乓球正手台内进攻技术的创新——正手撇拉技术的可行性研究

术,而与拧拉技术(-25.7±3.0)的差异不显著。

这说明,周启豪撇拉技术与挑打技术相比,手腕由伸到屈的幅度更大一些,撇拉技术与挑打技术在击球时刻都是击球的右侧面,球拍包裹住来球更好发力击球并制造旋转。撇拉技术和拧拉技术相比较发现,手腕伸展的幅度和屈伸的幅度差不多。

右腕角向量差,指的是击球时刻腕和手的连线相对于引拍结束时刻腕和手的连线而言,变化的角度,可大致反映撇拉技术和挑打技术手腕内收的幅度,以及拧拉技术手腕外展的幅度,即给予乒乓球向上摩擦力的大小。

击球时刻,周启豪撇拉技术、挑打技术和拧拉技术,右腕角向量差分别为63.1±4.1°、44.0±4.0°和67.6±7.5°。经 T 检验,撇拉技术和挑打技术该角度差异显著,撇拉技术明显大于挑打技术;撇拉技术和拧拉技术差异不显著。

右腕角向量差这一指标的差异说明,撇拉技术手腕给予球摩擦与拧拉技术相似,摩擦球非常充分,大于挑打技术。

从录像上可以看出,击球时刻,周启豪与范胜鹏的撇拉技术相似,撇拉技术的右手手腕不再有明显的外撇,此时右手腕的动作和挑打极为相似,但由于之前的外撇,使得撇拉技术带有一定的迷惑性,从右腕角度变化和右腕角度向量差可以推测,撇拉和拧拉以摩擦为主,可以制造出旋转性更强的球,挑打以快速的打球为主,可以制造出速度更快的球。

(2)右肘

在撇拉和挑打技术的挥拍击球过程中,肘关节做屈曲和内收的运动,拧拉技术相反。

周启豪撇拉技术、挑打技术和拧拉技术在击球时刻的右肘角分别为147.5±14.0°、139.9±9.1°和116.9±7.6°。经 T 检验,撇拉技术与挑打技术差异显著,撇拉技术与拧拉技术差异显著。

数据反映出在击球阶段,挑打技术的右肘角度变化不大,撇拉技术角度变化最大,拧拉次之,说明挥拍击球阶段撇拉技术前臂屈曲充分,拧拉技术前臂伸和外展充分,动作幅度大,为了更好地向上摩擦。而挑打技术主要以撞击为主,注重瞬间击打球的动作,小臂运动幅度较小是为了击球时的集中发力。另外也说明击球阶段在球拍击到球之前,球拍以向前迎球为主,并没有过早的收小臂或者将手臂伸展出来,以保证击球时集中发力。

(3)右肩

右肩臂角方面,在击球时刻,撇拉技术、挑打技术和拧拉技术分别为111.7±10.3°、110.1±7.6°和123.6±8.8°。经 T 检验,撇拉技术与挑打技术差异不显著,撇拉技术与拧拉技术差异显著。

在右肩髋角方面，在击球时刻，撇拉技术、挑打技术和拧拉技术分别为 110.7±10.5°、103.3±5.8°和 83.0±6.0°。经 T 检验，撇拉技术与挑打技术差异不显著，撇拉技术与拧拉技术差异显著。

对比引拍结束时刻的右肩关节角度，周启豪撇拉技术和拧拉技术的右肩关节角度都有减小，右肩臂角角度减小幅度大于右肩髋角，说明右肩下沉幅度较大。对比引拍结束时刻的右肩关节角度，拧拉的右肩关节角度变化较小，说明肩关节一直前顶支撑发力，肩关节运动较少。从三个技术数据对比可以看出，撇拉和挑打击球时，右肩均降低，拧拉击球时，肩部稍有升高。

(4) 躯干的运动

在击球阶段，躯干开始第二次扭转，向引拍方向相反的方向进行扭转。

在躯干扭转方面，在击球时刻，撇拉技术、挑打技术和拧拉技术分别为 15.4±1.2°、15.1±1.1°和 23.1±2.4°。经 T 检验，撇拉技术与挑打技术差异不显著，撇拉技术与拧拉技术差异显著。

撇拉技术和挑打技术的身体扭转角均稍有减小，但减小的幅度不大，拧拉技术的身体扭转角稍有增大。

击球时刻，撇拉技术的身体扭转角为 157.4°，挑打技术的身体扭转角为 156.1°，拧拉技术的身体扭转角为 147.1°，与引拍结束时刻相比，撇拉技术和挑打技术的身体扭转角稍有减小，但减小的幅度不大，拧拉技术的身体扭转角稍有增大。通过分析可知，在击球过程中，身体扭转角变化不大，主要是上肢执拍手的发力。

(5) 非持拍手臂上肢的运动

经 T 检验，撇拉技术与挑打技术在击球过程中，非持拍手上肢的肩角、肘角，差异不显著，撇拉技术与拧拉技术差异显著，这是由于两种技术的发力方式是相反的缘故所致。

(6) 引拍时机

从图 7-3-8 可以看出，击球时刻，撇拉技术的右手手腕不再有明显的外撇，此时的动作和挑打极为相似，但由于之前的外撇，使得撇拉技术带有一定的迷惑性，可以推测，撇拉击球效果比挑打更好。从击球点和球拍的位置来看，撇拉和拧拉以摩擦为主，可以制造出旋转性更强的球，挑打以快速的打球为主，可以制造出速度更快的球。

(7) 击球时刻上肢各关节速度

从通过对比击球时刻执拍侧各关节和球的速度可以发现，右肩的速度<右肘的速度<右腕的速度，而执拍侧各关节速度均小于球的速度。这说明击球时，手腕的爆发力特别强，手腕的加速度特别大，回球质量较高，而且进一步验证了乒乓球的发力方式为瞬间发力，此时手腕的速度并不是击

第七章　乒乓球正手台内进攻技术的创新——正手撇拉技术的可行性研究

球过程中的最大速度,而是出现在最大速度之前。

表 7-3-8　击球时刻执拍侧各关节和球速度($n=10$)　单位:m/s

	撇拉(M±S)	挑打(M±S)	拧拉(M±S)
右腕	4.84±0.50	4.47±0.28	1.74±0.12
右肘	0.72±0.08	1.21±0.07	0.87±0.04
右肩	0.36±0.04	0.46±0.02	0.57±0.03
右髋	0.53±0.05	0.33±0.02	0.45±0.03
球	5.11±0.57	6.77±0.47	5.04±0.37

通过对比撇拉、挑打和拧拉三个技术动作击球时速度发现,右肩的速度＜右肘的速度＜右腕的速度,可以推测,周启豪的三个动作均符合鞭打动作的技术动作原理。

(8)击球时刻手腕在 X、Y、Z 轴方向的速度

表 7-3-9　击球时刻手腕在 X、Y、Z 轴方向上速度($n=10$)　单位:m/s

	X(M±S)	Y(M±S)	Z(M±S)
撇拉	1.80±0.02	−4.32±0.04	1.76±0.12
挑打	0.65±0.20	−3.70±0.23	1.11±0.12
拧拉	−3.36±0.02	−1.18±0.07	2.20±0.11

注:击球时刻上肢关节点在 X、Y、Z 轴上的速度的正负值只是代表此刻速度的方向,并不代表速度的大小;X:与球台边线平行,方向由端线指向球网;Y:与端线平行,方向由左指向右;Z:与球台垂直,方向由下指向上。

从表 7-3-9 可以看出,手腕速度在 X 轴方向上,拧拉的速度最大,为 −3.36 m/s,撇拉和挑打速度分别为 1.80±0.02 m/s 和 0.65±0.20 m/s,说明拧拉动作向右的发力较大,撇拉和挑打向左的发力较小。在 Y 轴方向上,撇拉的速度最大,为 −4.32±0.04 m/s,挑打的速度次之,为 −3.70±0.23 m/s,拧拉的速度最小,为 −1.18±0.07 m/s,说明撇拉技术向前发力较大,挑打次之,拧拉最小;对比三个动作在 X、Y、Z 轴方向的速度可以发现,三个动作在 Y 轴方向的发力均比较大。在 Z 轴方向上,拧拉的速度最大,为 2.20±0.11 m/s,撇拉的速度次之,为 1.76±0.12 m/s,挑打的速度最小,为 1.11±0.12 m/s,从数据可以看出,三个动作在 Z 轴上的发力同样较大。

通过上述分析可知,拧拉技术以向侧上方发力为主,向前的力量较少,以增大击球时的摩擦,撇拉技术以向侧上方发力的同时,向前发力也较大,

以增加击球时的摩擦和速度，挑打技术以向侧前方发力为主，向上的发力也较少，以增加击球的速度。

撇拉和挑打在Y轴和Z轴方向上的速度均较大，这是由于正手引拍空间更加充分，此外，从生理解剖学角度考虑，正手的挥拍击球动作更符合人体发力的方式和原理，有利于击球时的发力。

对比撇拉和挑打在X、Y、Z轴方向上的速度可以发现，撇拉技术击球可以制造出更加旋转的球。击球的质量更高，更加符合人体发力的生理解剖学原理。

4．随势挥拍阶段

从随挥结束时刻正面的特征画面可以清晰地看出，撇拉和挑打技术的拍形是向侧面的，而且挑打技术向侧面的更多，而拧拉技术的拍形是向前的。做撇拉动作时，周启豪右肩低、左肩高，右肩后、左肩前。该指标说明，撇拉动作身体的转动幅度较小，主要是上肢执拍手臂的发力。做挑打动作时，周启豪右肩低、左肩高，右肩前、左肩后，身体稍向前转动，这是由于挑打时向前的发力较多，需要身体向前稍转动以维持身体的平衡。做拧拉动作时，周启豪右肩高、左肩低，右肩前、左肩后。

图 7-3-9　随挥结束时刻特征画面

表 7-3-10　随挥时刻身体姿态角对比（$n=10$）　　　　单位：°

	撇拉（M±S）	挑打（M±S）	拧拉（M±S）
左肩臂角角	103.5±9.	77.2±5.6	123.1±11.7
右肘角	104.1±1.4	127.7±8.9	127.4±10.9
右肩臂角	92.6±10.	96.1±8.5	120.0±10.0
右肩髋角	102.5±1.6	98.5±7.6	77.6±6.6
左肘角	85.8±8	109.2±7.5	83.6±6.9

第七章　乒乓球正手台内进攻技术的创新——正手撇拉技术的可行性研究

(续)

	撇拉(M±S)	挑打(M±S)	拧拉(M±S)
左肩髋角	71.8±7.6&	61.4±4.9	91.1±9.3
躯干扭转角	24.4±1.6*	12.0±2.4	27.6±1.9

从表7-3-10可以看出，随挥结束时刻，撇拉技术右肘角最小，平均为104.1±10.40°，挑打技术的右肘角为127.7±8.9°，拧拉技术的右肘角为127.4±10.9°，从数据可以看出，执拍手的手臂动作完成比较充分，进一步验证撇拉、挑打和拧拉在击球时发力都比较充分。

撇拉技术的右肩髋角平均为102.5±11.6°，挑打技术的右肩髋角为98.5±7.6°，拧拉技术的右肩髋角为77.6±6.6°，差异显著。撇拉和挑打技术在击球过程中，右肩始终低于左肩。拧拉技术在击球过程中，右肩始终高于左肩。

5. 小结

(1)周启豪在撇拉、挑打和拧拉时，引拍都很充分，撇拉手腕有明显的外撇动作，这样可以增加球拍与来球的距离，增大引拍的幅度，有利于加大击球时的摩擦。

(2)击球时刻，撇拉技术的右手手腕不再有明显的外撇，此时的动作和挑打极为相似，但由于之前的外撇，使得撇拉技术带有一定的迷惑性。

(3)击球时刻，撇拉和拧拉的击球以摩擦球为主，挑打以击打球为主。撇拉和拧拉以向侧上方发力为主，向前的力量较少，以增大击球时的摩擦，挑打在向侧上方发力的同时，向前的发力也较大，以增加击球的速度。

三、击球效果分析

1. 出手速度

表7-3-11　三种技术出手后球速对比表($n=10$)　　单位：m/s

	范胜鹏(直板)			周启豪(横板)		
	(M±SD)	最高	最低	(M±SD)	最高	最低
撇拉	10.25±0.13#	12.41	8.88	11.30±0.10	12.40	9.50
拧拉	10.51±0.06#	11.05	9.50	11.28±0.11	12.40	9.50
挑打	10.91±0.05	11.41	10.35	11.01±0.04	11.41	10.34

注：(1)♯代表范胜鹏(直板)与周启豪(横板)之间比较，差异显著；
　　(2)&代表撇拉和拧拉之间比较，差异显著；
　　(3)*代表撇拉和挑之间比较，差异显著(后同)。

由表 7-3-11 可知,范胜鹏(直板)撇拉后击球后球速为 10.25±0.13 m/s,拧后球速为 10.51±0.06 m/s,挑后球速为 10.91±0.05 m/s。经 T 检验,范胜鹏撇拉击球后的速度与拧拉挑打的速度差异不显著。即范胜鹏(直板)撇拉后可达到与挑打拧拉速度。另外,从速度最高值来看,范胜鹏撇拉后的速度最高值为 12.41m/s,甚至大于了挑打后的速度最大值 11.41m/s,而最低速度为 8.88m/s,低于挑打最低速度 10.35m/s。由于撇拉是一项新技术,范胜鹏掌握得还不够熟练,故,每一次的出手速度还不是非常稳定,因此,撇拉后速度的标准差也比较大。

周启豪(横板)撇拉后击球后球速为 11.30±0.10 m/s,拧拉球速为 11.28±0.11 m/s,挑打球速为 11.01±0.04 m/s。经 T 检验,周启豪撇拉击球后的速度与拧拉挑后的速度差异不显著。即周启豪(横板)撇拉后可达到与挑打拧拉速度。另外,从速度最高值来看,周启豪撇拉后的速度最高值为 12.40 m/s,甚至大于了挑打后的速度最大值 11.41m/s,而最低速度为 9.50m/s,低于挑的最低速度 10.34m/s。由于撇拉是一项新技术,周启豪掌握得还不够熟练,因此,每一次的出手速度还不是非常稳定,故,撇拉后速度的标准差也比较大。

当比较两位运动员之间的差异时可以发现,经 T 检验,范胜鹏(直板)撇拉和拧之后的速度低于周启豪(横板)的速度。

2. 出手转速

表 7-3-12　三种技术击球后乒乓球转速对比表($n=10$)

单位:转/秒

	范胜鹏(直板)	周启豪(横板)
撇拉	85.4	76.9
拧拉	94.4	91.7
挑打	45.7	47.8

击球后,乒乓球转速方面,两外运动员撇拉的转速,范胜鹏为 85.4 转/秒,周启豪为 76.9 转/秒,虽然低于拧拉转速(90 转/秒左右),但仍高于挑打转速(45 转/秒左右)。当比较两名运动员的转速时,发现范胜鹏(直板)的转速大于周启豪(横板)的转速。

需要说明的是,对于转速的测量只是个粗略值,故,无法做 T 检验,但基本上能够反映出每位运动员每种技术击球后球转速的大小。

结合球速来看,当用撇拉动作击球时,范胜鹏(直板)的球速小于周启豪

第七章 乒乓球正手台内进攻技术的创新——正手撇拉技术的可行性研究

(横板),但转速大于周启豪。这说明范胜鹏击球时,摩擦球较多。

另外,由于反手拧拉引拍阶段时,肘关节和肩关节可通过前顶、屈、旋内和内收,来配合手腕的屈曲和内收,使得引拍更充分,球拍与球的距离更远,加大了做功的距离,其发力点是以肘关节为中心带动手腕,以使力臂长,同时,更能用上躯干扭转的力,也可为击出更转和更快的球做准备。而正手撇拉技术,引拍时,肘关节外展的幅度很小,有点反关节运动,只能通过肩关节外展和伸来配合手腕的外撇,引拍后球拍与球的相对幅度没有拧拉大,击球发力时是以腕关节为主,配合肘关节的屈曲和内收,故,撇拉后的旋转会略低于拧拉。

四、撇拉技术与挑打、拧拉技术适用条件对比

1. 对方发球旋转类型

表 7-3-13　对方发球旋转类型对比

对方发球性质	撇拉	挑打	拧拉
左侧上		√	√
左侧下		√	√
转(上旋)		√	√
不转(下旋)		√	√
逆旋转(上旋)		√	√
逆旋转(下旋)		√	√

注:"√"代表可击打,"×"代表不易击打(后同)。

笔者对国家乒乓球男队教练员吴敬平、秦志戬、刘恒、马俊峰等就撇拉技术的使用条件进行了访谈。乒乓球发球技术根据乒乓球的旋转,大致可分为侧旋、转与不转和逆旋转。在接发球运用挑打和拧拉技术时,可适用于对于对方发来的各种类型旋转的台内短球,发球也可运用。撇拉技术仅适用于对方发来的上旋球,包括左侧上旋短球和上旋短球和逆旋转上旋球,而对于下旋球,由于动作结构所限,很难运用撇拉技术。

2. 对方发球落点

表 7-3-14　发球落点类型使用条件对比

对方发球性质	撇拉	挑打	拧拉
反手位短球		√	√
中路短球		√	√

| 正手位短球 | √ | √ | √ |

对于来球的落点而言，撇拉技术与挑打、拧拉技术一样，对方发出的所有台内短球，均可运用撇拉技术进行回击。

3. 回击线路

表 7-3-15　回击线路对比

	撇拉	挑打	拧拉
直线	√	√	√
斜线	√	√	√

撇拉技术同挑打和拧拉技术一样，均可回击出直线和斜线，变化较多。与挑打和拧拉相比，撇拉技术出手时更具有隐蔽性。

4. 来球的板数

表 7-3-16　来球的板数

对方发球性质	撇拉	挑打	拧拉
发球	√	√	√
其他板控制后的球	×	√	√

由于撇拉技术只适用于接对方发来的上旋短球，故一旦双方形成短球控制，此时球已为下旋球，就无法再用撇拉技术进行台内短球进攻，但可以使用挑打及拧拉技术。

总之，以右手执拍队员对右手执拍队员为例，对于左侧上旋发至中路偏反手位的短球，运动员便于侧身利用来球自身的旋转，运用撇拉技术，进行接发球，撇拉直线具有很强的隐蔽性，会有很好的实战效果。从前面所描述的马龙在实战中接发球时侧身撇拉直线的技术的例子，可以看出均是运用的该种技术。

5. 撇拉技术实战效果分析

撇拉技术作为一项新的台内球技术，在国际大赛中，主力队员偶有使用，起到了出其不意、攻其不备的作用，均取得了很好的实战效果。

(1) 许昕撇拉技术实战运用

在 2016 年 3 月科威特公开赛四分之一决赛许昕 VS 水谷隼比赛中，在第 7 局 10∶10 时，水谷隼发中路上旋短球至许昕反手位，许昕侧身撇拉直线得 1 分。水谷隼作为我国强有力的对手，在决胜局中，以 10∶4 领先，许昕挽救了 7 个赛点，其中许昕在关键分时敢于运用撇拉技术，为最后一局

第七章　乒乓球正手台内进攻技术的创新——正手撇拉技术的可行性研究

12∶10 及全场的胜利奠定了基础。

图 7-3-10　许昕撇拉技术的运用

(2)马龙撇拉技术实战运用

在 2016 年 3 月世乒赛团体半决赛中国 VS 韩国比赛的第二场,马龙 VS 郑荣植在第 3 局 9∶8 时,郑荣植发短球至马龙反手位,马龙侧身撇拉直线得 1 分,为本场比赛获得了盘点,最终马龙以 11∶8,大比分 3∶0 取得了该场比赛的胜利。

图 7-3-11　马龙撇拉技术的运用

第四节　结论与建议

一、结论

(1)无论对于直板还是横板运动员,撇拉技术都是可行的。

（2）撇拉技术击出去的球的速度，可达到挑打的速度，略小于反手拧拉的转速，击球质量好，发力符合人体解剖学结构。

（3）撇拉技术与挑打技术基本相似，其区别和要点在于：引拍时撇拉技术手腕有明显的外撇动作，击球时刻撇拉技术带有一定的迷惑性，发力以向上向前为主，其手腕的运动幅度与拧拉的运动幅度相仿。随挥过程，撇拉技术和拧拉技术的随挥路径长于挑打技术的随挥路径。撇拉技术的球拍运动轨迹像一个"勾子"运动，挑打技术的球拍运动轨迹像一个对称的"弧线"运动。

（4）撇拉技术仅适用于接发球时回击对方上旋短球时运用。

（5）撇拉技术具有很好的实战效果。

二、建议

（1）在运用撇拉技术接发球时，一定要看清对方的旋转，若对方发来的为各种类型的下旋短球及长球时，不能运用该技术。

（2）运用侧身撇拉技术接发球时，下肢合理的卡位是关键。

（3）建议在日常训练中加大对撇拉技术的训练。

（4）建议在下一步的研究中对马龙、许昕等优秀运动员的撇拉技术进行深入的研究。

第八章 对中外优秀乒乓球运动员发球违规潜在风险的研究

第一节 前言

在打乒乓球的所有技术中,发球既是比赛的开始技术,也是唯一不受对手限制的技术。这个技术具有非常强的主动性,同时也受到相关规则的限制,一旦违反规则就会被警告或者直接失分。本研究发现,国际乒联裁判员和裁判长委员会在2011年度的国际乒乓球大赛加大了对发球违规的判罚力度,对发球违规的判罚几率呈上升趋势。

由于发球违规的判罚容易产生纠纷,运动员一旦被判发球违规后,如果不能及时进行妥善调整,往往会影响运动员的心理状态和技战术的运用,甚至导致比赛的失利。例如,2012年世乒赛中,因发球违规的判罚产生了较多的纠纷,有的是运动员对裁判员判罚发球违规有异议,有的是对裁判员没有判罚对方运动员的发球违规而引起纠纷,最典型的是香港运动员李静在被判罚发球违规后一度不会发球,连续丢九分输掉该局比赛。

这个问题是在国家乒乓球队在备战2012年奥运会中新出现的、亟待解决的、必须引起重视的一个问题。否则,将有可能影响中国乒乓球队在2012年伦敦奥运会上再创辉煌。奥运会是四年一届的最高级别的赛事,每支球队、每名运动员都希望获得奥运会金牌。因此,判罚发球违规可能是最好的、可以被利用的一个裁判员武器。但是,国际乒联在奥运会上没有裁判员考试,这就大大降低了裁判员个人正确判罚发球违规的行为。

故此,本研究针对国家乒乓球队在备战2012年伦敦奥运会出现的新问题,对国内外重点乒乓球运动员发球的规范性情况及我国乒乓球运动员发球违规的潜在风险进行了相应的科研攻关和科技服务,并针对我国乒乓球运动员出现的问题,提出了相应的改进建议。实践证明,该项研究引起了中国乒乓球教练员和运动员的重视,并在备战2012年奥运会的训练中进行了相应的针对性训练,降低了我国乒乓球参赛运动员在2012年奥运会上因发球违规被判罚的风险。

第二节 研究方法

一、研究对象

本文的研究对象为国内外优秀乒乓球男女运动员在2011～2012年国际乒乓球大赛(2011年世界乒乓球巡回赛、2012年亚洲乒乓球锦标赛、2012年世界乒乓球锦标赛等)中的主要发球动作技术(2～3种)。其中,中国女队主力队员5名(李晓霞、丁宁、郭跃等),中国男队重点运动员5名(张继科、王皓、马琳等),外国男运动员10名(波尔、柳承敏、水谷隼等),外国女运动员6名(冯天薇、福原爱、帖雅娜等)。

由于获取运动员清晰发球画面有一定难度,考虑到优秀运动员动作技术的高度一致性,且裁判的每次判罚只是针对运动员的一次发球而言的,故本研究所选择的是该名运动员具有代表性的主要正手发球动作1～3个。

二、研究方法

主要采用专家咨询法、运动学参数测量方法和专项训练学分析方法对国内外主要运动员的发球动作技术进行定量和定性研究。

1. 专家咨询法

向国际级乒乓球裁判及国家乒乓球队教练员就发球违规的方式进行咨询,并参照《乒乓球竞赛规则》中关于发球的相关规定,确定世界优秀乒乓球运动员易发生发球违规的方式有两种,一是是否垂直抛球,二是发球是否是无遮挡,其他方面,如抛球高度、发球前手掌张开等方面,优秀运动员都基本能够符合规范。故,本文主要从这两方面对优秀乒乓球运动员发球违规潜在风险进行分析。

2. 运动学参数测量的方法

运动学参数测量的方法主要是通过比赛录像画面分析的方法,对抛球角度进行分析。

(1)录像采集

比赛录像获取是通过电视转播和现场拍摄两种方法获得的。例如,在

第八章　对中外优秀乒乓球运动员发球违规潜在风险的研究

2012年亚洲乒乓球锦标赛比赛现场的看台上,运用1台佳能XF105摄像机,尽量正对球台,以保证看清楚研究对象的发球动作,对研究对象进行常速定焦拍摄。

(2) 抛球角度的计算

第一步,从运动员发球技术录像中找到发球开始时球自然地置于不执拍手的手掌上的那幅画面,为特征画面1,对乒乓球的初始位置 A 进行标记。第二步,找到乒乓球被抛起至最高点的那幅画面,为特征画面2,对乒乓球的最高点位置 B 进行标记。第三步,将两幅图片进行重叠,连接 A 点和 B 点,经 A 点做球台端线的平行线 AO,经 B 点做 AO 的垂线,两条线交叉于 O 点,组成直角三角形 BOA,角 $α$ 即为乒乓球抛起的角度。测量出 OB 的高度 H 和 OA 的长度 L,求出角 A 的正切值,即可推出抛球的角度 $α$(见图8-2-1)。

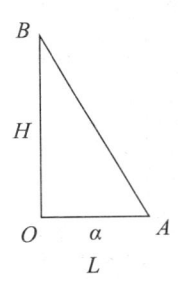

图8-2-1　抛球角度计算示意图

需要说明的是,该方法获取的是两维的抛球角度,这只是一种粗略的计算抛球角度的方法。垂直高度和水平的距离只是比赛画面上的长度,并不是真实的抛起高度和距离的数据,但这并不影响两者的比值,即抛起角度的正切值,可粗略计算出抛球的角度。由于受比赛现场和拍摄条件的限制,无法事先进入现场对场地进行标定,更无法获取三维的画面。故该种方法比较简单易行,可大致反映出乒乓球运动员发球时是否垂直抛起这一情况,基本满足本文的研究需要。

3. 专项训练学分析方法

运用乒乓球专项训练学的相关理论,并参照《乒乓球竞赛规则》,对国内外优秀乒乓球运动员发球规范性做定性的分析,重点分析抛球垂直情况和遮挡情况。

《乒乓球竞赛规则》中关于发球的有关规定如下[1]:1)发球开始时,球自然地置于不执拍手的手掌上,手掌张开,保持静止。2)发球员须用手把球几乎垂直地向上抛起,不得使球旋转,并使球在离开不执拍手的手掌之后上升不少于16 cm,球下降到被击出前不能碰到任何物体。3)当球从抛起的最高点下降时,发球员方可击球,使球首先触及本方台区,然后越过或绕过球网装置,再触及接发球员的台区。在双打中,球应先后触及发球员和接发球员的右半区。4)从发球开始至球被击出,球要始终在比赛台面的水平面以上和发球员的端线以外;而且从接发球方看,球不能被发球员或双打同伴的身体或用他们穿戴(带)的任何物品挡住接发球员的视线。5)球一旦被抛起,发球员的不执拍手臂应立即从球和球网之间的空间移开。球和球网之间的空间由球和球网及其向上的延伸来界定。

对于无遮挡发球的补充规定是:1)要求球员发球时不能用身体和抛球的手、手臂及衣服等遮挡接发球员的视线;2)运动员发球时,应让裁判员或助理裁判员看清他是否按照合法发球的规定发球。

如果裁判员对运动员发球是否合法有怀疑,在一场比赛中第一次出现时判重发球,并警告发球方。此后,裁判员对运动员或其双打同伴发球动作的合法性再次怀疑,将判接发球方得1分。无论是否第一次或任何时候,只要发球员明显没有按照合法发球的规定发球,无须警告,应判接发球方得1分。

参照上述《乒乓球竞赛规则》中关于发球的相关规定,反复观察比赛录像中运动员发球动作,并咨询国际级裁判和教练员,在此基础上对乒乓球优秀运动员发球规范性做出判断。

第三节 研究结果与分析

一、国外男子主要对手发球规范性分析

1. 水谷隼发球技术分析

(1)水谷隼侧旋发球的抛球角度

水谷隼侧旋转发球的抛球角度(图8-3-1和图8-3-2)为:视频画面上抛球的最高点至出手点的垂直距离 $H=0.55$ cm;最高点距出手点的水平距离 $L=0.13$ cm;斜抛的角度 α,即 $\tan\alpha\approx4.23$, $\alpha\approx76.70°$,斜抛的角度约为77°。

第八章　对中外优秀乒乓球运动员发球违规潜在风险的研究

图 8-3-1

图 8-3-2

（2）水谷隼侧旋发球的遮挡情况

图 8-3-3 和图 8-3-4 是球拍接触球的过程，图 8-3-3 是击球的瞬间，图 8-3-4 是球出手的瞬间。如图 8-3-3、图 8-3-4 所示，水谷隼抛球后，非持拍手臂能够及时移开，但在球拍接触球的过程中，球与左侧网柱的空间被身体遮挡，因此是遮挡发球。

图 8-3-3

图 8-3-4

（3）水谷隼转与不转发球的抛球角度

水谷隼转与不转发球的抛球角度（图 8-3-5 和图 8-3-6）为：视频画面上抛球的最高点至出手点的垂直距离 $H=0.83$ cm；最高点距出手点的水平距离 $L=0.14$ cm；斜抛的角度 α，即 $\tan\alpha \approx 5.93$，$\alpha \approx 80.43°$，斜抛的角度约为 80°。

（4）水谷隼转与不转发球的遮挡情况

水谷隼转与不转发球的遮挡情况为：图 8-3-7 和图 8-3-8 是球拍接触球的过程，图 8-3-7 是击球的瞬间，图 8-3-8 是球出手的瞬间。从图 8-3-7 和图 8-3-8 可以看出，在球拍接触球的过程中，球与左侧网柱的空间被身体遮挡；同时，在球下落过程中身体明显遮挡了球，因此是遮挡发球。

图 8-3-5 　　　　　　　　　　　　图 8-3-6

图 8-3-7 　　　　　　　　　　　　图 8-3-8

2. 岸川圣野发球技术分析

(1) 岸川圣野侧旋发球的抛球角度

岸川圣野侧旋转发球的抛球角度(图 8-3-9 和图 8-3-10)为：视频画面上抛球的最高点至出手点的垂直距离 $H=1.65$ cm；最高点距出手点的水平距离 $L=0.39$ cm；斜抛的角度 α，即 $\tan\alpha \approx 4.23$，$\alpha \approx 76.70°$，斜抛的角度约为 77°。

图 8-3-9 　　　　　　　　　　　　图 8-3-10

第八章　对中外优秀乒乓球运动员发球违规潜在风险的研究

(2)岸川圣野侧旋转发球的遮挡情况

岸川圣野侧旋转发球的遮挡情况为：图 8-3-11 和图 8-3-12 是球拍接触球的过程，图 8-3-11 是击球的瞬间，图 8-3-12 是球出手的瞬间。从图 8-3-11 和图 8-3-12 可以看出，在球拍接触球的过程中，球与右侧网柱的空间被身体遮挡；且在球下落过程中身体明显遮挡了球，因此是遮挡发球。

图 8-3-11 　　　　　　　　　图 8-3-12

(3)岸川圣野转与不转发球的抛球角度

岸川圣野转与不转发球的抛球角度（图 8-3-13 和图 8-3-14）为：视频画面上抛球的最高点到出手点的垂直距离 $H=1.68$ cm；最高点距出手点的水平距离 $L=0.35$ cm；斜抛的角度 α，即 $\tan\alpha \approx 4.80$，$\alpha \approx 78.23°$，斜抛的角度约为 78°。

图 8-3-13 　　　　　　　　　图 8-3-14

(4)岸川圣野转与不转发球的遮挡情况

岸川圣野转与不转发球的遮挡情况为：图 8-3-15 和图 8-3-16 是球拍接触球的过程，图 8-3-15 是击球的瞬间，图 8-3-16 是球出手的瞬间。从图 8-3-15 和图 8-3-16 可以看出，在球拍接触球的过程中，球与右侧网柱的空间被身体遮挡；且在球下落过程中身体明显遮挡了球，因此是遮挡发球。

图 8-3-15 　　　　　　　　　　　　图 8-3-16

3. 柳承敏发球技术分析

（1）柳承敏逆旋转发球的抛球角度

柳承敏逆旋转发球的抛球角度（图 8-3-17 和图 8-3-18）为：视频画面上抛球最高点至台面的垂直距离 $H=1.38$ cm；最高点距起抛点的水平距离 $L=0.41$ cm；斜抛的角度 α，即 $\tan\alpha \approx 3.37$，$\alpha \approx 73.45°$，斜抛的角度约为 73°。

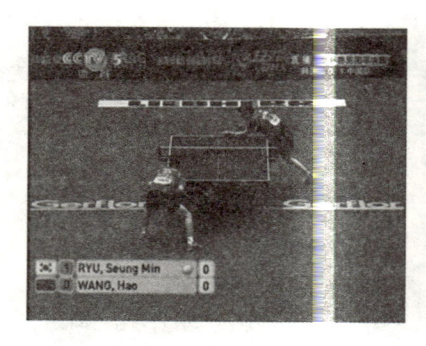

图 8-3-17 　　　　　　　　　　　　图 8-3-18

（2）柳承敏逆旋转发球的遮挡情况

柳承敏正手逆旋转发球的遮挡情况为：图 8-3-19 和图 8-3-20 是球拍接触球的过程，图 8-3-19 是击球的瞬间，图 8-3-20 是球出手的瞬间。从图 8-3-19 和图 8-3-20 可以看出，柳承敏抛球后，非持拍手臂没有及时移开，球与右侧网柱的空间被身体遮挡，因此是遮挡发球。

（3）柳承敏侧旋发球的抛球角度

柳承敏侧旋转发球的抛球角度（图 8-3-21 和图 8-3-22）为：视频画面上抛球最高点至台面的垂直距离 $H=1.46$ cm；最高点距起抛点的水平距离 $L=0.44$ cm；斜抛的角度 α，即 $\tan\alpha \approx 3.32$，$\alpha \approx 73.23°$，斜抛的角度约为 73°。

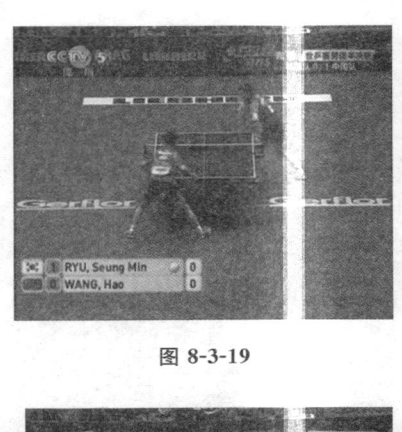

第八章　对中外优秀乒乓球运动员发球违规潜在风险的研究

图 8-3-19 　　　　　　　　　　图 8-3-20

图 8-3-21 　　　　　　　　　　图 8-3-22

(4) 柳承敏侧旋发球的遮挡情况

柳承敏正手侧旋转发球的遮挡情况为：图 8-3-23 和图 8-3-24 是球拍接触球的过程，图 8-3-23 是击球的瞬间，图 8-3-24 是球出手的瞬间。从图 8-3-23 和图 8-3-24 可以看出，柳承敏抛球后，非持拍手臂没有及时移开，球与右侧网柱的空间被身体遮挡，而且击球点上方的空间被身体遮挡，因此是遮挡发球。

图 8-3-23 　　　　　　　　　　图 8-3-24

· 231 ·

4. 吴尚垠发球技术分析

(1)吴尚垠侧旋发球的抛球角度

吴尚垠侧旋转发球的抛球角度(图 8-3-25 和图 8-3-26)为:抛球最高点至台面的垂直距离 $H=1.68$ cm;最高点距起抛点的水平距离 $L=0.36$ cm;斜抛的角度 α,即 $\tan\alpha\approx 4.67$,$\approx 77.91°$,斜抛的角度约为 78°。

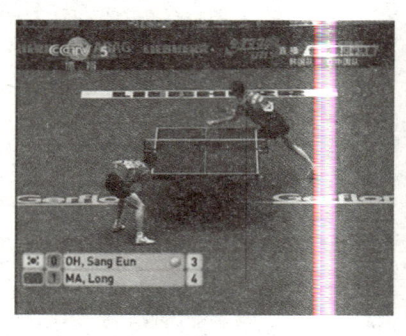

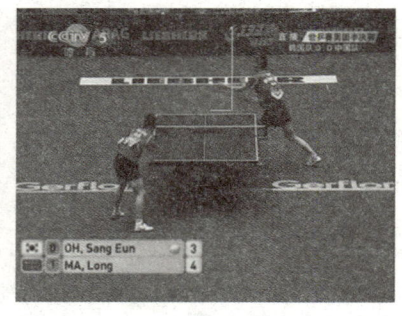

图 8-3-25　　　　　　　　图 8-3-26

(2)吴尚垠侧旋发球的遮挡情况

吴尚垠侧旋转发球的遮挡情况为:图 8-3-27 和图 8-3-28 是球拍接触球的过程,图 8-3-27 是击球的瞬间,图 8-3-28 是球出手的瞬间。从图 8-3-27 和图 8-3-28 可以看出,吴尚垠击球后,非持拍手臂没有及时移开,在球拍接触球的过程中,球与右侧网柱的空间被身体遮挡,同时身体遮挡了击球点上方的空间,因此是遮挡发球。

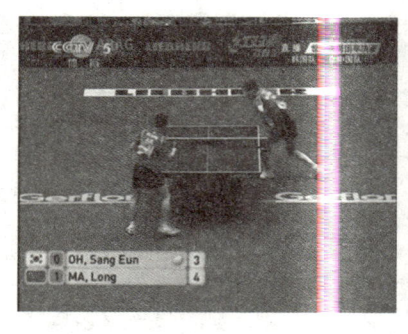

图 8-3-27　　　　　　　　图 8-3-28

(3)吴尚垠转与不转发球的抛球角度

吴尚垠转与不转发球的抛球角度(图 8-3-29 和图 8-3-30)为:视频画面上抛球最高点至台面的垂直距离 $H=1.51$ cm;最高点距起抛点的水平距

第八章　对中外优秀乒乓球运动员发球违规潜在风险的研究

离 $L=0.41$ cm;斜抛的角度 α,即 $\tan\alpha \approx 3.68$,$\alpha \approx 74.81°$,斜抛的角度约为 $75°$。

图 8-3-29　　　　　　　　图 8-3-30

（4）吴尚垠转与不转发球的遮挡情况

吴尚垠转与不转发球的遮挡情况为：图 8-3-31 是击球的瞬间，图 8-3-32 是球出手的瞬间。从图 8-3-31 和图 8-3-32 可以看出,吴尚垠抛球后,非持拍手臂没有及时移开,在球拍接触球的过程中,球与右侧网柱的空间被身体遮挡,同时身体遮挡了击球点上方的空间,因此是遮挡发球。

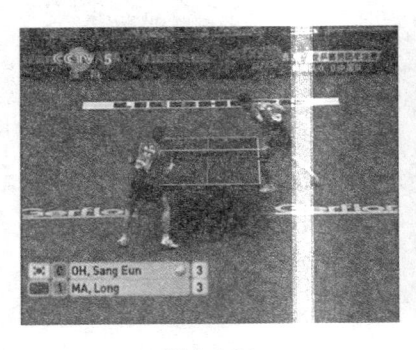

图 8-3-31　　　　　　　　图 8-3-32

5. 朱世赫发球技术分析

（1）吴尚垠侧旋发球的抛球角度

朱世赫侧旋转发球的抛球角度（图 8-3-33 和图 8-3-34）为：视频画面上抛球最高点至台面的垂直距离 $H=1.24$ cm；最高点距起抛点的水平距离 $L=0.21$ cm；斜抛的角度 α，即 $\tan\alpha \approx 5.90$，$\alpha \approx 80.39°$，斜抛的角度约为 $80°$。

233

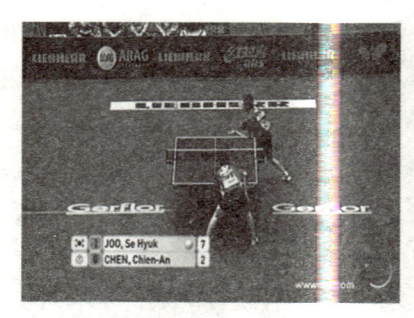

图 8-3-33 　　　　　　　　　　　　图 8-3-34

(2) 吴尚垠侧旋发球的遮挡情况

朱世赫侧旋转发球的遮挡情况为：图 8-3-35 是击球的瞬间，图 8-3-36 是球出手的瞬间。从图 8-3-35 图 8-3-36 可以看出，朱世赫抛球后，非持拍手臂没有及时移开，在球拍接触球的过程中，球与右侧网柱的空间被身体遮挡，同时身体遮挡了击球点上方的空间，因此是遮挡发球。

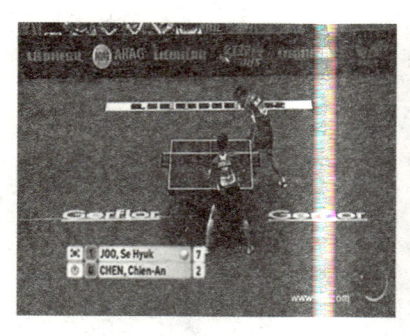

图 8-3-35 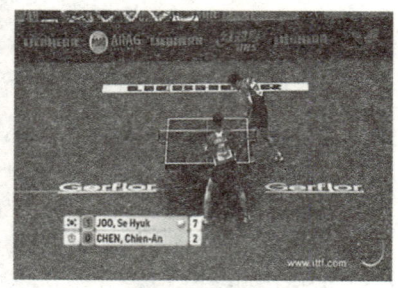　　　　　　　　　　　　图 8-3-36

6. 波尔发球技术分析

(1) 波尔逆旋转发球的抛球角度

波尔逆旋转发球的抛球角度（图 8-3-37 和图 8-3-38）为：抛球最高点至台面的垂直距离 $H=0.68$ cm；最高点距起抛点的水平距离 $L=0.22$ cm；斜抛的角度 α，即 $\tan\alpha \approx 3.09$，$\alpha \approx 72.07°$，斜抛的角度约为 $72°$。

(2) 波尔逆旋转发球的遮挡情况

波尔逆旋转发球遮挡情况为：图 8-3-39 是击球的瞬间，图 8-3-40 是球出手的瞬间。从图 8-3-39 和图 8-3-40 可以看出，波尔抛球后，非持拍手臂没有及时移开；在球拍接触球的过程中，球与左侧网柱的空间被身体遮挡了；同时，身体明显遮挡了击球点上方的空间，因此是遮挡发球。

第八章　对中外优秀乒乓球运动员发球违规潜在风险的研究

图 8-3-37 　　　　　　　　　　　图 8-3-38

图 8-3-39 　　　　　　　　　　　图 8-3-40

(3)波尔侧旋转发球的抛球角度

波尔侧旋转发球的抛球角度(图 8-3-41 和图 8-3-42)为:视频画面上抛球最高点至台面的垂直距离 $H=0.83~\text{cm}$;最高点距起抛点的水平距离 $L=0.28~\text{cm}$;斜抛的角度 α,即 $\tan\alpha \approx 2.96$,$\alpha \approx 71.36°$,斜抛的角度约为 71°。

图 8-3-41 　　　　　　　　　　　图 8-3-42

(4)波尔侧旋转发球的抛球角度

波尔侧旋转发球遮挡情况为:图 8-3-43 和图 8-3-44 是球拍接触球的过

程,图 8-3-43 是击球的瞬间,图 8-3-44 是球出手的瞬间。从图 8-3-43 和图 8-3-44 可以看出,波尔抛球后,非持拍手臂没有及时移开;在球拍接触球的过程中,球与左侧网柱的空间被身体遮挡了;同时,身体明显遮挡了击球点上方的空间,因此是遮挡发球。

图 8-3-43 　　　　　　　　　图 8-3-44

7. 奥恰洛夫发球技术分析

(1) 奥恰洛夫反手发球的抛球角度

奥恰洛夫反手发球的抛球角度(图 8-3-45 和图 8-3-46)为:抛球最高点至台面的垂直距离 $H=1.01$ m;最高点距起抛点的水平距离 $L=0.23$ cm;斜抛的角度 α,即 $\tan\alpha \approx 4.39$,$\alpha \approx 77.17°$,斜抛的角度约为 $77°$。

图 8-3-45 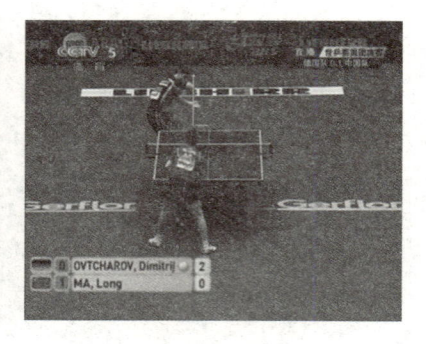　　　　　　　　　图 8-3-46

(2) 奥恰洛夫反手发球的遮挡情况

奥恰洛夫反手发球遮挡情况为:图 8-3-47 和图 8-3-48 是球拍接触球的过程,图 8-3-47 是击球的瞬间,图 8-3-48 是球出手的瞬间。从图 8-3-47 和图 8-3-48 可以看出,奥恰洛夫抛球后,非持拍手臂完全移开;在球拍接触球的过程中,球与两个网柱的空间完全没有遮挡,因此是无遮挡发球。

第八章 对中外优秀乒乓球运动员发球违规潜在风险的研究

图 8-3-47　　　　　　　　　图 8-3-48

8. 国外主要对手发球规范性整体分析

表 8-3-　　国外男子主要对手发球分析

国家	运动员	发球技术	抛球角度	遮挡情况
日本	水谷隼	侧旋发球	77°	有
		转与不转发球	80°	有
	岸川圣野	侧旋发球	77°	有
		转与不转发球	78°	有
	丹羽孝希	侧旋发球	80°	有
		勾手发球	77°	有
韩国	柳承敏	逆旋转发球	73°	有
		侧旋发球	73°	有
	吴尚垠	侧旋发球	78°	有
		转与不转发球	75°	有
	朱世赫	侧旋发球	80°	有
	金敏熙	侧旋发球	71°	有
		转与不转发球	74°	有
德国	波尔	逆旋转发球	72°	有
		侧旋发球	71°	有
	奥恰洛夫	反手发球	77°	无
	鲍姆	侧旋发球	82°	有
平均(小计)			76.2°±3.4°	16 有,1 无

用上述相同的分析方法,另外一些国外选手的正手发球技术进行了抛球角度和遮挡情况的分析,要包括日本选手丹羽孝希的正手侧旋发球和正手发勾子球、韩国的金敏⋯的正手侧旋发球和转与不转发球,及德国的鲍姆的正手侧旋发球。

本文所分析的 10 名国外⋯子运动员是我国备战 2012 年奥运会的主要对手,对每位国外选手的 1～2 ⋯中主要正手发球技术动作,共计 17 个发球技术动作。如表 8-3-1 所示,国外男子运动员发球的抛球角度为 71°～82°,平均值为 76.2°±3.4°,80°以上⋯ 4 个发球,其余 12 个发球抛球角度均在 70°～80°。表明从抛球角度来看,⋯严格意义上来说,全部 10 名国外男子选手抛球不够垂直。

从发球过程中的遮挡情⋯来看,在 17 个发球动作中,除了奥恰洛夫的反手发球无遮挡嫌疑以外,⋯他选手的所有发球技术均有遮挡的嫌疑。发球遮挡一般表现在,运动员⋯球后,非持拍手臂没有及时移开;在球拍接触球的过程中,球与网柱的⋯间被身体遮挡;身体遮挡了击球点上方的空间。

二、国外女子主要对手发球规范性分析

表 8-3-2 国外女子主要对手发球分析

国家	运动员	发球技术	抛球角度	遮挡情况
新加坡	冯天薇	正手发球	72°	有
新加坡	王越古	正手发球	82°	有
中国香港	帖亚娜	正手发球	88°	无
中国香港	姜华珺	正手发球	88°	有
日本	福原爱	正手发球	89°	无
日本	石川佳纯	正手发球	87°	有
平均(小计)			84.3°±6.5°	4 有,2 无

用上述相同的分析方法⋯对 6 名国外女子主要对手的 6 个正手发球技术进行了抛球角度和遮挡⋯况的分析(见表 8-3-2)。6 名国外女子选手的抛球角度平均为 84.3°⋯6.5°,抛球角度在 80°以上的发球有 5 个,70°～80°的有 1 个。有 4 名⋯手的发球有遮挡的嫌疑,2 名选手的发球是无遮挡发球。

从严格意义上来讲,国外⋯部分女子运动员均有发球违规的嫌疑。整

第八章　对中外优秀乒乓球运动员发球违规潜在风险的研究

体来看,福原爱和帖亚娜的正手发球较为规范,其他4位运动员均存在着一定的发球违规的嫌疑。从抛球角度来看,冯天薇的发球为72°,有斜抛的嫌疑,其他5位运动员接近垂直抛球。从发球遮挡情况来看,帖亚娜和福原爱发球是无遮挡发球,其他4位运动员均有遮挡的嫌疑。

(1)从严格意义上来讲,国外大部分女子运动员均有发球违规的嫌疑。

(2)整体来看,福原爱和帖亚娜的正手发球较为规范,冯天薇、王越古、姜华珺和石川佳纯均存在着一定的发球违规的嫌疑。

(3)冯天薇的正手发球有斜抛和遮挡的嫌疑。遮挡嫌疑表现为在球拍接触球的过程中,球与右侧网柱的空间被身体遮挡。

(4)王越古正手发球有遮挡违规的嫌疑。在球拍接触球的过程中,球与右侧网柱的空间被身体遮挡,同时,身体明显遮挡了击球点上方的空间。

(5)姜华珺正手发球有遮挡违规的嫌疑。在球拍接触球的过程中,非执拍手臂没有及时移开,球与右侧网柱的空间被身体遮挡。

(6)石川佳纯正手发球有遮挡违规的嫌疑。在球拍接触球的过程中,非执拍手臂虽然能够移开,但不是很充分,球与左侧网柱的空间有被遮挡的嫌疑。

三、中国乒乓球男队重点运动员发球违规的潜在风险情况整体分析

表 8-3-3　中国乒乓球男队重点运动员发球分析结果

运动员	发球技术	抛球角度	遮挡情况
男1	正手发低抛球	64°	有遮挡的嫌疑:第一,在球拍接触球的过程中,非执拍手臂未能及时移开,球与右侧网柱的空间被身体遮挡。第二,击球过程中身体过于前倾,身体遮挡了球与两侧球网的上部空间
	正手发高抛球	77°	有遮挡的嫌疑:第一,在球拍接触球的过程中,球与右侧网柱的空间被身体遮挡。第二,击球点上方空间被身体遮挡
男2	正手发球	84°	有遮挡的嫌疑:在球拍接触球的过程中,非执拍手臂未能及时移开,球与右侧网柱的空间被身体遮挡

(续)

运动员	发球技术	抛球角度	遮挡情况
男3	正手发球	65°	无遮挡嫌疑。
	正手发侧旋球		有遮挡的嫌疑:第一,在球拍接触球的过程中,非执拍手臂未能及时移开,球与右侧网柱的空间被身体遮挡。第二,身体过于前倾,身体遮挡了球与两侧球网的上部空间
	正手发逆旋转		有遮挡的嫌疑:第一,在球拍接触球的过程中,非执拍手臂未能及时移开,球与右侧网柱的空间被身体遮挡。第二,击球过程中身体过于前倾,身体遮挡了球与两侧球网的上部空间
男4	正手发球	70°	无遮挡嫌疑
	正手发侧旋球		有遮挡的嫌疑:第一,在球拍接触球的过程中,非执拍手臂未能及时移开,球与右侧网柱的空间被身体遮挡。第二,击球过程中身体过于前倾,身体遮挡了球与两侧球网的上部空间
	正手发逆旋转		有遮挡的嫌疑:第一,在球拍接触球的过程中,非执拍手臂未能及时移开,球与右侧网柱的空间被身体遮挡。第二,击球过程中身体过于前倾,身体遮挡了球与两侧球网的上部空间
男5	正手发球	74°	无遮挡。
	正手发侧旋球		有遮挡的嫌疑:第一,在球拍接触球的过程中,非执拍手臂未能及时移开,球与右侧网柱的空间被身体遮挡。第二,击球过程中身体过于前倾,身体遮挡了球与两侧球网的上部空间
	正手发转与不转		有遮挡的嫌疑:第一,在球拍接触球的过程中,非执拍手臂未能及时移开,球与右侧网柱的空间被身体遮挡。第二,击球过程中身体过于前倾,身体遮挡了球与两侧球网的上部空间
	平均(小计)		72.1°±8.2°,11有,3无

对我国备战2012年奥运会的5名重点男子运动员的2~3个主要正手技术,运用上述相同的方法进行潜在风险的分析。由于涉及保密的内容,运动员的姓名不在本文中出现,用代号来表示。如表8-3-3所示,对5名我国

第八章　对中外优秀乒乓球运动员发球违规潜在风险的研究

乒乓球运动员的14个正手发球技术进行了潜在风险分析。

中国乒乓球男队重点运动员的主要正手发球技术中,最小抛球角度为61°,最大抛球角度为84°,平均值为72.1°±8.2°。在统计抛球角度的9个发球中,抛球角度在80°以上的发球有2个,70°～80°的有3个,70°以下的有4个。表明除了个别运动员发球抛球比较直以外,大部分我国男子重点乒乓球运动员均表现出了抛球不够垂直的情况,甚至出现角度在60多度的,斜抛程度较为严重的现象。

从是否是无遮挡发球来看,5名运动员的14个正手发球技术中有11个发球存在遮挡犯规的嫌疑,仅有3个发球技术属于无遮挡发球,5名运动员的发球遮挡的嫌疑。主要表现在:第一,在球拍接触球的过程中,非执拍手臂没有及时移开,球与右侧网柱的空间被身体遮挡了。第二,击球过程中身体过于前倾,身体遮挡了球与两侧球网的上部空间。

综观整体发球规范性而言,我国每位乒乓球男子运动员的每个正手发球技术均有一定的发球违例的风险,要么有发球斜抛的嫌疑,要么有遮挡的嫌疑,抑或是既存在斜抛的嫌疑又存在遮挡犯规的嫌疑。应引起我国备战2012年奥运会的乒乓球运动员和教练员的足够重视。

四、中国乒乓球女队重点运动员发球违规的潜在风险分析

表8-3-4　中国乒乓球女队重点运动员发球分析结果

运动员	发球技术	抛球角度	遮挡情况
女1	正手发球	67	无遮挡
	下蹲发球		无遮挡
女2	正手发球	67	无遮挡
	正手发转与不转		有遮挡的嫌疑:第一,在球拍接触球的过程中,只能在球出手瞬间看到球拍的很小一部分。第二,球到右边网柱的空间被非执拍手臂遮挡
	正手发侧旋球		有遮挡的嫌疑:第一,在球拍接触球的过程中,只有在出手瞬间看到球拍的拍头部分。第二,在击球的瞬间其球到右边网柱的空间被身体遮挡

(续)

运动员	发球技术	抛球角度	遮挡情况
女3	正手发低抛球	70°	有遮挡的嫌疑：第一，在球拍接触球的过程中，始终看不到球拍。第二，球与左侧网柱的空间被身体遮挡
	正手发高抛球	83°	有遮挡的嫌疑：在球拍接触球的过程中，球与左侧网柱的空间被非执拍手臂遮挡
女4	正手发低抛球	84°	无遮挡
	正手发高抛球		无遮挡
女5	正手发低抛球	81°	无遮挡
平均（小计）			77.1°±8.5°，4有，7无

对我国备战2012年重点5名女子运动员的1~3个主要正手技术，运用上述相同的方法进行了发球潜在风险的分析。女运动员同样用代号来表示。如表8-3-4所示，对5名我国女子乒乓球运动员的11个正手发球技术进行了潜在风险分析。

从抛球角度来看，在中国乒乓球女队重点运动员的主要正手发球技术中，最小抛球角度为67°，最大抛球角度为90°，平均值为77.1°±8.5°。在统计抛球角度的8个发球中，抛球角度在80°以上的发球有4个，70°~80°的有2个，70°以下的有2个。比中外男运动员稍好一些。但与国外女子主要对手的抛球垂直方面相比还有一定的差距。

从是否是无遮挡发球来看，5名女运动员的11个正手发球技术中有4个发球存在遮挡犯规的嫌疑，有7个发球技术属于无遮挡发球，2名运动员的发球有遮挡的嫌疑。主要表现在：第一，在球拍接触球的过程中，不能全程看到球拍或仅看到球拍的一小部分；第二，球与网柱的空间被身体遮挡了；第三，球与网柱的空间被非执拍手臂遮挡了。

对于女运动员1而言，下蹲发球的抛球角度较为垂直，但正手下蹲发球、正手低抛发球都存在斜抛的风险，需要加以注意。

对于女运动员2而言，虽然正手高抛发球属于无遮挡发球，但有斜抛的嫌疑；正手转与不转发球及正手发侧旋球均有遮挡的嫌疑。

对于女运动员3而言，低抛发球既有斜抛的嫌疑，又有遮挡的嫌疑；高抛发球有遮挡的嫌疑，抛球垂直方面略好一些。

对于女运动员4与5而言，正手发球较为规范。

第八章　对中外优秀乒乓球运动员发球违规潜在风险的研究

五、国际大赛中乒乓球裁判员判罚发球违规的规律

在乒乓球比赛中,判罚发球违规是最容易出现不公平和不公正现象的一个重要环节。在整个过程中,它受到以下几个方面的影响:(1)裁判员的临场裁决水平。(2)裁判长的具体要求。(3)裁判员是否经过考试。(4)裁判员的主观态度等。它是近年来国际乒联裁判员裁判长委员会的主抓项目之一。从目前的裁判员判罚发球违规的情况上看,存在以下规律:

1)判罚发球违规的裁判员情况:欧洲裁判员的判罚胆量大、尺度严,看准就判罚。亚洲裁判员,特别是中国、日本、韩国等非英语国家的裁判员判罚胆量小,表现在经过考试的就判,没有经过考试的就不判,且判罚一般在前五分进行。然而,目前乒乓球比赛实行洲中立制,亚洲运动员的比赛大多由欧洲裁判员执法。

2)判罚发球违规的种类:判罚正手低抛发球违规的情况多于正手高抛发球,判罚高抛发球违规多于判罚反手发球违规。

3)裁判员判罚发球违规的主要注意点:

第一,球静止时,球是否在球台的水平面以上。

第二,球是否有斜抛的情况。尤其是对于需跨一步的低抛发球关注较多。

第三,球下降时发球员的脸、肩膀、身体是否与球的轨迹有重合。

第四,抛球后,非执拍手臂是否立即移开,特别是低抛发球时一定要快。

第五,抛球后,运动员的上体是否过于前倾。

六、对我国乒乓球运动员降低发球潜在风险的建议

为了降低我国乒乓球运动员在2012年奥运会上因发球违规被判罚的风险,对我国乒乓球运动员发球提出如下的建议:

第一,在发球抛球时,要尽可能做到垂直上抛。

第二,发球站位时两脚的连线与端线的夹角要小。图8-3-49是李晓霞发球时站位两脚的连线与端线的夹角($\alpha \approx 47.38°$),这个角度越小越容易出现身体和非执拍手臂的遮挡。

第三,上体不要过于前倾。图8-3-50为张继科和李晓霞击球瞬间的身体姿势对比。张继科的上体过于前倾,直接导致躯干遮挡击球点上方

图8-3-49　发球站位

的空间。因此，在发球过程中上体要尽量与地面垂直，预留出击球点以上的垂直空间；击球点离身体越近，上体越要保持垂直。

图 8-3-50　张继科和李晓霞击球瞬间的身体姿势对比

第四，抛球后，非执拍手臂要迅速移开，特别是低抛发球时一定要快。否则非执拍手臂容易形成遮挡。

第五，在发球环节上不要存在侥幸心理，要严格按照合法发球来要求自己，同时要做好一旦被判罚的心理预案。一旦在场上被判罚发球违规，一定要保持冷静的态度，根据裁判员的判罚发球违规的规律，立即更换自己更有把握、违规风险小、质量较高的发球。不要纠结于裁判是否公正，更不要因为一分球的判罚而影响整场比赛的发挥。

第四节　结论与建议

一、结论

通过对国内外优秀运动员主要发球动作规范性的分析，得出以下结论：

第一，在严格意义上，大部分中外男女运动员均存在发球违规的嫌疑。要么有发球斜抛的嫌疑，要么有遮挡的嫌疑，抑或是既存在斜抛的嫌疑又存在遮挡犯规的嫌疑。总体而言，女运动员比男运动员略好一些。

第二，中外运动员的抛球角度大部分在 60°~80°，低抛发球的抛球角度普遍小于高抛发球。

第三，发球遮挡违规主要表现在：第一，在球拍接触球的过程中，非执拍手臂没有及时移开，球与网柱的空间被身体遮挡。第二，击球过程中身体过

第八章 对中外优秀乒乓球运动员发球违规潜在风险的研究

于前倾,身体遮挡了球与两侧球网的上部空间。

二、建议

为了降低我国乒乓球运动员在 2012 年奥运会上因发球违规被判罚的风险,对我国乒乓球运动员发球提出如下的建议:

第一,从技术层面而言,发球站位时两脚的连线与端线的夹角不要过小,抛球时尽可能做到垂直上抛,抛球后,非执拍手臂要迅速移开,击球时上体不要过于前倾。

第二,从心理层面而言,在发球环节上不要存在侥幸心理,要严格按照合法发球来要求自己,同时要做好一旦被判罚的心理预案。

第九章 国家乒乓球男队主力队员动作技术的分析与诊断

第一节 前言

中国乒乓球运动近半个世纪在世界乒坛保持领先地位,取得了许多优异的运动成绩。其中以科技支持为主要手段,实现科学化训练,提高乒乓球运动员的竞技能力,进而通过比赛将其最大限度地转化为运动成绩起到了重要的保障性作用。乒乓球运动员的竞技能力包括技术、战术、体能、心理和智力水平等方面,它们综合地体现在专项训练和专项竞技比赛过程中。其中,对于优秀乒乓球运动员而言,技、战术能力对于比赛的胜负起重要作用。

对乒乓球运动员战术能力的研究,前人已做了大量工作,经过多年的研究,不断发展和建立了"我国优秀乒乓球运动员的战术诊断与监测系统"(吴焕群、张晓蓬)。相比于成熟的乒乓球运动员战术能力的诊断与监测系统而言,对于乒乓球动作技术的研究相对薄弱。

在乒乓球比赛中,运动员竞技能力,最终是通过运动员击出的每一板球表现出来的。而每一板球质量的高低主要是由运动员的动作技术所决定的。掌握正确的单个技术,是学习乒乓球的基础。运动员动作技术的合理规范性,是影响运动员取得优异成绩的决定因素。在国家乒乓球队的日常训练中,非常重视对单个技术的训练。乒乓球动作技术种类很多,即使世界顶尖的乒乓球运动员,在拥有某些世界上最优秀、极具杀伤力的动作技术的同时,也会存在着一些相对而言薄弱的技术。例如,马龙的反手攻防体系在比赛中是相对的薄弱环节。通过比赛数据的统计,在与张继科、樊振东等反手技术好的运动员的比赛对抗中,反手位通常是马龙失分的重要环节。马龙的反手拉和反手撕技术还有待于进一步的提高。

运动员的运动技术检测、分析与优化主要采用影像测量与分析、力学理论分析、力的测量与分析、肌电测量与分析等方法。通过这些方法对运动员的专项运动技术进行定性和定量诊断。在此基础上进行个体技

第九章 国家乒乓球男队主力队员动作技术的分析与诊断

术优化,从而解决运动员的技术训练问题,不断提高运动员的运动训练科学化水平。动作技术分析与诊断在举重、田径等项目已经比较成熟与普遍。

现今对于乒乓球动作技术的研究,多是从运动生物力学原理的理论定性分析或是对个别动作技术的运动生物力学特征描述,而对于我国顶尖运动员许多世界顶尖技术尚未有定量的数据,能够运用于运动实践的行之有效、简单易行、快速反馈的乒乓球技术动作分析与诊断的体系尚未建立起来。以至于在运动实践中,教练员对于运动员的动作技术的诊断仍停留在定性的经验分析之上。

在乒乓球训练实践中,教练员对于运动员的动作分析多建立以以往自身打球经验。在国家乒乓球队的日常科研攻关与科技服务中,成熟完善的比赛战术分析与动作诊断相比,对于基本动作的研究相对薄弱。本研究尝试引用运动生物力学的方法,加入定量数据与画面分析,对国家乒乓球队主力运动员的动作技术进行诊断与分析。

本研究拟对乒乓球运动员技术分析与诊断方法学探讨,并运用于国家乒乓球队,对国家乒乓球队部分运动员的某些动作技术进行分析与诊断,不仅将丰富乒乓球的理论,而且对于乒乓球动作技术水平的提高,维持我国乒乓球技术训练先进性,也具有一定的现实意义;同时对于运动生物力学如何更好地结合乒乓球专项特点为乒乓球运动实践服务,进而为建立我国优秀乒乓球运动员的动作技术运动学监测与诊断系统和乒乓球科学训练提供依据。

第二节 乒乓球运动员技术分析与诊断方法学探讨

由于乒乓球动作技术的多样性与复杂性,乒乓球的生物力学研究与其他项目的研究相比显得比较单薄。本研究项目,随着逐渐摸索与改进,较有效地引入了多种生物力学的测试方法,对乒乓球主要的进攻技术进行了测试与分析。本研究过程中研究方法在逐渐摸索与改进。

一、测试方法的选取

在对国家乒乓球队的动作技术测试中运用了多种运动学采集系统进行采集与测试。在以往简单的普通摄像机进行动作技术拍摄的基础上,引入了高速摄像 ts250、MC 高速摄像机、Dartfish 技术分析软件、Qualisys、Motion 三维运动学测试系统等。实验场所有国家体育总局科研所生物力学实验室、北京体育大学测试中心大厅、国家乒乓球队训练馆、封闭训练基地乒乓球馆等。

在北体大生物力学实验室实验中，考虑到 QUALISYS 系统虽然能够方便、快捷、准确地获得复杂运动的三维运动信息，但缺点是只能对红外光点进行拍摄，无法对真实人体及实物运动信息进行采集（比如无法采集到乒乓球的运动）。故用一台录像机配合使用，以获得更多的动作技术信息。

在进一步研究中，发现常速摄像机由于拍摄频率过低，不能精确地对击球时刻进行判断。故在后来国家体育总局科研所实验室中引入了 MC 高速摄像机，辅助进行拍摄。

当将 QUALISYS-MCU500 红外光点测试系统搬入国家乒乓球队训练馆中实验时，我们又引入了两台高速摄像 ts250 辅助进行三维测试。并在采集的时候用上 Dartfish 技术分析软件，随时将采集的视频结果展示给教练员。

在国家乒乓球队的应用中发现，红外光点的 QUALISYS、Motion 采集系统由于过于庞大，需将仪器搬入乒乓球馆或让运动员到实验室进行测试，不是很便利，但有利于进一步深入详细地研究。在球馆的常速二维拍摄又满足不了分析的需要。

经过多年的应用与摸索，在国家乒乓球队训练馆或封闭训练基地进行两台摄像机三维的高速测试是一个简单易行、便于操作的测试方法，拍摄频率选择 100 帧，两台高速摄像机分别放置运动员的右前方和正前方。

二、实验条件的控制

乒乓球项目属于隔网对抗类项目，赢得一分球的因素很多，但优秀合理稳定能发出力的动作技术是获胜基础；同时由于乒乓球动作技术的复杂性和多样性，实验条件难以控制。几次实验发现实验条件的控制非常重要。

经过多次实验，本研究总结出实验条件的控制方法是：按照运动员的站位习惯，选定合理的击球区域，由教练喂多球至到固定点，要求运动员以最大力量击打来球，击球线路为大角斜线，通过教练员和运动员自身评价结合，结合多次录像分析，选择连续高质量的几次击球作为待分析的击球动作。

第九章　国家乒乓球男队主力队员动作技术的分析与诊断

三、运动学敏感指标

乒乓球动作技术比较复杂，运动学指标很多，本着简明、直观、便于说明问题的原则，与国家队教练合作，经过反复反馈与修改，结合图片、曲棍图和数据，将整个动作分为四个动作阶段、五个特征时刻值，以及现有的条件最后确定了乒乓球动作技术在四个动作阶段、五个特征时刻的运动学敏感指标，重点分析引拍阶段、挥拍击球阶段、随势挥拍阶段。包括以下指标：动作阶段的划分、肘角的变化、肩角的变化（肩髋角、肩臂角、肩姿态角）、腕角的变化、上肢各关节的速度变化——上肢发力顺序、躯干的运动（躯干前倾角、躯干侧倾角、躯干扭转角）、髋角的变化、膝角的变化；下肢关节速度的变化——下肢发力顺序、重心的移动、球拍的速度变化、球拍的距离等运动学敏感指标。在具体应用时根据拍摄的方法、不同的动作技术及不同的运动员而有所侧重与筛选。

四、解析方法的选择

运用 QUALISYS 系统、Simi Motion 等动作技术解析的方法，虽然数据更为准确，但由于分析时间长，反馈周期太长，并不适合为国家乒乓球队的科技服务的需求。选用 Dartfish 动作技术分析软件进行解析，虽数据只是二维数据，且只是估计值，但进行两个运动员对比时，由于拍摄的角度相同，可以反映出数值上的差异，并马上快速反馈实践需求。

五、分析方法的选择

对于运动员动作技术分析与诊断的方法之一就是找到可对比与参考的优秀动作技术模板，本研究采用该种方法对国家乒乓球男队运动员进行分析与诊断。樊振东的反手拉、张继科的反手撕是世界上最优秀的技术，在对马龙进行反手技术诊断时，就采用马龙的反手技术与樊振东、张继科的反手技术进行对比。在对年轻队员张煜东的正手拉球技术进行诊断时，以公认的正手最好的马龙的动作技术进行对比。

对乒乓球运动员动作技术进行分析与诊断，需遵守定性分析与定量分析相结合的原则。在提供诊断报告时要将运动生物力学的语言转换为运动员和教练员能够接受的乒乓球的专业语言。

第三节 张煜东与马龙正手弧圈球技术的对比分析与诊断

一、动作阶段划分

多球进行定点正手基本击球技术练习时,连续击球动作可以看作是周期性的运动。一个乒乓球击球动作是一个较为复杂的过程,为了便于对整体动作的分析和研究,根据动作的任务和性质,可以将一次复杂完整的击球动作划分为不同的动作阶段。在不同动作阶段的临界点,为击球的特征画面。

如图 9-3-1 所示,五个特征时刻点为还原结束时刻、引拍结束时刻、击球时刻、随势挥拍结束时刻和再次还原时刻。五个特征时刻点构成四个动作阶段分别为:引拍阶段、挥拍击球阶段、随势挥拍阶段和还原阶段。本文重点分析了两位运动员的引拍阶段、击球阶段和随势挥拍阶段。

图A 还原结束(准备)时刻　图B 引拍结束时刻　图C 击球时刻

图A~图B 引拍阶段　　　图B~图C 挥拍击球阶段

图D 随势挥拍结束时刻　图A″再次还原时刻

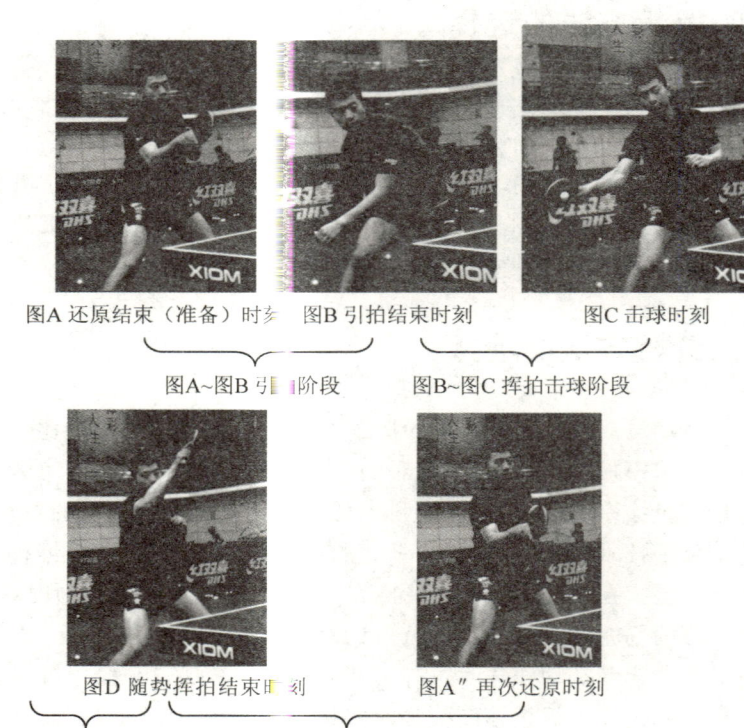

图C~图D 随势挥拍阶段　图D~图A″还原阶段

图 9-3-1 正手拉动作阶段

第九章　国家乒乓球男队主力队员动作技术的分析与诊断

二、引拍阶段分析

在引拍阶段,身体重心伴随着手臂的移动躯干向右后下方扭转,从准备姿势的两脚中心逐渐转移到了右脚上,右肩略下沉并略打开,右肘关节打开至 150~170°之间。从图 9-3-2 可以看出,两人在引拍的最远端,身体姿态基本相似。但通过高速摄像机拍摄可看出以下区别。

1. 引拍幅度

从图 9-3-2(1)和(2)的放大图可以看出,张煜东的引拍幅度小于马龙。从技术动作的左侧图,可以清晰地看到马龙的球拍,而张煜东的球拍基本看不到。另外,从录像上可以看出,在引拍结束时刻,年轻球员的右肘关节角度小于马龙。合适的引拍幅度,不仅在于给持拍手让开击球空间,而且为充分挥拍击球积蓄最大能量。

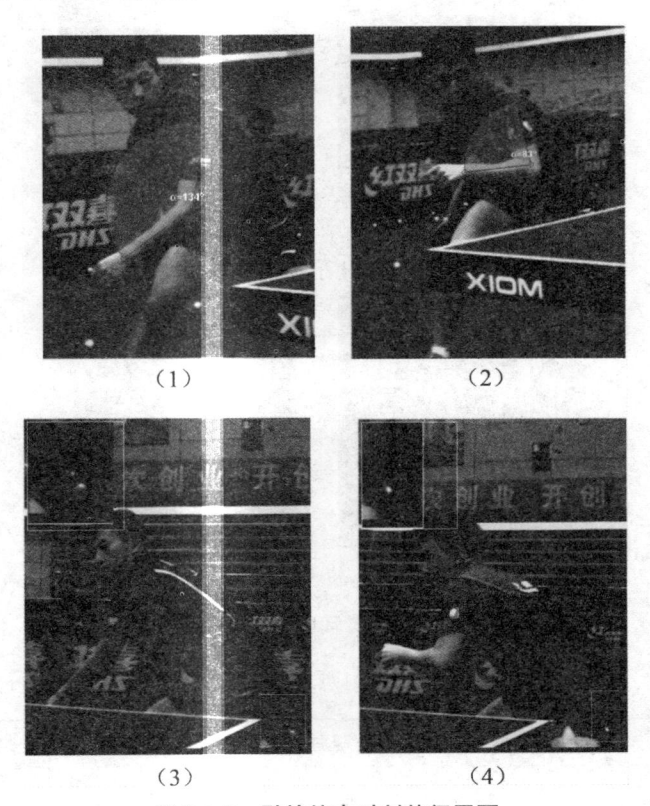

(1)　　　　　　(2)

(3)　　　　　　(4)

图 9-3-2　引拍结束时刻特征画面

2. 非持拍手臂（左臂）

从图 9-3-1 和图 9-3-2 可以看出，在引拍结束时刻，马龙的非持拍手臂（左臂）的肘关节夹角为 134°，而张煜东为 83°。该角度小，会导致躯干扭转幅度小，身体僵硬。

三、挥拍击球阶段

1. 右肘角

如表 9-3-1 所示，在击球瞬间，马龙右肘的关节角度为 121°左右，张煜东为 108°。

（1）马龙右侧面　　　（2）张煜东右侧面

（3）马龙左侧面

图 9-3-3　击球时刻特征画面

表 9-3-1　击球时刻两运动员身体姿态角度

	右肘角	右肩角	右腕角	左肘角
马龙	121°	33°	176°	85°
张煜东	108°	24°	158°	81°

2. 右肩角

肩角为同侧肩肘连线和肩髋关节连线的夹角。该夹角反映出手臂与身体的距离。如表9-3-1所示,张煜东的右肩角(24度)小于马龙的右肩角(33°)。

张煜东的右肘角和右肩角均小于马龙,表明张煜东击球时过于靠近身体,动作不够舒展,使得击球半径小于马龙。在相同的角速度下,球拍的线速度与击球半径成正比,击球半径大一些,击球瞬间的力量储存更多。

3. 右腕关节

在击球瞬间,马龙右手腕几乎伸直,角度在176°左右,张煜东的右腕关节有较为明显的内扣,角度在158°(表9-3-1)。

仔细观察高速录像可以看到,张煜东在整个击球过程中,腕关节始终内扣。腕关节内扣会使得对击球点的选择空间小,且影响到击球瞬间手腕的发力。腕关节作为全身发力鞭打动作的末梢关节,腕关节内扣也影响到大关节向小关节动量的传递,使得该队员击球瞬间动量的传递不够充分。

4. 左肘关节

马龙非持拍手臂的左肘关节角度从引拍结束时刻的134°减小到了85°。张煜东左肘角从引拍结束时刻的83°变为了81°。表明在击球阶段,马龙非持拍手臂随着右臂的挥动同时从右后下方向左前上方挥臂,而张煜东的非持拍手几乎没有变化,不能更好地辅助于持拍手的协调发力。

四、随势挥拍阶段

随势挥拍阶段是击球发力后的延续和还原,身体和手臂随着发力的方向继续做减速运动,直至随挥结束时刻。该阶段可以间接反映出发力的方向和还原的速度。从图9-3-4中可以看出,两位运动员随势挥拍结束时刻身体姿态基本相同。

在随势挥拍阶段,张煜东与马龙的差别在于非持拍手的挥动方面。该名年轻运动员在肘关节角度变化很小,从击球时刻的81°变化到随势挥拍结束时刻的79°,而马龙的肘关节角度的变化较大,从85°降低到了56°。表明张煜东非持拍手臂随身体的运动幅度较小。

在整个动作技术周期中,张煜东的非持拍手臂(左臂)过于紧张,一直端于胸前,肘关节角度几乎没有变化,无随持拍手臂的协同运动。从而导致左半侧躯干紧张,不够放松。非持拍手臂的摆动不仅是为了维持身体平衡,而且还起到协调发力的作用。马龙左手随右手的大幅度同方向运动,有利于右侧腹外斜肌、左侧腹内斜肌的发力,使左右躯干扭转幅度更大,更利于协同发力,使得发力更为流畅。

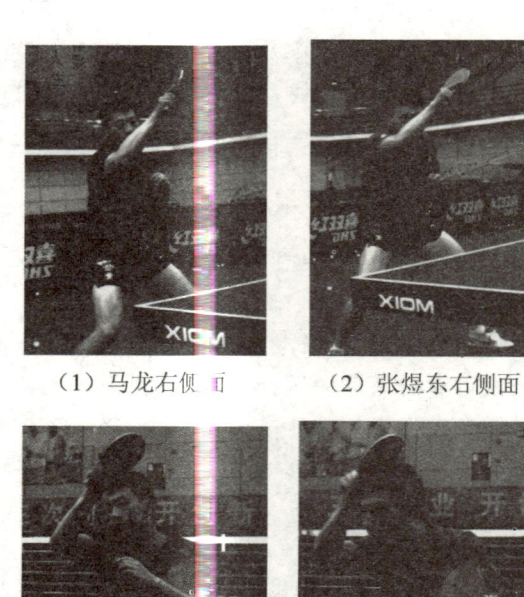

(1) 马龙右侧面　　(2) 张煜东右侧面

(3) 马龙左侧面　　(4) 张煜东左侧面

图 9-3-4　随挥结束时刻特征画面

五、小结

　　张煜东正手弧圈球动作的不足之处,与马龙相比,主要表现在:右肘角、右肩角、右腕角及左肘角均小于马龙,表明张煜东正手弧圈球的动作幅度小,不够舒展,动作僵硬紧张,还原慢。错误的技术动作不利于该队员击球瞬间的力量爆发,降低了击球点的调节空间,更会影响连续高质量拉弧圈球的流畅性。

第九章　国家乒乓球男队主力队员动作技术的分析与诊断

第四节　马龙与张继科反手撕技术的对比分析与诊断

一、引拍阶段分析

1. 手腕运动

如图 9-4-1(1)、(2)放大图所示，马龙手腕的动作，向内拧的幅度大于张继科。

（1）马龙右侧面 　　　　　（2）张继科右侧面

（3）马龙前面 　　　　　（4）张继科前面

图 9-4-1　引拍结束时刻特征画面

2. 肘关节角度

在引拍结束时刻，马龙肘关节的角度大约为 127°，张继科大约为 92°，马龙该角度大于张继科。

3. 肩关节角度

从右侧面看，马龙的肩关节角度（肩肘连线与肩髋连线的夹角）为 34°，

255

张继科为18°,马龙该角度大于张继科。

4. 球拍的位置

在引拍结束时刻,马龙引拍的位置略低于球台,而张继科略高于球台,表明马龙引拍的位置低于张继科。

二、挥拍击球阶段

1. 肩关节运动

如图9-4-2所示,在击球时刻,从右侧面看,马龙肩角约80°,张继科约为56°。马龙手臂离身体比张继科远,击球点离身体较远,击球时身体空,会造成肩部僵硬,击球时刻的稳定支撑不够,发力不集中。

（1）马龙右侧面　　　（2）张继科右侧面

（3）马龙前面　　　（4）张继科

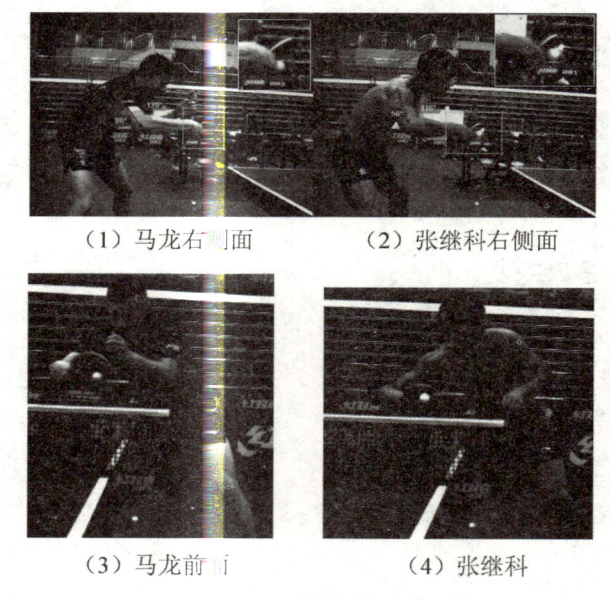

图9-4-2　击球时刻特征画面

2. 肘关节运动

如图9-4-2所示,在击球时刻,马龙肘角约为129°,张继科约为116°,此时马龙略大于张继科。当比较从引拍结束时刻到击球时刻肘关节角度的变化幅度时,可发现马龙在挥拍击球过程中肘关节角度变化幅度很小,而张继科的肘关节角度变化幅度为116－92＝24°。从录像上看,马龙前臂旋外

第九章　国家乒乓球男队主力队员动作技术的分析与诊断

动作较多,而前伸动作较少,而张继科与之相反,前臂在旋外的同时有明显前伸动作。故而马龙的肘关节角度变化的幅度较小。

3. 触球部位

连续击球时,马龙触球部位多在球拍的下部,且位置不是很固定。张继科均固定在球拍的中心位置击球。

4. 发力方式

在挥拍击球阶段,张继科肩关节一直是顶着向前用力,给予前臂和手腕发力时稳定的支撑,以前臂发力为主,直接由后向前发力,发力实、有寸劲、发力集中、挥拍速度快。与张继科相比,马龙由于引拍较低,从下往上继而再向前,包球发力,摩擦球多一些,手腕带动前臂发力的成分多一些。

5. 击球时机

马龙似乎比张继科略晚一会,张继科在高点前期击球,马龙在高点后期击球。这与马龙引拍的位置低于张继科、且手腕内拧的幅度大、挥拍击球时手臂和手腕运行的路程比张继科远有关。可以推测,当对方来球的球速和旋转快时,易造成顶板的现象。

6. 重心

张继科的身体向前顶得多,重心较稳。与之相比,马龙上下起伏较大,向前顶得不够。

三、随势挥拍阶段

1. 右臂的位置

随势挥拍阶段是击球发力后的延续和还原,身体和手臂随着发力的方向继续做减速运动,直至随挥结束时刻。该阶段可以间接反映出发力的方向和还原的速度。

从图9-4-3(1)和(2)可以看出,在随势挥拍结束时刻,马龙的前臂向上随挥较多,而张继科向前随挥较多。从而也进一步说明了马龙在击球过程中发力方向与张继科相比,向上较多。

（1）马龙右侧面　　　　　　（2）张继科右侧面

（3）马龙前面　　　　　　　（4）张继科

图 9-4-3　随势挥拍结束时刻特征画面

2. 左臂（非持拍手臂）的运动

张继科的左臂运动幅度小，左侧身体相对固定，给予持拍手更好的支持，有利于击球时向前发力，双臂的运动是反向运动，利于胸部扩胸的发力。马龙的双臂稍有些同向运动，究其原因，张继科的左侧是主动发力，而马龙的左侧是被动发力，这可能是马龙正手好，两侧肌肉力量不均衡，右侧强、左侧弱有关。

四、小结

马龙反手撕斜线技术的主要问题：

(1) 马龙的动作幅度比张继科大，重心上下起伏幅度大，向前顶得少。

(2) 在击球过程中，马龙击球部位偏下，击球时机略晚，发力方式以手腕发力带动前臂发力为主，发力方向向上较多，摩擦球较多。

对马龙反手撕技术训练的建议：

(1) 马龙要在不影响正手发力的基础上，对反手撕技术进行微调。

(2) 适当减小动作技术幅度。

(3) 在击球阶段和随势挥拍阶段相对固定非持拍手和躯干的运动。

第五节 马龙与樊振东反手拉下旋斜线技术对比分析与诊断

一、引拍阶段分析

1. 重心位置

如图 9-5-1 所示,在引拍结束时刻,樊振东随着身体向左后方扭转,身体重心压在了右腿上,而马龙的重心往右腿压得少,偏中间较多,马龙含胸的幅度较大。

（1）马龙侧面　　（2）樊振东右侧面

（3）马龙前面　　（4）樊振东前面

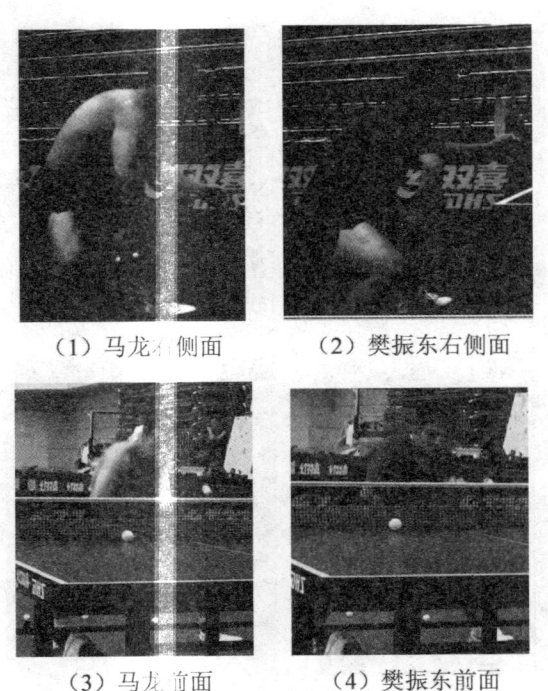

图 9-5-1　引拍结束时刻特征画面

2. 引拍位置

在引拍结束时刻,马龙的引拍位置低于膝盖,而樊振东高于膝盖。马龙与樊振东相比引拍位置较低。

同时,在引拍结束时刻,马龙引拍的位置在两腿之间,而樊振东靠近身体的左侧。

3. 手腕的运动

与樊振东相比,马龙手腕内扣得最多,手腕的运动幅度最大。

4. 下肢运动

樊振东的右膝关节随着身体的扭转已正对前方,而马龙下肢运动幅度较小,膝关节仍对着右前方。仔细观察樊振东的下肢运动,可发现樊振东的左脚尖稍稍地抬起。这可能与马龙较平行站位有关。

二、挥拍击球阶段

结合图 9-5-2 和录像可以看出:

（1）马龙右侧面　　　　（2）樊振东右侧面

（3）马龙右侧面　　　　（4）樊振东右侧面

图 9-5-2　挥拍击球时刻特征画面

1. 躯干运动

与樊振东相比,在挥拍击球阶段,马龙腰绷得不紧,蹬地转腰扭转发力不够。

第九章　国家乒乓球男队主力队员动作技术的分析与诊断

2. 上肢运动

在击球时刻,樊振东肩、肘相对位置要高于马龙。

3. 发力方式

在挥拍击球阶段,樊振东肩关节相对固定,顶着向前用力,以上臂带动前臂,再带动手腕发力为主。马龙以手腕和前臂带动上臂发力较多。

在击球过程中,樊振东挥拍有一明显的加速过程。

三、随势挥拍阶段

1. 持拍手的运动

如图 9-5-3 所示,在击球后的随势挥拍阶段,樊振东向侧挥得幅度较大。马龙由于挥拍前的起始位置及击球发力方向,向侧展开的幅度略小。

（1）马龙右侧面 　　　（2）樊振东右侧面

（3）马龙右侧面 　　　（4）樊振东右侧面

图 9-5-3　随势挥拍结束时刻特征画面

2. 非执拍手的运动

随挥结束时刻,马龙的左手(非执拍手)较高。在整个动作过程中,马龙的左手随右手一直做同向大幅度的运动。反观樊振东,非持拍手有一小范围的反向运动。

非持拍侧手臂的摆动不仅是为了维持身体平衡,而且还起到协调发力的作用。马龙左手随右手的大幅度同方向运动,不利于躯干扭转扩胸发力。同时,左手向前上挥臂时,其反作用力方向向下向后,使得马龙重心没有起来,有后坐的感觉,且身体略向后仰。

四、小结

马龙与樊振东反手拉下旋斜线技术对比,有下列几个问题需要改进:
(1)转腰不够,未完全用上腰的力量。
(2)引拍结束时,重心没有转在右脚上。
(3)引拍位置低且靠近身体中线。
(4)身体略后坐。

第六节 马龙与樊振东、梁靖昆反手拉上旋技术对比分析与诊断

一、引拍阶段分析

1. 躯干扭转角

指两肩连线与两髋连线的夹角。如图 9-6-1 所示,马龙身体扭转角约为 10°,樊振东为 16°,梁靖昆为 13°。该指标提示我们,引拍阶段,马龙躯干向左后方扭转不如樊振东和梁靖昆充分。

躯干扭转角反映了整个运动技术过程中躯干绕纵轴扭转的运动幅度。躯干扭转角越大,说明躯干肌肉的拉伸程度越大,从而储存的弹性势能越大。躯干连接着上肢和下肢,下肢蹬伸产生的动量通过躯干"传送带"传向上肢。躯干动作的好坏决定着下肢动量的利用率。同时,躯干也是身体"弹簧"的一部分,自身的转动也产生角动量向上传给上肢、再传给球拍,使球拍

第九章　国家乒乓球男队主力队员动作技术的分析与诊断

获得更大的动量。这个角度也可以说明引拍阶段的重要作用,不仅在于给击拍手让开空间击球,而且为挥拍击球积蓄力量。

马龙

樊振东

梁靖昆

图 9-6-1　引拍结束时刻特征画面

2. 拍形角度

如图 9-6-1 小方框中所示,该图为拍形的放大图。在引拍结束时刻,三位运动员的球拍与地面几乎平行,手腕内收和屈曲都非常充分。

二、挥拍击球阶段

挥拍击球过程中,顶尖选手球拍的速度在 15 m/s 左右,即 55 km/h,乒乓球与球拍的触拍时间在千分之七秒左右。本次常速摄像机的拍摄频率低、快门速度太慢,无法捕捉到击球时刻,而且画面有拖影。故挥拍击球阶段无法获取相关的数据。

· 263 ·

三、随势挥拍阶段

从图 9-6-2 和录像可以看出:

马龙

樊振东

梁靖昆

图 9-6-2 随挥结束时刻特征画面

1. 身体重心

随挥结束时刻,马龙的重心比较低,身体略有后仰,后仰角度在 6°左右;下肢尚未向前向上蹬起,似乎有些后坐。而樊振东和梁靖昆,身体随挥拍略向前倾,下肢已有蹬起的动作,重心向右前方转移,逐渐过渡在右脚上,梁靖昆表现得更为明显。

2. 左手(非执拍手)的运动

随挥结束时刻,马龙的左手(非执拍手)非常高,与引拍结束时刻左手的位置相比,向上移动了很长的距离。樊振东、梁靖昆左手的向上移动幅度不大,且在随挥结束时刻,低于右手(执拍手)许多。观察录像可以看到,马龙的左手随右手向右前上方加速挥动,樊振东和梁靖昆非但没有随右手同方向运动,且有一个相反方向,即向左的运动。

非持拍侧手臂的摆动不仅是为了维持身体平衡,而且还起到协调发力的作用。马龙左手随右手的大幅度同方向运动,或许使得:(1)不太利于左侧腹外斜肌、右侧腹内斜肌的发力,即躯干扭转发力。(2)左手向前上挥臂时,其反作用力方向向下向后,使得马龙重心没有起来,有后坐的感觉,且身体略有后仰。

四、小结

马龙反手拉技术与樊振东和梁靖昆相比:
(1)引拍阶段,马龙躯干向左后方扭转不如樊振东和梁靖昆充分。
(2)马龙的重心比较低,身体略有后仰后坐。
(3)与樊振东和梁靖昆不同,马龙左手随右手的大幅度同方向运动。

第七节　闫安与樊振东、张继科反手拧技术对比分析与诊断

一、引拍阶段

1. 引拍幅度

从图 9-7-1 可以看出,三人在引拍最远端身体姿态基本相似,引拍都很充分。但经过仔细看画面与高速录像可以看出:

樊振东引拍幅度最大,球拍扭转较多,在 270°左右,闫安与张继科引拍幅度在 180°左右。

在引拍阶段右脚向右前上方上步后,身体向左后扭转的幅度方面,闫安比樊振东和张继科略小。

引拍阶段,手腕和躯干扭转程度越大,肌肉储存的弹性势能越大,不仅给击拍手让开空间击球,而且为挥拍击球积蓄力量。

闫安	樊振东	张继科

图 9-7-1 引拍结束时刻特征画面

2. 引拍距离

从图 9-7-1 侧面特征画面可以看出，引拍结束时刻，球拍与球的距离，闫安比张继科和樊振东略短。

3. 引拍时机

仔细观察高速录像中三人的引拍时机，可以发现，与其他两人相比，闫安引拍稍晚。

二、挥拍击球阶段

1. 击球时机

从画面和录像可以看出，闫安击球点比樊振东和张继科略晚。来球撞台反弹后至运动员击球时刻的幅数可以反映出运动员的击球时机，该数据也显示出闫安击球点略晚。统计了三位运动员的 10 次反手拧技术，来球撞台反弹后至闫安击球时刻的平均幅数为 24.3 幅，樊振东为 21.3 幅，张继科为 21.5 幅。经统计，闫安与樊振东之间，闫安与张继科之间，该指标差异显著，闫安明显比樊振东和张继科多 3 幅左右。高速摄像机的采集频率为 100 幅/s，即 0.01 秒采集一幅图片，表明闫安的击球点比樊振东和张继科晚 0.03s。

第九章 国家乒乓球男队主力队员动作技术的分析与诊断

闫安　　　　　　　樊振东　　　　　　　张继科

图 9-7-2　击球时刻特征画面

表 9-7-1　来球撞台反弹后至击球时刻的幅数（时间）

次数	闫安（幅数）	樊振东（幅数）	张继科（幅数）
第 1 次	23	22	21
第 2 次	21	20	23
第 3 次	22.5	20	22.5
第 4 次	26	21	21
第 5 次	23	22	21
第 6 次	25	20.5	22
第 7 次	25	21	20.5
第 8 次	23	22	20
第 9 次	25	21	23
第 10 次	26	23	22
平均值	24.3	21.3	21.5
标准差	1.3	1.0	0.9

2. 击球时刻发力方向

反复观察高速录像可以看出，樊振东与张继科的发力方向较为相似，球拍向前发力大于向右侧发力，身体重心向前压。而闫安的发力方向，向右侧发力较多，向前用力少，重心起得较快，重心起得稍早了一点。

· 267 ·

击球瞬间,张继科的发力更为合理,发力实、有寸劲、发力集中、挥拍速度快;樊振东击球瞬间,球拍有时有些晃。

3. 肩关节的运动

樊振东和张继科,肩关节在击球过程中一直是顶着向前用力,给予前臂和手腕发力时稳定的支撑。相比而言,闫安的肩关节在击球过程中有内收下沉的趋势。从画面上也可以看到,张继科和樊振东的右肩比左肩高,且向前;闫安右肩比左肩高得少,向前的幅度与张继科和樊振东相似。

三、随势挥拍阶段

1. 拍形方向

从随挥结束时刻正面的特征画面可以清晰地看出,闫安的拍形是向侧的,而樊振东和张继科的拍形是向前的。进一步印证了闫安击球时发力向侧较多。

2. 两肩高度

闫安两肩基本同高、前后的位置也基本相同;而张继科与樊振东仍是右肩高、左肩低,右肩前、左肩后。该指标也进一步印证:闫安在击球时肩关节不固定,肩关节内收下沉,向侧发力较多。

闫安　　　　　　　　樊振东　　　　　　　　张继科

图 9-7-3　随挥结束时刻特征画面

四、小结

闫安与张继科、樊振东的反手拧动作相比,最主要的差异在于:

(1)引拍稍晚,引拍幅度稍小,击球点晚 0.03 s。

(2)击球过程中,肩关节不固定,有内收的动作,伴随着肩关节的下沉,没有给发力一个稳固的支撑;击球向侧用力较多,向前用力较少,重心向前压得不够,重心起得略早。

参考文献

[1]陈小华,李玉刚.关于上旋球落台后的反弹速度增量的探讨[J].浙江体育科学,1995(5).

[2]张妙玲,王军平.弧圈球碰台过程的力学分析[J].北京体育大学学报,2002(2):197－198.

[3]过东升,李建设等.乒乓球与球桌碰撞的力学模型[J].浙江体育科学,1996(3):43－45.

[4]庞杰.运用计算机仿真技术对乒乓球碰撞的研究[J].天津体育学院学报,2003(3):47－49.

[5]张惠钦.乒乓球的旋转[M].北京:人民体育出版社,1986.

[6]张惠钦.论乒乓球的快攻[M].北京:人民体育出版社,1987.

[7]穆志勇.乒乓球运动的力学分析[J].临沧教育学院学报,2003(2):43－47.

[8]董树英.加大击球力量生物力学原理的初步探讨[J].西安体育学院学报,1985(3):39－42.

[9]国家体育总局《乒乓长盛考》研究课题组.乒乓长盛的训练学探索[M].北京:北京体育出版社,2002.

[10]苏丕仁.现代乒乓球运动教学与训练[M].北京:人民体育出版社,2003.

[11]严波涛,周酉元.用弦开关——频率计测定乒乓球碰撞过程的力学特性[J].体育科技信息,1993(0):37－43,7.

[12]苏丕仁.乒乓球教学与训练[J].北京:人民体育出版社,1995.

[13]邱钟惠等.现代乒乓球[J].北京:人民体育出版社,1995.

[14]体育学院.系教材编审委员会《乒乓球》编写组.乒乓球[M].北京:人民体育出版社,1989.

[15]韩同康.乒乓球的动态特性——旋转与速度相对原理[J].体育科学,1994(6).

[16]徐庆和.关于乒乓球螺旋球的新概念及新技术——兼论乒乓球运动的数学和力学基础[J].体育科学,2003(5):115－119.

[17]党立英等.对新型乒乓球性能的计算与研究[J].山东体育学院学

参考文献

报,1998(1).

[18]王家正.译西德乒协的科研工作[J].乒乓世界,1982(4).

[19]董树英.乒乓球高低抛发球挥拍加速度的测定生物力学分析[J].西安体育学院学报,1988(1).

[20]孙卫星等.乒乓球运动员上肢等速力量的评定[J].北京体育学院学报,1992(2).

[21]郭铮.弧圈技术与小弧圈技术的运动生物力学分析[J].河南大学学报,1991(3):24.

[22]于勇,林秀岩.控制旋转的螺旋原理——论弧圈球与快攻[J].东北重型机械学院学报,1997(1):91-94.

[23]吴焕群.论直拍反胶快攻打法的可行性[J].乒乓世界,1989(3).

[24]藤守刚.乒乓球直拍反手正面拉弧圈球技术的可行性探讨[J].武汉体院学报,1991(2).

[25]尹霄.直拍反面进攻单个技术的动作要领与运用[J].乒乓世界,1992(3).

[26]程存德.我国近台快攻直拍横打、拉技术动作的浅析[J].西安体育学院学报,1997(2).

[27]吴焕群.优秀弧圈手——郭跃华的技术[J].乒乓世界,1981(2).

[28]许绍发等.直拍反面进攻技术的可行性研究[J].体育科学,1987(2).

[29]张辉.对我国部分男子优秀乒乓球直拍运动员反面拉弧圈球技术的研究[D].北京体育大学硕士论文,1995.

[30]柳天扬.我国男子优秀乒乓球运动员正手近台攻打、反冲前冲弧圈球技术的三维运动学分析[D].北京体育大学硕士论文,1995.

[31]陈洁.直拍四面攻打法的可行及其技术特点的研究[J].北京体育大学学报,2001;24(2):224-227.

[32]黄诚.直拍横打和横拍反手位攻弧圈球动作特征对比分析[D].上海体育学院硕士论文,2000.

[33]杨斌.优秀女子青少年乒乓球运动员弧圈技术分析[D].北京体育大学硕士论文,2004.

[34]孟杰.乒乓球比赛中王皓与唐鹏的正反手弧圈球技术动作技术的生物力学分析[D].北京体育大学硕士论文,2005.

[35]崔先友.乒乓球运动员正手削高吊球与前冲弧圈球技术动作的运动学对比分析[D].沈阳体育学院硕士论文,2010.

[36]吴瑜.我国优秀乒乓球直拍选手马琳王皓正手拉下旋球动作运动

[37]徐括.王皓马琳直拍横打反手拉下旋球动作运动学对比分析[D].北京体育大学硕士论文,2011.

[38]吕耀杰.对乒乓球正手拉高吊与前冲弧圈技术动作结构差异性及影响的运动学分析[D].沈阳体育学院硕士论文,2011.

[39]徐大鹏.乒乓球直拍横打四项技术上肢动作原理的运动学比较研究[D].沈阳体育学院硕士论文,2005.

[40]杨蕊菡.无机时代乒乓球正手前冲弧圈球技术的运动学研究[D].鲁东大学硕士论文,2012.

[41]王飞飞.吉林省优秀乒乓球运动员正手攻球与正手弧圈球动作的运动学分析[D].东北师范大学硕士论文,2013.

[42]赵国成.乒乓球正手反拉高吊弧圈与前冲弧圈技术差异性的运动学分析[J].沈阳体育学院学报,2013(2):53—54.

[43]黄涛,付健等.乒乓球台内球正手挑打技术的生物力学分析——上肢运动的特征分析[R].广西:第十六届全国运动生物力学学术交流大会,2013.

[44]姜嘉楠.对乒乓球运动员的直拍横打和横拍反手两种弧圈球技术的运动学分析[D].沈阳体育学院硕士论文,2014.

[45]孙卫星等.乒乓球运动员上肢等速力量的评定[J].北京体育学院学报,1992(2).

[46]刘亚军.乒乓球基本技术的肌电研究[J].天津体育学院学报,1995(9):18—21.

[47]唐建军.1954—1992年中国乒乓球步法研究状况的分析[J].辽宁体育科技,1996(4).

[48]岑淮光,王吉生等.怎样打好乒乓球[M].北京:人民体育出版社,2001.

[49]詹晓希,苏丕仁等.金泽洙步法组合类型研究及字母标记法的应用[J].北京体育大学学报,2002(5).

[50]詹晓希.马林、王皓、金泽洙、蒋澎龙前3板步法组合类型的比较研究——字母标记法的改进与运用[J].中国体育科技,2005(3).

[51]詹晓希,苏丕仁等.金泽洙步法组合类型研究及字母标记法的应用[J].北京体育大学学报,2002(5).

[52]詹晓希.马林、王皓、金泽洙、蒋澎龙前3板步法组合类型的比较研究——字母标记法的改进与运用[J].中国体育科技,2005(3).

[53]唐建军.乒乓球运动教程[M].北京:北京体育大学出版社,2005.

[54]刘卉.上肢鞭打动作技术原理的生物力学研究[D].北京体育大学

博士论文,2002.

[55]Fairbank,J. C. T. ,et al. ,1984,Influence of anthropometric factors and joint laxity in the incidence of adolescent back pain,Spine,9:461—464.

[56]Olsen,T. L. ,et al. ,1992,The epidemiology of low back pain in an adolescent population,American Journal of Public Health,82:606—608.

[57]Bruce C. Elloitt,Etc. Contributions Of Upper Limb Segment Rotations During The Power Serve In Tennis. International Journal of Sports Biomechanics. 1995(11):433—442.

[58]Bruce Elliott,Etc. Timing Of The Lower Limb Drive And Throwing Limb Movement In Baseball Pitching. International Journal of Sports Biomechanics. 1988(4):59—67.

[59]Bruce Elliott,Etc. The Influence Of Grip Position On Upper Limb Contributions To Racket Head Velocity In A Tennis Forehand. The American Journal Of Sports Medicine. 1997(13):182—196.

[60]Elliott. B. ,Etc. Three Dimensional Cinematographic Analysis Of The Fastball And Curveball Pitches In Baseball. International Journal of Sports Biomechanics. 1986(2):20—28.

[61]Atwater,A. E. Biomechanics of Overarm Throwing Movements And of Throwing Injuries. Exercise And Sport Reviews Vol. 7. 1979:43—85.

[62]郝加泰.浅谈乒乓球步法教学[J].体育教学,2005(6).

[63]谢锋华,屈芳,周坚.少儿乒乓球运动员进攻型打法常用步法训练初探[J].体育师友,2005(4).

[64]杨倩.乒乓步法的米字练习[J].体育师友,2004(4).

[65]张国清.以体能训练 促步法移动[J].乒乓世界,2004(4).

[66]郗恩庭.郗恩庭说步法(上)[J].乒乓世界,2004(1).

[67]童健.浅谈乒乓球教学中的步法移动[J].体育教学,2003(5).

[68]林永捷.关于乒乓球直拍运动员步法及训练的几点探索[J].体育科学研究,2003(4).

[69]章司路.乒乓球教学中步法练习的研究[J].上海体育学院学报,2003(6).

[70]门燕革.乒乓球双打步法的基本要领[J].辽宁体育科技,2002(2).

[71]本刊编辑部.步法[J].乒乓世界,2002(10).

[72]赵静,刘文娟,王慧丽.乒乓球步法教学研究[J].武汉体育学院学报,2002(6).

[73]马俊峰.步法训练一点通[J].乒乓世界,2001(5).

[74]徐清梅.浅谈乒乓球教学中的准备姿势与步法移动的教学方法[J].集宁师专学报,2001(4).

[75]李小鹏.乒乓球教学训练中的步法练习初探[J].河北体育学院学报,2001(1).

[76]涂剑凌.浅谈女子乒乓球运动员步法移动特点[J].福建体育科技,2000(3).

[77]葛平厚.乒乓球双打的步法移动与练习方法[J].安徽体育科技,2000(3).

[78]张博.乒乓球步法新观念[J].沈阳体育学院学报,1999(3).

[79]孙文君.乒乓球运动员应加强快速、准确、灵活的步法训练[J].体育科学研究,1997(2).

[80]王丹虹.浅谈乒乓球少儿运动员的步法训练[J].福建体育科技,1997(1).

[81]田横.步法特征与训练[J].乒乓世界,1995(2).

[82]詹晓希.关于如何树立乒乓球步法意识的研究[J].常德师范学院学报(社会科学版),1995(6).

[83]刘卉.我国优秀青年女子网球选手大力分球技术的生物力学分析[D].北京体育院大学硕士论文,1999.

[84]闫松华.百米跑速度结构分析及有关技术训练手段研究[D].北京体育大学博士论文,2004.

[85]张博.乒乓球步法的技巧[M].北京:人民体育出版社,2002.

[86]张博.乒乓球技术原理新探[M].北京:人民体育出版社,2004.

[87]刘卉.三维摄影解析中人体关节角度的计算方法[M].北京体育大学学报,2004;27(6):767－76.

[88]李良标,吕秋平等.运动生物力学[M].北京:北京体育学院出版社,1991.

[89]全国体育学院教材委员会审定.运动生物力学[M].北京:人民体育出版社,1990.

[90]Vladimir M. Zatsiorsky Kinematics of Human Motion [M]. Human Kinetics printed,1993.

[91]Paul Allard etc. Edited, Three-Dimensional Analysis of Human Movement [M]. Human Kinetics printed,1999.

[92]王向东,刘学贞等.运动生物力学方法学研究现状及发展趋势[J].中国体育科技,2003(2):15－18.

[93]忻鼎亮.运动生物力学的力学理论研究方法[J].体育科学,1994

(4):37－40.

[94]忻鼎亮.我国运动生物力学研究现状——第10届运动生物力学学术交流大会论文述评[J].上海体育科研,2003(1):30－32.

[95]中国运动生物力学学会编.运动生物力学论文选[M].北京:人民体育出版社,1990.

[96]金季春,李诚志等.冠军的技术[M].北京:人民体育出版社,1990.

[97]郑秀瑗等.运动生物力学进展[M].北京:国防工业出版社,1998.

[98]朱照宣.周起钊等.理论力学[M].北京:北京大学出版社,1982.

[99]侯曼.人体运动的物理模型(综述)[J].北京体育大学学报,1998(3):39－43.

[100]张术学等.羽毛球扣杀动作的分析[J].南京体育学院学报,1995(2):25.

[101]洪嘉振主编.多体系统动力学——理论、计算方法和应用[M].上海:上海交通大学出版社,1992.

[102]刘延柱,忻鼎亮.单杠振浪的力学特征[J].体育科学,1987(2).

[103]洪嘉振.运动生物力学计算机仿真研究[J].体育科学,1989(3).

[104]Michael E. Feltner and Grant Taylor. Three-Dimension Kinetics Of The Shoulder Elbow And Wrist During A Penalty Throw In Water Polo. Journal of Applied Biomechanics [J]. 1997(13):347－372.

[105]Bruce C. Elloitt, Etc. Contributions Of Upper Limb Segment Rotations During The Power Serve In Tennis [J]. International Journal of Sports Biomechanics,1995(11):433－442.

[106]Bruce Elliott, Etc. Timing Of The Lower Limb Drive And Throwing Limb Movement In Baseball Pitching [J]. International Journal of Sports Biomechanics,1988(4):59－67.

[107]Derenne C,Buxton B,Ho W. Effects of under-and overweighted implement training on pitching velocity[J]. Journal of Strength and Conditioning Research,1994,8(4):247－250.

[108]Glenn S,Dillman C,escamila R et al.,Kinetics of baseball pitching with implications about mechanisms[J]. American Journal of Sports Medicine,1995,23(2):233－239.

[109]Branch T,Paritin C,Chamberland P et al.,Spontaneous fractures of the hummers during pitching [J]. American Journal of Sports Medicine,1992,20(4):468－470.

[110]周里,金学斌.对上肢鞭打动作生物力学原理的研究[J].体育科

学,1996(3):41-52.

[111]刘宇.人体多关节运动肌肉控制功能的生物力学分析.台湾:中国文化大学出版部,1999.

[112]兰祖云,张人骥,张鸣姿.生物力学中人体关节运动规律的一种实验方法[J].力学学报,1981(4):407-410.

[113]卢德明主编,运动生物力学测量方法[M].北京:北京体育大学出版社,2001.

[114]刘建和.乒乓球教学与训练[M].北京:人民体育出版社,2004.

[115]体育院校通用教材.乒乓球[M].北京:人民体育出版社,1992.

[116]唐建军.乒乓球运动教程[M].北京:北京体育大学出版社,2005.

[117]蔡继玲,吴修文等编著.乒乓球[M].北京:北京体育大学出版社,1999.

[118]刘卉,苏玉林,于冰.非接触性前交叉韧带损伤特点及机制的研究进展——医用生物力学[J].2008(3):240-247.

[119] Noyes FR, et al. The symptomatic anterior cruciate-deficient knee. Part I: the long-term functional disability in athletically active individuals[J]. *J Bone Joint Surg Am*.,1983,65(2):154-162.

[120]全国体育教材委员会审定.运动解剖学.北京:人民体育出版社,2000.

[121]尚清华,尚学东,等.中国优秀乒乓球运动员运动损伤特点分析[J].成都体育学院学报,2012():83-86.

[122]李莉,金林子.乒乓球运动员损伤及预防研究[J].河南师范大学学报,2012(2):178-181.

[123]李嵘.乒乓球运动员膝关节损伤的机理及预防[J].运动,2010(12):153-154.

[124]须晓东,刘守暇,周恒春.江苏高校高水平乒乓球运动员运动损伤周期初探[J].体育科技文献通报,2006(1):11-14.

[125]赵宏图.对乒乓球运动损伤部位及预防方法的研究[J].成功(教育),2008,11:263.

[126] Rajabi R, Johnson GA, Radiographic knee osteoarthritis in ex-elite table tennis players. *BMC Musculoskelet Disord*. 2012,2(6):1186-1191.

[127]须晓东.优秀乒乓球运动员运动损伤的调查分析及对策研究[J].体育科研,2005(3):108-110.

[128] Hagglund M, Walden M, Ekstrand J. Previous injury as a risk factor for injury in elite football:a prospective study over two consecutive

seasons. Br J Sports Med[J]. 2006,40(9):767-72.

[129]Harmer PA. Basketball injuries[J]. Med Sport Sci,2005(49):31-61.

[130]刘欣华,刘旭华,吴文侃.对乒乓球运动员膝、踝关节运动损伤的研究[A].中国体育科学学会.第八届全国体育科学大会论文摘要汇编一[C].中国体育科学学会,2007(2):4-7.

[131]江炬,高颖.对乒乓球运动员运动损伤的研究[J].科技信息,2011(17):599-584.

[132]亓圣华,李繁荣,庄明谦,公宪文.乒乓球运动训练中损伤的一般规律及预防[J].山东体育科技,2002(4):27-29.

[133]庞立杰,王晓鹏,张慧珍.山西省乒乓球队运动员运动损伤的调查分析及对策研究[J].临床医药实践,2009(10):255-256.

[134]陈士强.大学生乒乓球训练中运动损伤的调研[J].运动,2011(16):53-54.

[135]刘卉、张美珍、李翰君.足球运动员在急停起跳和侧切动作中前交叉韧带损伤的生物力学特征研究[J].体育学刊,2011(12):38-43.

[136]刘浏,刘卉.不同落地姿势的下肢生物力学分析[A].中国体育科学学会运动生物力学分会.第十五届全国运动生物力学学术交流大会(CABS2012)论文摘要汇编[C].中国体育科学学会运动生物力学分会,2012(1).

[137]McLean S G, Huang X, van den Bogert A J. Asso-ciation between lower extremity posture at contact and peak knee valgus moment during sidestepping: Implications for ACL injury[J]. Clinical Biomechanics,2005(20):863-870.

[138]De Morat G, Weinhold P, Blackburn T, et al. Aggressive quadriceps loading can induce non contactanterior cruciate ligament injury[J]. American Journal of Sports Medicine,2004(32):477-483.

[139]苏玉林、李翰君.前交叉韧带易伤动作的下肢运动生物力学分析.体育学刊[J].2009(8):96-101.

[140]李翰君,童丽平,周兴龙,曲峰.下肢运动影像解析与高速红外运动捕捉系统实验数据的比较[J].北京体育大学学报,2011(1):126-128.

[141]尹彦.乒乓球运动中三种步法足部运动的生物力学分析[D].北京体育大学,2009.

[142]肖丹丹.乒乓球正手快攻、弧圈球技术的生物力学研究及步法垫测试系统的研制与实验[D].北京体育大学,2006.

[143]刘卉,于冰.生物力学在确定前交叉韧带损伤危险因素中的应用

[A]. 中国体育科学学会运动生物力学分会. 第十四届全国运动生物力学学术交流大会论文集[C]. 中国体育科学学会运动生物力学分会,2010(4).

[144]Nunley,R. M. ,Wright,D. ,Renner,J. B. ,Yu,B. ,and Garrett, W. E. (2003). Gender comparison of patellar tendon tibial shaft angle with weight bearing. Research in Sports Medicine,11(3):173—185.

[145]Fleming, B. C. ,Renstrom, P. A. ,Beynnon, B. D. ,Engstrom, B. ,Peura,G. D. ,Badger,G. J. et al (2001). The effect of weight bearing and external loading on anterior cruciate ligament strain. Journal of Biomechanics,34(2):163—170.

[146]Hewett, T. E. ,Myer,G. D. ,Ford,K. R. ,Heidt,R. S. ,Jr. ,Colosimo,A. J. ,McLean,S. G. et al (2005). Biomechanical measures of neuromuscular control and valgus loading of the knee predict anterior cruciate ligament injury risk in female athletes:a prospective study. The American Journal of Sports Medicine,33(4):492—501.

[147]Yu,B. ,Lin,C. F. ,and Garrett,W. E. (2006b). Lower extremity biomechanics during the landing of a stop—jump task. Clinical Biomechanics,21(3):297—305.

[148]肖丹丹,王振,唐建军,苏丕仁. 乒乓球正手快攻、弧圈球技术中运动员下肢的运动学特征分析[J]. 沈阳体育学院学报,2013(5):9—12+20.

[149]张美珍. 非接触性前交叉韧带损伤危险因素的生物力学研究[D]. 北京体育大学,2012.

[150]苏玉林. 在前交叉韧带易伤动作中下肢运动的生物力学分析[D]. 北京体育大学,2009.